KB060958

결혼 10년 차 강남에 내 집이 생겼습니다

쿠오오 부부 지음

일에일북

초보, 공부, 행동

이 책은 나(쿠오오)와 남편이 함께 만들었다. 다만 책 내용을 글로 주 되게 풀어낸 사람이 아내인 나, 쿠오오이기에 앞으로 본문에서도 '나'로 일컬어지는 화자 역시 나, 쿠오오임을 먼저 말씀드린다.

2021년은 내가 결혼하고 10년이 되는 해다. 결혼 이후 혹독한 수준의 저축으로 빚을 갚고 종잣돈을 모으면서 첫 부동산 투자를 시작했던 7년 전. 그때는 '결혼 10년 차'라는 말은 잘 실감 나지 않 는 수식어였다. 그러나 부부가 함께 힘을 모아 목표를 갖고 끈기 있 게 재테크를 실천하다 보니 어느새 결혼 후 10년, 투자를 시작한 지 7년이 지나 있었다. 그렇게 2021년, 결혼 10년 차를 맞이한 우리 부부는 강남에 집이 생겼다.

책을 쓰게 된 동기는 단순했다. 2019년에 책 출간 제의를 받고 나도 내 이름으로 된 책을 낼 수 있다는 사실에 설레 제안을 수락했다. 나는 큰 고민을 하지 않고 일단 저지르고 수습하는 타입이다. 이런 나의 성격은 재테크 과정에서도 드러나곤 했다. 일을 먼저 벌린 후 수습하는 것이 벅찰 때도 있었지만 남편과 함께 조금씩 해결하면서 한 고비씩 넘겨나갔다.

나도 재테크 관련 책을 많이 읽었지만 읽은 책이 10권 정도 넘어가니 내용이 다 비슷비슷하게 느껴졌다. 독자의 입장에서 우리의 책 역시 크게 다르지 않을 수 있다고 생각한다. 다만 이 책에서는 우리 부부가 투자를 시도할 때 어떤 고비가 있었고, 그때그때 그 고비를 어떻게 넘기려고 노력했는지에 초점을 맞춰볼 생각이다. 재테크는 각자의 상황이 모두 다르고 시기와 규제 등 제반 여건이 각기 다르기 때문에 일률적인 정답은 존재하지 않는다. 투자라는 긴 과정에서 각자에게 가장 적합한 최선이 따로 있기 마련이다. 그래서 우리 부부의 이야기가 직접적인 해결책이 되지는 못하더라도 실마리를 풀 수 있는 아이디어 중 하나가 되길 바란다.

"그때는 정답이었지만, 지금은 오답일 수 있다."

내가 투자를 했던 그 물건이 그때는 괜찮은 선택 중 하나였지만 지금은 아닐 수 있다. 내가 고비를 넘긴 그 방법이 그때는 맞았지만 지금은 아닐 수 있다. 물론 나도 그때 내가 선택한 물건과 수행한 방법이 그 어떤 대안보다도 확실한 정답이었는지에 대해서는 100% 확신하지 못한다. 정답을 찾으려고 노력은 했지만 분명 더 나은 선택이 있었을지도 모른다고도 생각한다. 다만 보다 나은 최선을 찾기 위해 많이 노력했다. 분명한 것은 그때그때 고심했음에도 불구하고 어떤 선택과 그에 따른 실천을 하지 않고 방에 앉아 공부만 계속했다면 나는 아직 구축 전셋집에 머물러 있을지 모른다는 것이다. 공부한 것을 실천하지 않았다면 나는 지금도 언제 녹물이 나올지 모르는 집에서 전전긍긍하며 살고 있었을 것이다.

"행동은 생각을 바꾼다."

이 말은 최근에 읽은 개리 비숍의 책, 『시작의 기술』을 읽고 더욱 확신을 얻어 쓰는 말이다. 나는 개리 비숍의 생각에 동의한다. 지금 내가 처한 상황에서 벗어나고 싶고, 앞으로 어떻게 해야 할지 막막할수록 더욱 행동에 나서야 한다. 많은 사람이 긍정적인 사고를 가지면 자신의 앞날이 바뀔 것이라고 하는데, 긍정적인 생각만으로는 아무 변화도 일어나지 않는다. 물론 긍정적인 시각이 나에게 자신감을 주고 힘든 상황을 버텨나가는 힘을 준다고는 생각한다. 긍정이 재테크뿐만 아니라 인생을 살아가는 데 필요한 마음가짐이라는 것도 인정한다. 그러나 삶, 특히 재테크에 있어서 긍정적인 '사고'만 가지고 있는 것은 도움이 되지 않는다. 주위에 부자는 되고 싶지만 바빠서 못 하고, 돈이 없어서 못 하고, 아이가 어려서 못 한다고 말하는 사람들이 종종 있다. 단언컨대 한가하고, 여윳돈도 넘쳐 나고, 아이를 신경 쓰지 않아도 되는 때는 오지 않는다. 작게나마 지금 하나라도 시작하고 행동하는 것이 필요하다. 그래서 4장에 여러 부동산 투자를 위한 '5 steps'를 기술했다. '5 steps' 중 'step 1'은 너무 쉬워서 하찮아 보이는 것들도 있을 것이다. 그러나 시작은 그렇게 하는 것이다. 하찮지만 하나를 해보고 그다음 단계로 나가보고 그렇게 전진하는 것이다.

우리 부부의 책을 읽을 독자들이 오늘보다 더 경제적, 시간적으로 여유가 있는 내일을 위한 첫 발자국을 쉽게 뗄 수 있기를 바라는 마음에서 이 책을 썼다. 책 속에 있는 재테크 방법과 팁을 하나씩 따라 하거나 이를 자신만의 재테크 방법으로 다시 바꿔나가고, 무엇보다 꾸준히 해나가다 보면 분명 조금씩 돌파구가 보일 것이다. 이 책을 펼쳐 들고 '현재의 상황을 조금 더 개선해보겠다.'는 마음을 먹고 사소한 실천을 이어갈 때부터 이미 반은 시작된 것이다. 독자분들이 목표로 하는 더 나은 곳을 향해 힘차게 나아가는 길에 이 책이 작은 도움닫기가 되었으면 좋겠다.

 쿠오오 부부

신혼부부들, 청년들, 미혼들! 우리나라에 살고 있고, 또 살고 싶다면 더 늦기 전에 이 책은 꼭 봐야 합니다. 재테크에 관심은 있지만 어디서부터 어떻게 시작해야 하는지 막연했던 저에게 좋은 멘토가 되어준 책입니다. 쿠오오 부부가 블로그를 운영할 때부터 애독자였지만, 책 속의 챕터를 하나씩 따라 읽고 실천해보면 재테크가 그리 어렵지 않다는 사실에 또 한 번 놀라게 됩니다. 역시 알면 알수록 유리한 것이 재테크라고 생각합니다.

초등학교 교사, 윤지영

이 책의 주저자인 쿠오오는 나이로는 저보다 후배지만 '실전 경험'으로는 저보다 선배입니다. 그는 부동산 투자나 에어비앤비 등을 통해 매일 회사에 출근하지 않아도 수입을 창출할 수 있다는 걸 저에게 알려줬고 그것을 몸소 증명해줬습니다. 건설회사 마케팅팀 출신인 쿠오오의 투자 안목과 회계사 출신인 꼼꼼한 그의 남편 쿠잉의 시너지로 순자산 마이너스에서 시작해 재테크 고수의 반열에 오르기까지의 '진짜 경험'이 담긴 이 책을 읽으며, 수년 전 어느 봄날 말간 얼굴로 내게 퇴사를 상담했던 쿠오오가 떠오릅니다. 그를 보며 '아이고, 회사 나가서 어떻게 먹고 살려고 그러나.'라며 쓸데없는 걱정을 했던 나를 반성하면서요.

HDC현대산업개발 마케팅팀 매니저, 조아라

보통의 우리는 학교를 졸업할 때까지 직업을 갖기 위한 공부를 할 뿐 재테크나 투자에 대해서는 잘 모른 채 사회로 나가게 됩니다. 저 또한 사회생활을 시작하면서 재테크나 투자를 해야겠다고 생각만 했을 뿐 무엇부터 공부해야 하는지 헤매는 일이 다반사였습니다. 그러던 중 친하게 지냈던 후배인 글쓴이 쿠오오를 얼마 전 만났는데, 그저 평범한 직장인인 줄 알았던 친구가 투자에 일찌감치 눈을 뜬 투자 고수가 되어 있었습니다. 이번에 글쓴이가 그간 공부한 내용과 경험을 정리한 것을 보니, 오랜 기간 얼마나 부단히 실전에서 부딪혀왔는지 조금이나마 알 것 같습니다. 무엇보다 이 책은 평범한 직장인과 부부들이 투자라는 여행을 시작할 때 훌륭한 가이드북이 될 책이라고 생각합니다. 저도 글쓴이를 투자 선배님으로 모시고 다시 투자 공부를 시작해야겠습니다.

법무법인 반석 변호사, 곽미경

마이너스에서 재테크를 시작한 저자가 강남에 주택을 사기까지 정말 솔직하고 현실적인 재테크 이야기가 녹아 있는 책입니다. 10년 동안 이 부부가 같이 해온 부동산, 주식 투자 방법들을 저도 남편과 함께 또박또박 따라 해보고 싶어집니다.

결혼 11년 차 주부, 이근하

개인적으로 오랜 시간 잘 알고 지내온 선배님은 제가 투자를 결정할 때마다 본인의 일처럼 같이 고민해주시고 항상 좋은 조언을 해주신 분이었습니다. 선배님 부부의 종잣돈 모으기부터 현재 진행형인 다양한 사례별 부동산과 미국주식 투자 경험의 정수가 녹아 있는 글을 책으로 만나볼 수 있게 되어 너무 기쁩니다. 이 책은 재테크 고민으로 밤잠을 못 이루는 현 시대 많은 청춘들의 고민을 해결하는 데 도움을 줄 것입니다.

공인회계사, 박영규

근로소득의 가치가 점차 희미해지면서 우리는 지금 부부가 맞벌이를 해도 생존을 위해 투자를 필수로 해야 하는 시대에 살고 있습니다. 쿠오오 부부의 다양한 경험담이 담겨 있는 이 책은 아직 투자금이 많지 않은 사회초년생부터 부동산이나 주식과 같은 투자처를 고민 중인 중년에 이르기까지 다양한 세대에게 와닿을 책입니다. 냉혹한 투자 세계에서 성공에 한 발 더 가까워지는 데 많은 도움이 될 책으로 믿어 의심치 않습니다.

공인회계사, 배진표

시중에 돈은 넘쳐나는데 내 손에 들어오는 돈은 10년 전과 큰 차이가 없다. 게다가 인플레이션 헤지(hedge, 위험 회피)를 하지 못했던 사람은 하루아침에 벼락 거지가 되어버리는 세상이 되었다. 지은이 부부는 이러한 환경 속에서 보통의 우리가 조금 더 현명하게 살아갈 수 있는 실전 재테크 경험을 공유하고 있다. 조기 은퇴를 희망하거나 제대로 된 노후를 준비하고 싶은 사회초년생 및 신혼부부들에게 일독을 권한다.

연세대 응용통계학과 교수, 임종호

|차례|

1장 — 순자산 마이너스 2.5억 원에서 재테크를 시작하다

2장 ── 부부가 함께하는 재테크

3장 ── 부동산 투자를 시작하는 당신에게

4장 — 도전! 실전 부동산 투자

5장 — 부부가 함께하는 미국주식 투자

6장 — 조기(早期) 은퇴? 조기(助期) 은퇴!

1장

순자산 마이너스 2.5억 원에서 재테크를 시작하다

재테크에 대한
여러 가지 관점

우리에게 재테크란

간혹 재테크를 한 번의 찬스를 통해서 일확천금의 기회를 노릴 수 있는 수단으로 보는 시선이 있다. 관점의 차이라고 할 수 있겠으나, 재테크 자체를 투기로 취급하는 분들은 대체로 돈이란 노동을 통해서만 벌어야 한다는 고정관념을 가지고 있는 것 같다. 때로 이런 분들이 매주 로또 복권을 구입하는 것을 보면 아이러니하다는 생각도 든다. 이 책에서도 여러 번 이야기할 것이고 과거 몇 번의 오프라인 강의에서도 수차례 밝힌 바 있지만, 우리 부부는 노동소득의 중요성을 간과하면 안 된다고 생각한다. 지금도 그 생각에는 변함이 없다.

재테크라는 것이 세간의 관심을 끄는 이유는 이것이 노동소득 외에 추가로 수입을 얻고 자산을 증식할 수 있는 수단이기 때문이다. 자본주의 사회에서 과연 추가 수입에 관심을 보이지 않는 사람이 있을까? 아마 없을 것이다. 왜냐하면 추가 수입이 그만큼 삶에서 중요한 요소이기 때문이다. 내 몸이 일하지 않는 시간에도 소득을 얻을 수 있고 재산이 불어날 수 있는 재테크. 이것만큼 사람들의 이목을 집중시킬 수 있는 아이템이 또 있을까 싶다.

우리 부부가 지금까지 해왔던 공부와 경험, 이 모든 것이 시기를 잘 만났고 운이 잘 따라준 덕분이라고 이야기하는 사람도 있을 것이다. 또 이것들이 100% 우리 부부의 실력으로 이뤄진 결과가 아니라고 할 수도 있다. 하지만 우리 부부는 찾아온 좋은 기회를 놓치지 않고 살리기 위해서 여러모로 움직이려고 노력했다. 기회를 직접 잡는 것은 본인이 아니면 그 누구도 대신하지 못할 일이다.

우리 주변의 부자들을 살펴보면 본받고 따라야 할 부분이 참 많다고 느껴진다. 이 책을 읽으시는 분들 역시 '나는 부자에게 무엇을 배우고 그것을 어떻게 실행해야 할까?'를 먼저 생각해보는 습관을 갖길 권한다. 이 책에서 기술할 내용들은 우리 부부는 이렇게 해왔으며 이런 식으로 생각하고 행동했다는 것이므로, 이를 따라 하기보다 본인의 상황에 맞춰서 어떻게 판단하고 실행하는 것이 좋을지 참고 정도만 하기를 당부한다. 우리 부부는 아직 부자라고 하기에는 부족하기 때문이다.

가만히 앉아서 버는 돈은 없다

우리 부부의 재테크에 대해 주변의 일부 사람들은 "가만히 앉아서 돈을 벌었다."고 표현하기도 한다. 나도 남편도 이 말을 굉장히 싫어하는데, 우리 부부가 어느 정도의 성과를 내기까지 했던 모든 노력을 대수롭지 않게 여기고 하는 말이라고 생각하기 때문이다. 재테크의 본질은 모든 이에게 공평하게 주어진 24시간을 잘 사용하는 것이라고 생각한다. 하루 24시간을 얼마나 효과적으로 사용할 수 있는가의 문제는 비단 재테크에만 해당되는 이야기는 아닐 것이다. 이와 관련해 내가 당당하게 말할 수 있는 것이 있는데, 우리 부부가 부동산 투자를 비롯한 재테크를 하겠다고 마음먹은 때부터 허투루 흘려보낸 시간은 거의 없다는 것이다.

일례로 프리랜서로서 이동 시간이 많은 직업을 가지고 있는 나는 자가운전보다는 대중교통을 이용해서 이동한다. 결과적으로 돈도 절약할 수 있지만 대중교통을 이용해야 이동 시간을 온전히 활용할 수 있기 때문이다. 나는 이동 시간에 재테크로 유명한 블로그나 관심 있는 경제 기사를 보면서 다른 사람들은 무슨 생각을 하고 어떤 행동을 하고 있는지 살펴본다. 그리고 이를 그날그날 내가 본 것과 연관된 투자 아이디어를 얻는 시간으로 활용했다. 나도 할 수 있다고 믿고 철저히 공부해서 빠르게 실행하는 것. 이것이 재테크의 대부분이라고 해도 과언이 아니다.

우리 부부가 현재 보유하고 있는 부동산 물건 중에는 유명 재테크 카페에서 태생적인 단점이 크게 부각되었던 아파트 단지가 있다.

하지만 우리 부부는 수차례 현장 답사를 한 뒤 어쩔 수 없는 단점보다는 저렴한 분양가 및 주변 환경의 대대적인 정비로 인해 기대되는 장점이 더 크다는 확신을 가지게 되었다. 여러 장점이 단점을 충분히 상쇄할 만하다는 결론을 내린 후에는 해당 단지의 '내집마련 추첨(청약 당첨자가 계약을 포기한 미계약분이 나오면 청약 통장 및 가점이 없어도 사전 의향을 접수해, 참여한 이들을 대상으로 추첨을 통해 분양권을 얻게 하던 제도. '줍줍'이라고 불리는 현재의 무순위 추첨과 다소 상이하다)'에 참가했다. 내집마련 추첨에 참여하기 위해서 무더운 주말 오후에 모델하우스에 방문해 참여 의향서 등을 미리 작성하고 왔다. 내집마련 추첨을 실시하는 당일 역시 매우 더워서 가만히 서 있기만 해도 땀이 줄줄 흐르는 날씨였다. 나는 주말에도 일을 했던 터라 일을 마친 후 점심도 먹지 못하고 남편과 함께 2시간에 걸쳐 지하철을 타고 내집마련 추첨 행사를 하는 모델하우스에 갔다. 결국 내집마련에 당첨이 되었는데, 청약을 한 것이 아니기 때문에 청약통장도 사용하지 않고 분양권을 취득할 수 있었다.

해당 단지는 지금 준공되어 이미 입주를 마친 상태이며, 분양가 대비 두 배가 훨씬 넘는 시세를 형성하고 있다. 이 물건을 취득하기 위해 덥고 습한 날씨에 행한 수차례의 현장조사 및 내집마련 추첨 접수일과 참여일의 고생을 이렇게 보상받은 것이다. 흥미로운 점은 해당 단지의 내집마련 추첨에 참가한 사람들은 전원 당첨되었다는 것이다. 내집마련 배정 물량이 내집마련 추첨 참가자 수보다 많았기 때문이다. 결과만 놓고 봤을 때 참가만 하면 수억 원의 프리미엄이 생기는 좋은 기회였다. 사전에 참여 의향서를 내러 가기 힘들고, 주말에는 쉬거나 놀러 가야 하고, 많은 사람이 지적하는 단점이 꺼려지고, 날도 너무 덥다는 등의 핑계로 집에 앉아서 실천에 옮기지 않은 사람들은 그 기회를 잡지 못했다. 몰랐다고 한다면 어쩔 수 없는 일이지만 우리 부부를 비롯해 남들은 어떻게 알고 기회를 잡았는지에 대해서도 생각해봐야 한다. 관심이 있었기 때문이며 그 외 다른 이유는 없다.

기회는 미리 준비한 사람에게만 찾아온다. 준비하지 않으면 내게 온 것이 기회인지 판별조차 하기 힘들다. 뭐든지 남들이 한 것은 쉬워 보인다. 그래서 결과만 보고 우리 부부가 '앉아서' 돈을 벌었다고 하는 것이다. 물론 우리가 투자를 시작한 시기가 시장이 좋아지던 때였다는 사실을 부인하지는 않는다. 운이 많이 따라주었던 것도 인정한다. 수억 원의 프리미엄이 붙은 위 단지도 향후 가격이 상승할 것이라고 생각했지만 이 정도의 상승폭을 예상한 것은 아니었다. 하지만 출퇴근길 지하철에서 핸드폰으로 게임하지 않고 계속 경제 기사와 블로그를 읽으며 공부하고, 퇴근 후에도 한두 시간씩 잠을 줄여가며 인터넷 지도를 보고 매물을 찾고, 모르는 것이 있으면 책과 강의를 통해 배우기를 계속했던 것이 우리 부부의 재테크의 비법이었으며 이는 현재도 마찬가지다. 빠른 실행력을 갖기 위해서는 확신이 필요하고, 확신을 위해서는 그만큼의 공부가 필요하다.

결혼의 시작,
자산 상태 점검 및 종잣돈 모으기

첫 자산 상태 점검

10여 년 전, 나와 당시의 남자친구(현 남편)는 결혼을 결심하고 전셋집을 알아보러 다녔다. 우리는 사당동에서 신혼집으로 삼을 만한 작은 집을 찾을 수 있었다. 당시 전세가격이 1억 9,000만 원이었고 이 집으로 하면 좋을 것 같아서 각자 모아둔 돈을 정산해보았는데, 결혼 전 남편의 마이너스 통장에 다소 많은 금액의 빚이 있는 것을 보고 놀라지 않을 수 없었다. 서로의 통장 잔고를 확인해본 것이 결혼 직전에 처음이었고, 연애하면서 씀씀이가 크다는 생각은 했지만 수입 자체가 어느 정도 되어서 빚이 있을 줄은 꿈에도 생각하지 못했었다. 하지만 어떻게 하겠는가. 우리는 현재의 상황에서 가능한 최선의 선택을 해야 했다.

일단 같이 살 전셋집의 계약금은 내가 모아서 가지고 있던 돈으로 치렀다. 다행히 나는 몇 년간 직장을 다니며 모았던 저축액이 꽤 있었고, 이 돈으로 전세 계약금과 남편의 빚 일부를 갚을 수 있었다. 나머지 전세금은 친정에서 빌릴 수밖에 없었는데, 이렇게 하고 보니 결혼 당시 우리의 재정 상태는 마이너스 2억 5,000만 원이었다. 그렇게 나와 남편의 결혼 생활이 시작되었다. 당시에는 언젠가 마이너스인 재정 상태를 벗어날 수 있을 것이라고 막연하게 생각하며 종잣돈 모으기와 친정에서 빌린 빚 청산을 1차 목표로 두고 생활했다.

간소했던 결혼 준비

신혼집도 겨우겨우 마련했다는 생각에 우리는 결혼 준비를 최대한 간결하고 간소하게 하려고 했다. 그래서 예물은 서로 하지 않고 결혼 반지도 은반지로 대신했다. 친구들이 결혼하면서 다이아몬드 반지를 맞추는 것을 보면 부럽기도 했지만 나중에 사면 된다고 생각했다. 여담이지만 결혼 후 모든 빚을 청산한 후에 다이아몬드 반지를 보러 간 적이 있는데 '이 금액이면 부동산이든 주식이든 괜찮은 물건에 투자를 하고 말지.' 하는 생각에 살 수가 없었다. 이래서 물건을 살 때는 다 때가 있다고 하는 것인가 보다.

우리 부부는 사정상 결혼 날짜를 한 달 남짓 남겨두고 예식장을 예약했었다. 당연히 급하게 예약하니 좋은 시간(예를 들면 점심시간)을 잡을 수는 없었지만, 예식장 측에서 남은 시간을 채우기 위해 가격 할인을 많이 해주었고 추가 서비스도 받을 수 있었다. 잔여 시간대(저녁 시간)에 결혼식을 치르다 보니 결혼식장 비용을 절감할 수 있었다. 또 점심시간에 결혼식을 하는 친구들과 비교해서 결혼식 당일 자체도 좀 더 여유로웠다. 점심시간에 결혼하는 친구들은 새벽에 일어나서 미용실을 가는데, 우리 부부는 그렇지 않아도 되었기 때문이다. 신랑 신부와 양가 부모님이 특별히 꺼리는 게 아니라면 저녁 결혼식이 신랑 신부에게 시간적으로나 경제적으로나 여유로울 수 있다.

종잣돈 모으기

결혼 생활이 시작된 후 우리 부부의 목표는 일단 친정에서 빌린 금액을 상환하는 것이었다. 친정에서 빌린 돈은 원금을 저축해 상환하기로 하고, 매월 적정 수준의 이자를 꼬박꼬박 드렸다. 남편과 나는 맞벌이를 하고 있었지만 그래도 적지 않은 돈이 이자로 나가는 것은 부담스러웠다. 앞으로 미래에 대한 계획을 세우지 못하고 빚을 갚아야 한다는 것이 막막했던 것도 사실이다.

우리는 친정에서 빌린 금액을 상환하기 위해서 돈을 모아야 했고, 구체적인 목표를 잡고 계획하는 것부터 시작했다. 그 당시 맞벌이 부부들의 재테크 1단계로 유행하던 방법 중 하나가 서로의 수입

과 지출을 일원화하는 '통장 합치기'였는데, 우리는 통장 합치기를
하지는 않았다. 이미 대략적인 수입을 서로 오픈하고 있었고, 사회
생활을 한 지 일정한 시간이 흐른 후 결혼했기 때문에 이미 설정되
어 있는 카드 결제, 적금 이체 등의 자동이체 계좌를 바꿀 필요가 없
다고 생각했다. 따라서 각자의 월급 통장과 자동이체 계좌는 그대
로 둔 채 추가로 신규 적금만 더 설정했다. 그렇다고 우리가 무턱대
고 허리띠를 졸라맨 것만은 아니다. 서로의 용돈(월 40만 원)은 인정
한 채 적금만 잘 불입하고 있으면 용돈을 어떻게 쓰든 터치하지 않
았다. 그래도 용돈 40만 원에 생활비, 식비, 교통비 등을 포함시켰기
때문에 여유로운 것은 아니었다. 하지만 절약이 이미 몸에 배어 있
던 나는 용돈을 아껴서 피부 관리실도 다녔다. 적금 등을 통해 종잣
돈 모으는 계획을 세워보니 단기간에 목표를 달성하고 끝낼 수는 없
겠다는 생각이 들어서 내게도 어느 정도는 숨통을 터놓을 여유가 있
어야 한다고 생각했다.

① 식비 절약

우리는 식비를 아끼기 위해서 반찬을 사 먹었다. 2인 가족의 경우
식재료를 대량으로 구매해서 반찬을 만드는 것보다 사 먹는 것이 도
리어 저렴했다. 반찬을 만들기 위해 재료를 대량으로 구매해놓고 보
면 그중 태반은 버리기 십상이었기 때문이다. 그리고 애써 재래시장
에 가서 식재료를 사지 않았다. 슬프지만 어리버리한 새댁이 시장에
가면 그날은 상인들의 '호갱'이 되기 일쑤였다. 분명 좋아 보여 샀는
데 집에 와서 장바구니를 풀어보면 군데군데 곰팡이가 피어 있는 과

일과 물러 있는 채소를 보면서 속상했던 적이 한두 번이 아니었다. 이 때문에 당시 신혼집에서 재래시장이 가까웠지만 잘 이용하지 않게 되었다. 재래시장의 상인을 탓하는 것은 아니다. 집을 보듯 식재료도 꼼꼼하게 봐야 하는데, 시장에서 좋은 물건을 고르지 못했던 것은 나도 남편도 경험이 많지 않았기 때문이었다.

우리는 대량 구매를 하지 않는 것을 원칙으로 했는데, 이 때문에 코스트코와 같은 대형 할인 점포를 거의 가지 않았다. 가본 적이 없는 것은 아니지만 몇 번 가서 보니 코스트코는 묶음 자체가 소량이 아닌 대량으로 되어 있었다. 그래서 항상 내가 필요한 양 이상을 구입하게 되었다. 특히 식료품은 2인인 우리 가족이 유통기한 내에 소비하기가 버거웠다. 코스트코 상품 중에 꼭 살 것이 있으면 지인을 통해 코스트코 상품권을 구매해뒀다가 이용했다.

② **교통비 절약**

나는 교통비를 아끼기 위해서 출근할 때 절대로 택시를 타지 않았다. 대기업에 다녔던 8년 동안 회사 생활을 하면서 택시로 출근한 것은 단 한 번뿐이었다. 그날은 부산으로 출장을 가는 날이었는데, 남편이 짐이 많다며 굳이 차로 태워준다고 해서 차를 타고 갔다가 출근길 교통 정체에 갇혀서 중간에 택시로 갈아탔었다. 나는 친구를 만날 때도 여유롭게 미리 준비해서 꼭 대중교통을 이용해서 다녔다. 본인이 조금만 서두른다면 택시를 타야 할 일은 정말 거의 없다. 일찍 일어나고 일찍 준비하면 우리나라, 특히 수도권의 대중교통이 얼마나 편하게 잘 구축되어 있는지에 대해서 다시 한번 실감하며 다니게 된다.

③ 의류 비용 절약

의류비를 아끼기 위해서 옷을 살 때는 세탁 방법을 잘 보고 산다. 저렴한 옷을 샀다가 몇 번 드라이클리닝을 하고 나면 드라이클리닝 비용이 옷값보다 더 많이 지출되는 경우가 잦기 때문이다. 그리고 나는 흰색 티셔츠나 블라우스는 비싼 옷을 사지 않는다. 아무리 자주 빨고 잘 보관해도 흰옷은 한두 해 지나면 누렇게 되어 다음에 입을 수 없는 경우가 많다. 그래서 흰색 티셔츠나 블라우스는 아예 한철만 입을 계획으로 저렴한 옷을 사는 편이다.

④ 통신비 절약

우리 부부는 통신비 절약을 위해서 통신사의 가족 결합 할인 혜택을 이용하고 있다. 가족구성원 합산으로 가입 기간이 길면 길수록 매우 유용한 혜택이다. 이 혜택을 적용하면 각자의 통신비가 요금제에 따라서 30~50% 비율로 할인된다. 또한 한때 유행했던 '건강걷기 앱'을 이용해서 통신비 추가 할인을 받았다. 이 앱을 이용하면 한 달에 최대 1만 2,000원의 할인을 받을 수 있지만 6개월 이상 사용하려면 보험을 가입해야 했기 때문에 남편과 나는 딱 6개월만 할인을 받았다. 걸음을 걸으면 6개월간 통신비가 할인되니 하지 않을 이유가 없었다.

그리고 핸드폰 단말기를 교체할 때는 비싼 기기 요금을 절약하기 위해서 되도록 '해외직구'를 이용하고 있다. 아이폰의 경우 신제품이 나오면 애플 공식 홈페이지에서 이전 모델의 가격이 인하된다. 이 사실을 이용해 신제품이 출시되었을 때 이전 혹은 그 이전의 모델을 구입하는 것이다. 나는 최첨단 기능을 다 사용하는 스마트한 사람이 아니기 때문에 핸드폰은 전화 잘 되고 카카오톡 잘 되고 인터넷 검색 잘 할 수 있을 정도의 기본적인 기능만 잘 구현되면 충분하다. 지금 쓰고 있는 아이폰도 아이폰11이 출시되고 나서 이전 버전의 아이폰을 할인된 가격으로 해외 사이트에서 직접 구매한 것이다.

재테크의 원동력이 된
수리 안 해주는 집주인

물바다가 된 신혼집

빠듯한 예산으로 마련한 우리의 신혼집은 1bay(방이나 거실이 일렬로 만들어지는 1자형 구조) 형태의 오래된 복도식 아파트였다. 결혼하고 첫 겨울을 나던 어느 밤, 베란다 쪽 방바닥이 유난히 차갑다는 이야기를 하고 잠에 들었는데 새벽에 누군가 벨을 눌러서 잠에서 깼다. 알고 보니 아랫집에 사는 분이었다. 아랫집으로 물이 샌다며 올라오신 것이었다. 정신을 차리고 살펴보니 이미 우리 집도 물바다였고 아랫집도 벽을 타고 물이 흐르는 아수라장이었다. 잠은 이미 달아났고 출근 전까지 물을 퍼내다가 집주인에게 연락을 했다. 퇴근하고 와서 보니 인부들이 안방 장판을 걷고 공사를 하고 있었다. 원래 있던 장판은 물에 젖어 쓸 수가 없다고 인부들이 공사를 마치고 버린 상태였다. 콘크리트 바닥이 물에 젖어 있기 때문에 바로 장판을 깔면 안 되고, 며칠 말린 후 장판을 깔아야 바닥에 곰팡이가 생기지 않는다고 했다.

집주인과의 갈등이 불태운 재테크 의지

공사한 바닥을 며칠에 걸쳐서 말린 후 집주인에게 장판을 새로 깔아달라고 했지만, 집주인은 도리어 나에게 왜 기존의 장판을 버렸냐고 화를 낼 뿐 새로운 장판을 깔아줄 기미를 보이지 않았다. 당시 거주하던 집은 오래되었을 뿐만 아니라 수리가 제대로 된 것도 아니었기 때문에, 누수로 인한 장판 교체 비용은 우리가 돈을 들여야 할 부분이 아니라고 생각했다. 내 집도 아닌 전셋집에 임차인인 내 돈을 들여 내 잘못도 아닌 장판 교체 비용을 지불할 수 없었다. 그래서 우리는 장장 8개월 동안 장판 대신 신문지를 시멘트 바닥 위에 깔고 생활했다. 시멘트 바닥에 신문지만 깔고 생활하니 사소한 것부터 시작해서 불편한 점이 한두 가지가 아니었다. 8개월이 지난 후 내 연락을 계속 피하던 집주인과 드디어 연락이 되었고, 집주인은 그제야 아직도 장판 안 깔았냐면서 새 장판을 깔아준다고 했다. 이때 장판 깔아주는 분이 와서 요즘 방바닥에 이렇게 얇디얇은 장판을 까는 사람 처음 봤다고 말하면서 살면서, 그리고 이사갈 때 장판이 찢어지지 않게 조심하라고 일러주고 가셨다.

　8개월 동안 집안 바닥을 가득 메운 신문지를 볼 때마다 우리는 "꼭 내 집에서 살겠다." 하고 전의를 불태웠다. 비단 이뿐만 아니라 이 집은 인터폰이며 갈색 새시 등 고장 나고 망가진 것투성이였는데, 장판도 교체 안 해주던 집주인과 더 이상 싸우기 싫어서 나머지는 수리해달라 말도 꺼내지 않고 그냥 참고 살았다. 인터폰이 망가져 있어서 남편이 좋아하던 짜장면이라도 가끔 시켜 먹을 때면 1층으로 내려가서 음식을 받아오던 날들이 아직도 생생하다. 그럴 때마다 더욱 종잣돈 모으기와 재테크에 대한 생각이 절실해질 수밖에 없었다.

첫 부동산 투자,
월세를 받아서 월세를 지불하다

반전세 연장 계약

2년이 지나 전세로 계약한 신혼집의 만기가 다가왔다. 집주인과 트러블도 있어서 다른 집으로 이사 가고 싶기도 했지만 아직 내 집을 사서 나갈 만큼 종잣돈을 모으지 못한 상태였다. 이사를 하면 이사 비용뿐만 아니라 중개수수료 등 추가로 들어가는 비용이 만만치 않다고 판단했다. 신혼 초기에 불필요한 지출을 막기 위해서라도 우리는 이사를 가기보다는 그 집에 계속 살고 싶었다. 나는 전세로 계약 연장을 하고 싶었지만 집주인은 전세로는 연장해줄 수 없고 반전세 형태로 연장해주겠다고 했다. 지금 생각하면 집주인이 말한 가격에서 좀 협상을 했어야 했는데, 항상 언성을 높이며 이야기하던 관계였기에 괜히 연장을 안 해주면 어떻게 하나 싶어 가격에 대한 이야기는 하지도 못했다. 그리하여 우리는 임차인이라면 당연히 요구할 수 있는 최소한의 수리 요구도 하지 못한 채 반전세로 연장 계약을 했다. 집주인의 동의 혹은 공감 여부와는 관계없이 입주할 때부터 문제가 있었던 부분에 대해서는 충분히 이야기해보는 것이 좋지만, 막상 계약을 앞두게 되면 쉽지 않은 것이 사실이다.

항상 그렇진 않지만 독립 후 첫 집(자취방 혹은 신혼집)을 임차해서 사용할 경우 집주인이 임차인(세입자)보다 나이가 많은 경우가 많다. 만일 현재 임차로 살고 있다면 과거의 나처럼 기죽지 말고 자기 권리를 당당하게 주장했으면 좋겠다. 결과가 어찌되든 사전에 이야기해볼 수 있는 사항이다.

TIP 임차인의 권리 = 임대인의 의무

「민법」 제623조(임대인의 의무) 임대인은 목적물을 임차인에게 인도하고 계약 존속 중 그 사용, 수익에 필요한 상태를 유지하게 할 의무를 부담한다.

「민법」 제626조(임차인의 상환청구권) ①임차인이 임차물의 보존에 관한 필요비를 지출한 때에는 임대인에 대하여 그 상환을 청구할 수 있다.

「민법」 제634조(임차인의 통지의무) 임차물의 수리를 요하거나 임차물에 대하여 권리를 주장하는 자가 있는 때에는 임차인은 지체 없이 임대인에게 이를 통지하여야 한다. 그러나 임대인이 이미 이를 안 때에는 그러하지 아니하다.

「민법」 제623조와 제626조에 따라 임차인(세입자)은 주택의 사용, 수익에 필요한 수리 등을 요구할 수 있고 긴급한 상황이라 수리를 임차인이 미리 한 경우, 임대인(집주인)에게 그 비용을 청구할 수 있으며, 임대인은 비용을 지급해야 한다. 사용 수익에 필요한 수리 여부는 관례상 이사올 때 집에 붙어 있었고 임차인이 이사갈 때 가져가지 않을 물품은 임대인이 수리해 주는 것이라고 생각하면 편하다. 예를 들어 새시, 보일러, 빌트인쿡탑, 샤워부스, 인터폰, 주방후드, 배관 등의 설비나 물품이 망가졌을 때는 대부분 임대인이 수리를 해주는 경우가 이에 해당된다. 물론, 발생한 하자에 대한 임차인의 과실이 명백하거나 수리 비용이 소액인 경우는 임차인이 비용을 부담하는 경우도 있다. 지역에 따른 차이도 있을 수 있으니, 애매하다고 판단되면 임대 계약을 진행한 부동산 중개사와 미리 상의하고 임대인에게 연락해보는 것이 좋다. 수리 시 기존 제품보다 사양이 과다하게 좋은 제품으로의 교체를 임대인에게 요구할 수는 없다.

「민법」 제634조에 따라 사소한 고장으로 수리를 진행하지 않고 그냥 살 경우에도 망가진 사실을 임대인(집주인)에게 미리 알려야 한다. 처음에는 사소한 고장이었으나 점점 더 망가져서 계약 만기 시 더 큰 수리 비용을 지불하게 될 수도 있다(원상회복의무).

받은 월세로 내가 사는 집의 월세 내기

최고가로 반전세 월세 계약을 체결하기는 했지만 반전세 보증금이 기존 전세금보다는 적었기 때문에 우리는 전세금 중 일부를 돌려받을 수 있었다. 하지만 아무리 생각해도 임대인에게 내 피 같은 월급의 일부를 떼어 매달 월세로 줘야 하는 것은 기분이 나빴다. 임대인에게 월급의 일부를 고스란히 뺏길 수 없다는 일념 하에 2년 동안 모아놓은 돈과 일부 돌려받은 보증금을 합쳐서 월세를 받을 수 있는 투자처를 찾아보기 시작했다. 우리가 거주하던 서울에서는 그런 곳을 찾기가 쉽지 않아서, 우리는 상대적으로 부동산 가격이 저렴한 지방으로 눈을 돌렸다.

그때부터 강의도 듣고 책도 읽어보면서 부동산 공부를 본격적으로 시작했다. 이후 강의를 같이 들으며 알게 된 지인과 이야기하다가 지방(충청남도)에 있는 아파트들이 나의 예산 범위 안에 들어온다는 것을 알게 되었다. 부동산 강의에서 배운 지식과 정보를 이용해 손품을 팔아 사전 조사를 한 후 충청남도의 한 아파트를 특정했고, 주말을 이용해서 현장 조사(임장)를 여러 번 다녀왔다. 해당 주택의 매매가는 대출을 이용했을 때 우리의 예산 범위 안에 들었고, 여기서 월세를 받으면 대출 이자와 신혼집의 월세를 충당하고도 1만 원 정도가 남는 수준이 되었다. 우리는 곧 계약을 하고 이 지방 아파트의 월세를 받아 신혼집의 월세를 냈다. 내가 처음 의도한 대로 임대인에게 나의 노동으로 마련한 월급으로 월세를 주지 않을 수 있게 된 것이다. 이후 같은 단지에 우리가 처음 매수했던 금액보다 더 낮은 가격의 매물이 나와서 추가로 한 채를 더 매수해 2채에서 월세를 받기도 했다. 두 물건 모두 기본 수리 외에 셀프 인테리어를 추가해 임대를 놓았기 때문에 매도할 때까지 공실 없이 임대를 잘 하다가 매도할 수 있었다. 우리가 했던 간단한 수준의 셀프 인테리어 덕에 월세 수익률도 좀 더 높아졌다.

TIP

셀프 인테리어

셀프 인테리어는 다른 사람(인테리어 업자)에게 의뢰할 것을 내가 직접 해서 매매 비용을 아껴 수익률을 높이는 방식이다. 셀프 인테리어, 셀프 등기를 통해 수리 비용, 등기 비용을 절감할 수 있지만, 연차를 내야 할 경우 해당 일자만큼 연차 수당을 못 받게 되기 때문에 연차 수당을 포기할 것인지에 대해서는 각자 계산해봐야 한다. 셀프 인테리어를 처음 할 때 우리는 전문가가 아님을 받아들이고 시작해야 한다. 전문가가 아니기 때문에 빨리, 예쁘게 하기 어렵다. 아쉽지만 이것을 받아들이고 욕심을 버려야 한다. 셀프 인테리어에서 욕심이 과하면 너무 힘들어진다. 셀프 인테리어를 하기 전보다 좀 더 나아지는 정도를 목표로 삼고 시작해야 한다.

아무리 인터넷을 뒤져서 셀프 인테리어 방법을 숙지해도 실제로 내가 진행하려는 현장은 인터넷, 유튜브에 나온 현장과 다를 확률이 크다. 그래서 시간이 많이 걸릴 수 있다. 우리의 경우 전기 콘센트를 교체하려고 뜯었는데 워낙 오래된 아파트라 인터넷에 나와 있는 것과 배선도 다르고 남아 있는 전선의 길이가 턱없이 짧았다. 끝내 동네 인테리어 업자분께 소정의 수수료를 드리고 콘센트 교체를 맡길 수밖에 없었다. 셀프 인테리어는 직접 하다 보면 돌발상황이 자주 발생해서 경험이 없는 비전문가가 할 때 의외로 시간이 많이 걸리는 경우가 있다. 너무 욕심을 부리지 말고, 시간을 충분히 가지고 일정을 짜야 한다.

타일시트지

싱크대 개수대 앞쪽 타일을 교체해야 할 경우, 나는 '보닥타일'이라는 타일 시트지를 사용했다. 디자인도 다양하고 일반 타일과 비교했을 때 시공이

부엌 Before & After

훨씬 간편하다. 다만 시공 전 기존 타일을 잘 닦고 표면을 고르게 해야 시트지가 잘 붙는다. 보닥타일의 경우 주방 타일 교체 혹은 신발장 상단에는 적합하지만 화장실 벽면 등 물기가 매우 많은 곳에는 붙이기 힘들다. 물기가 시트지 가장자리로 들어가면 떨어지기 쉽기 때문이다. 디자인을 선택할 때는 작은 사각형 형태가 시공하기 편하다. 모서리 부분을 만났을 때 구부리기도 쉽고 새로운 타일 시트지를 이어 붙이기도 쉽다. 벌집 모양 등은 완벽하게 하면 예쁘겠지만 비전문가가 셀프 인테리어를 할 때는 힘이 많이 들 수 있다.

문고리, 콘센트, LED 조명

문고리와 콘센트 역시 비교적 적은 비용으로 큰 효과를 얻을 수 있는 방법이다. 문고리와 콘센트는 새것으로 바꾸는 것만으로도 깔끔한 느낌을 줄 수 있다. 콘센트를 교체할 때는 감전의 우려가 있으니 꼭 차단기(두꺼비집)를 내리고 작업해야 한다. 차단기를 내리면 불을 켤 수 없어 어둡기 때문에 낮에 작업을 하든지 손전등을 준비하자. 우리가 셀프 인테리어를 했던 집은 나무 문이 삭아 있어서 기존의 문고리를 떼어내는 데도 시간이 많이 걸렸다. 셀프 인테리어는 블로그, 유튜브에서 볼 수 있었던 깔끔한 상황이 아닐 수 있다는 점을 꼭 유념해야 한다. LED 조명은 인터넷에서 구입할 수 있고, 기존 조명보다 집 안이 훨씬 밝아 보이는 효과가 있다. 조명이기 때문에 설치할 때 의자 혹은 사다리가 있으면 좋다. 나는 편의점 등에서 흔히 볼 수 있는 등받이 없는 플라스틱 의자를 사서 사용했다. 일단 가볍고 잠깐 앉아서 쉬기에도 편했다. 처음에는 셀프 인테리어를 하느라 구입했지만 추후에 신축된 집의 사전 점검 때도 가지고 다니면서 유용하게 썼다.

결혼 후
첫 내 집 마련 성공기

우리 부부는 결혼 후 4년 만에 세입자 생활을 마감하고 '내 집'을 마련했다. 두 번째 임차계약 만기를 맞이하면서 또 한 번 계약을 연장할지 내 집을 마련할지에 대해 많은 고민을 했다. 4년 동안 살았던 집은 앞에서 언급했던 것처럼 좋지 않은 일도 좀 있었던 집이었다. 좋은 추억만 가득한 집은 아니었기 때문에 이사를 하고 싶었고, 첫 계약 연장을 전세가 아닌 반전세로 했기에 더 이상 월세를 내면서 살고 싶지 않았다. 집주인과의 트러블을 제외하고는 아파트 자체에 대한 만족도는 높은 편이어서 같은 단지 내 다른 전세를 찾아 이사를 하거나 매매를 하는 것을 우선으로 하고 알아봤다.

매물 찾기

지금 생각하면 다행인지 불행인지 모르겠지만 같은 단지뿐만 아니라 인근 단지까지 전세 매물과 매매 물건이 거의 없었다. 옆 아파트에 매매 물건이 하나 있었지만 층에 비해 볕이 잘 들지 않아 포기했다. 우리는 평소에 용산에 살고 싶다는 로망이 있었다. 입지 분석 등을 따져서가 아니라 그냥 끌리는 동네였다. 따라서 혹시 그 동네는 집값이 얼마인가 하고 찾아봤더니 충분하지는 않았지만 가능은 할 것 같았다. 그래서 신혼집이 있던 동네가 아닌 용산에서 집을 마련하기로 결심하고 매물을 찾아보기 시작했다.

당시 우리 부부의 예산 안에 들어온 매물이 몇 개가 있었는데, '네이버 부동산'으로 보기만 하던 중 마침 그중 한 물건의 가격이 조정되었다. 우리는 가격이 조정된 것을 보고 바로 전화해서 집을 보여달라고 했고, 집을 보고 계약을 진행했다. 그때 우리가 모아놓은 돈이 넉넉하지는 않아서 상당히 많은 대출이 필요했는데 주택담보대출 한도를 끝까지 채워 대출을 받아 매매를 하기로 결심했다.

투자 시작을 위한 종잣돈 마련

주택담보대출을 한도 끝까지 받으면서 너무 대출을 많이 받은 것은 아닌지, 이자에 허덕이게 되지는 않을지 고민이 되었던 건 사실이다. 하지만 전세와 반전세를 살면서 4년간 3억 원가량을 모았던 경험이 있었기 때문에 대출을 많이 받아 내 집을 마련하더라도 초심을 잃지 않고 계속 절약하며 지낸다면 대출이 아주 큰 부담이 되지는 않을 것이라는 자신이 있었다. 주택담보대출로 받은 금액, 그간 모아놓은 종잣돈, 신혼집 보증금을 다 더한 금액이 첫 집 매수를 위해 필요한 금액(매매대금+중개수수료+수리비+취득세 등)보다도 컸다. 이때 내 집을 마련하고 남는 금액을 가지고 본격적인 투자를 할 수 있었다.

내 집 마련은 부동산 시장이 좋을 때 하는 것이 아니라 내가 준비가 되었을 때 하는 것이 맞다. 부동산 시장은 지금도 불안하고, 예전에도 불안했고, 미래에도 불안할 것이다. 뉴스 및 신문에서 부동산 가격이 안정되었다는 소식은 한 번도 본 적이 없다. 일시적인 안정은 있을 수 있겠지만 부동산뿐만 아니라 경제 자체가 항상 변동성이 있을 수밖에 없고, 그 어떤 경제학자도 미래의 경제 상황을 정확하게 예측할 수는 없다. 부동산 시장이 안정될 때를 기다리는 것은 뜨지 않는 해를 기다리는 것과 같다.

다만 내 자신은 내 집 마련을 위해 준비하고 기다릴 수 있다. 준비하는 과정은 물론 길고 지루하다. 사람마다 처해진 상황, 장단점이 다양하기 때문에 준비 과정에서 무엇을 해야 할지는 각자 목표를 세워서 나아가야 한다. 경제적으로는 꾸준히 절약해서 종잣돈을 마련하든지, 작은 돈으로 할 수 있는 안정적인 투자를 통해 종잣돈 마련에 보탬이 되든지 하는 방법이 있을 것이고, 경험을 위해서는 책, 유튜브, 강의 등을 통해 재테크를 공부하고 실제로 행동해봐야 한다. 실행 없이 공부만 하는 것은 자기 위안만 될 뿐 재테크에 도움이 되지 않는다. 책, 유튜브, 강의 등 공부 방법은 어떤 것이든 상관없다. 재테크 공부는 이론만 가지고 연구하는 학문이 아니다. 부디 공부를 했으면 작은 것이라도 꼭 실행하기 바란다.

공유경제,
에어비앤비에 눈뜨다

지방의 주택에서 월세를 받다 보니 우리 부부는 별다른 신경을 쓰지 않아도 들어오는 부수입의 매력에 빠지게 되었다. 그러다 기존 주택 월세보다 수익률이 좋다는 에어비앤비에 대해서 알게 되었고, 에어비앤비의 호스트가 되기로 결심해 이를 행동으로 옮겼다.

에어비앤비란?

에어비앤비(Airbnb)는 2007년 샌프란시스코에서 두 명의 호스트가 세 명의 게스트를 맞이한 형태로 시작된 이후, 전 세계 거의 모든 국

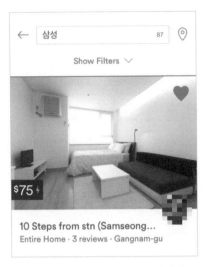
우리가 제공했던 에어비앤비 숙박시설

가에서 4백만 명의 호스트가 8억 회 이상 게스트를 맞이하는 규모로 성장했다. 국내에는 2014년에 진출한 세계 최대의 숙박 공유 서비스로, 여행자인 게스트와 숙박을 제공하는 호스트를 이어주는 중계 플랫폼이다. 여행을 좋아하는 사람이라면 한번쯤은 게스트로 이용해봤을 수 있다.

집이 준비되어 있다면 에어비앤비 호스트가 되는 방법은 어렵지 않다. 일반적으로 호스트가 숙박시설로 제공할 집에 침대, 식탁 등 집기를 채워 넣은 후 에어비앤비 사이트에 게스트에게 숙소로 제공할 공간을 올려놓으면 된다. 집 전체를 숙박시설로 제공할 수도 있고, 집의 일부(방)만 숙박시설로 제공할 수도 있다. 내가 올려놓은 숙박시설의 사진과 설명을 보고 내 집 혹은 방에 숙박하고 싶다고 신청한 게스트에게 임대를 주고 숙박비를 받는 개념이다. 게스트의 숙박 신청을 호스트인 내가 수락하면 게스트가 에어비앤비 플랫폼에서 숙박비를 먼저 결제하고, 게스트의 퇴실 후 에어비앤비 플랫폼에서 소정의 수수료를 제외하고 호스트에게 숙박비를 입금해준다.

긴장했던 첫 게스트와의 만남

호스팅을 시작하고 첫 게스트를 만나기까지 시간이 좀 걸린다. 처음 오픈한 숙소는 후기가 전혀 없기 때문에 게스트들이 선뜻 숙박을 결정하지 못하기 때문이다. 우리 부부는 가격을 약간 조정하는 등의 노력을 했다. 다행히 싱가포르 출신인 L이라는 게스트가 부인과 함께 숙박 신청을 했다. 처음 맞아보는 게스트라 걱정도 되고 긴장도 되었지만 숙소 앞에서 우리가 맞이한 L은 인상 좋은 아저씨였다(호스트가 게스트의 나이를 알 수는 없다. 게스트는 에어비앤비 측에 여권 인증을 해야 방을 예약할 수 있다).

L이 체크인하고 며칠 후 세탁기 작동이 안 되는 것 같다고 동영상 메세지가 왔다. 서둘러 AS센터에 연락을 취한 후 숙소로 가봤더니 L은 우리가 온다는 이야기를 듣고 아침 식사를 사두고 기다리고 있었다. 남편과 나, L과 L의 부인 이렇게 4명이 같이 빵을 먹고 L의 일정을 물어보니 이화여대 주변을 둘러볼 예정이었다고 했다. 멀리서 서울까지 온 여행을 세탁기 때문에 망치면 안 되겠다는 생각에 우리가 세탁기 수리를 지켜볼 테니 다녀오라고 했다. 다행히 그날은 토요일이었고 우리 부부도 특별한 일정이 없어서 여유가 있었다. L과 그의 부인은 계획대로 이화여대 쪽으로 출발했고, 토요일이었지만 AS 기사님도 배치되어 무사히 세탁기 수리를 마칠 수 있었다.

이후 L의 체크아웃 날, 청소를 하기 위해 숙소로 가보니 L로부터 고맙다며 선물과 쪽지가 남겨져 있었다. 이후에도 많은 게스트를 만

L이 두고 간 선물과 편지

나봤지만 처음 만났던 L이 가장 기억에 남았다. 에어비앤비는 숙소를 제공하고 수입을 얻는다는 장점도 있지만 새로운 사람을 만난다는 즐거움도 함께 준다.

우리 부부는 에어비앤비 관련 법규와 제반 규정이 명확하게 정립되어 있지 않았던 초기에 호스팅을 했지만, 현재는 규제가 강화되고 법령이 정비되는 등 상황과 환경이 많이 바뀌어 있다. 현재의 상황 등은 4장의 '에어비앤비의 장단점과 현재 상황'에서 좀 더 자세히 살펴보겠다.

시세차익형 투자의 시작

갭투자(전세 레버리지 투자)란?

흔히 말하는 갭투자란, 매수계약을 하고 잔금일 전까지 임차인을 찾아서 그 전세금으로 나의 잔금 일부를 지불하는 투자 방법이다. 혹은 전세가 껴 있는 주택을 매매가와 전세가의 차액만 지불하고 매수하는 것을 말하기도 한다. 전세가격이 크게 상승해 매매가와 차이가 적을 때 유용한 투자 방법이다. 다만 언론에서 말하듯 갭(매매가-전세가)을 대출로 감당하는 방법은 실제로는 거의 행해지지 않으며, 전세를 놓을 물건에 대해 주택담보대출을 받을 수 있는 방법은 없다. 간혹 제2금융권(카드사, 보험사, 지역 농협 등)에서 후순위 담보대출이 가능한 경우가 있지만, 방법을 찾기가 쉽지 않고 이자율도 높아서 굳이 그렇게 해야 할 필요성이 느껴지지 않는다. 그리고 갭(매매가-전세가)만큼의 투자금도 없이 갭투자를 하는 것은 임대인, 임차인 모두에게 위험하므로 그런 발상 자체를 안 하는 것이 맞다.

갭투자를 할 때는 매매가보다는 전세 수요가 충분한지가 관건이다. 이는 뒤에서 이야기할 입지 분석 중 직주근접 및 교통망, 학군을 보고 판단하는 것이 좋다. 갭투자를 해보니 전세가율이 높은 곳에서 투자할 때 투자금이 적게 들어가고, 전세가격이 지속적으로 상승하는 곳에서 2년마다 전세금을 올려서 연장 계약을 하면 상승한 전세금만큼 현금 수입이 생긴다는 장점이 있었다. 다만 현재는 임대차 3법의 도입으로 임차인이 계약 갱신을 요구할 경우 기존 전세가격의 5%까지만 올릴 수 있도록 상승폭이 고정되어 있다. 전세가격이 상승하지 않았는데 무리해서 전세금을 올리려고 하면 전세 계약 체결이 어려울 수 있으니, 시장에서 형성된 시세를 뛰어넘으려는 욕심은 금물이다. 전세금이 최초 계약보다 하락할 경우, 매매 계약 시 같이 체결한 전세금과 다음 전세금의 차액을 최초 전세 계약 만기에 돌려줘야 하는 위험 부담이 따른다는 것이 갭투자의 대표적인 단점이다.

그래서 갭투자는 단지 갭(매매가-전세가)이 적은 곳에 투자금이 적게 들어간다고 투자하는 것보다 앞으로 전세가격이 지속적으로 상승할 곳에 투자하는 것이 좋다. 바꿔 말하면 전세가격이 떨어질 리가 없는 곳을 선택해야 하는 방법이기에 '전세 레버리지 투자'라고 해야 옳은 표현이다. 갭투자 방식을 이용하면 매매가격 전부를 지급하는 일반 매매의 방법으로 주택을 구매하는 것보다 전세금을 레버리지(지렛대) 삼아 투자할 수 있다. 앞으로 매매가격이 오를 곳이라고 판단되는 곳은 대개 이미 매매가격이 비싼데, 전세금을 레버리지 삼으면 일반 매매로 할 때보다 적은 투자금액으로 부동산 투자를 할 수 있다.

TIP 임대차 3법

임대차 3법이란 전월세신고제·전월세상한제·계약갱신청구권제 등을 핵심으로 하는 「주택임대차보호법」 개정안과 「부동산 거래신고 등에 관한 법률」 개정안을 말한다. 「주택임대차보호법」 제6조의 3에서 계약갱신요구권을, 제7조에서 전월세상한제를 신설했고, 「부동산 거래신고 등에 관한 법률」 제6조의 2, 제6조의 3에서 전월세신고제를 신설했다.

임차인은 임대차 기간이 끝나기 6개월 전부터 2개월 전까지 2년의 계약갱신청구를 행사할 수 있다. 계약갱신청구권 행사 시 구두, 문자 등으로 가능은 하나, 미연의 사고를 막기 위해 새로 계약서 작성 및 내용 증명을 보내는 것을 추천한다.

임대인은 일정 사유를 이유로 갱신을 거절할 수 있다(「주택임대차보호법」 제6조의 3 제1항). 대표적으로 임대인 또는 임대인의 존속(부모 등), 비속(자녀 등)의 실거주를 이유로 임차인의 임대차계약갱신 거절이 가능하다. 기존 계약의 갱신을 하지 않고 새로운 임대차 계약을 맺었다면 5% 이상 임대료 인상은 가능하다. 이때는 임차인이 차후에 계약갱신청구권을 1회 사용할 수 있다.

투자 방법으로서의 갭투자

서울은 다른 나라들의 주요 도시와 비교해봤을 때 집값 대비 임대료가 저렴한 지역이다. 이는 다음의 표1과 표2를 살펴보면 확인할 수 있다.

PRR(Price to Rent Ratio)은 '평균 소유비용/임대소득(임대수익 대비 주택가격)' 또는 지급 예상 임대료를 의미한다. 이때 소유비용은 구매비용, 이자비용, 보험비용을 모두 합산한 것을 뜻한다. PRR은 임대료 대비 주택가격이 높은지 낮은지를 다른 지역과 비교할 수 있

표1 | 세계 주요 도시 소득 대비 집값(PIR)과 임대료 대비 집값(PRR)

■ PIR=중위 아파트(90㎡) 가격/중위 가구당 가처분소득
 ※ 가구당 가처분소득=순수입 ×1.5(여성노동참여율 50%가정)
■ PRR=평균 소유비용/임대소득 또는 지급 예상 임대료

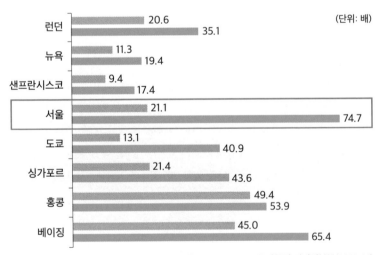

(단위: 배)

도시	PIR	PRR
런던	20.6	35.1
뉴욕	11.3	19.4
샌프란시스코	9.4	17.4
서울	21.1	74.7
도쿄	13.1	40.9
싱가포르	21.4	43.6
홍콩	49.4	53.9
베이징	45.0	65.4

자료: Numbeo, NH투자증권 리서치본부(2019.01)

는 지표다. 표2의 '임대료/소유비용'은 '소유비용/임대료'인 PRR을 거꾸로 정리한 것으로, 주택가격 대비 임대료(임대수익)가 차지하는 비율을 나타낸다. 지표 이름을 영어로 만든다면 RPR(Rent to Price Ratio)이라고 말할 수도 있겠다. 이렇게 보면 서울은 다른 글로벌 도시에 비해 임대수익, 즉 임대료가 저렴하다는 것을 알 수 있다. 소유비용 대비 임대료가 샌프란시스코의 경우 5.7%, 뉴욕의 경우 5.2%에 달하는 반면 서울은 이들 도시의 1/4 정도인 1.3%에 머무른다. 글로벌 주요 도시들과 비교해보면 서울은 임대료 수준이 낮은 도시에 속한다는 이야기다. 내가 인용한 자료는 서울의 집값이 타 글로벌 대도시 대비 높은 편이라는 주장을 뒷받침하려던 것으로 보인다. 그런데 거꾸로 살펴보면 이는 그만큼 서울의 주택 임대료가 낮은 편이라는 의미로도 해석할 수 있다.

표2 | 주요 글로벌 도시와 서울의 소유비용 대비 임대료의 비중

구분	PRR	임대료/소유비용
런던	35.1배	2.8%
뉴욕	19.4배	5.2%
샌프란시스코	17.4배	5.7%
서울	74.7배	1.3%
도쿄	40.9배	2.4%
싱가포르	43.6배	2.3%
홍콩	53.9배	1.9%
베이징	65.4배	1.5%

우리나라 경제는 중국처럼 인구수에 기반한 내수 시장이 탄탄한 것도 아니고 미국같이 경제적 패권을 가지고 있지도 않다. 따라서 글로벌 경제의 영향을 받을 수밖에 없는데, 이는 주택 경기도 피할 수 없다. 이 때문에 나는 앞으로도 주택 임대료가 상승할 여지가 있다고 판단한다. 글로벌 경기와 상당 부분 동조화되어 있는 국내 주택 시장이 여타 선진국들의 주택 시장과 반대되는 흐름을 보이기 쉽지 않을 것으로 예상하기 때문이다. 이와 더불어 2021년 기준 여전히 신규 임대차를 위한 물량 공급이 원활하지 않아 전·월세 등 모든 형식의 임대료가 상승 중이고, 국내의 대출규제가 심해지고 있는 추세를 보았을 때 갭투자는 대출 없이 주택을 매수할 수 있는 방법으로 꾸준히 유용할 것으로 생각된다. 다만 이 경우 투자 시 갭이 작은 지역만 찾아다니는 갭투자가 아닌, 전세가격의 상승을 이용한 레버리지 투자를 해야 한다는 것을 명심해야 한다. 그래야만 전세가격이 낮아지는 역전세의 위험에서 벗어날 수 있고 임대인, 임차인 모두 불안하지 않게 투자를 할 수 있다. 무엇보다 투자를 위한 공부를 게을리하지 않아야 피 같은 내 돈을 지킬 수 있다.

TIP 전세제도

전세는 세를 낸다는 뜻이다. 전세가 타인 소유의 집을 이용할 때 일정 금액을 보증금 형식으로 맡겨놓았다가 다시 찾아가는 제도임은 모두가 알고 있을 것이다. 그런데 이 제도가 우리나라에만 존재하는 독특한 제도라는 것을 알고 있는 분들은 생각보다 많지 않다. 전세제도의 기원은 조선 말기라고 하는 이야기도 있고, 그 훨씬 이전부터 존재하던 제도라는 이야기도 있다.

중요한 것은 전세제도의 또 다른 본질을 이해하는 것이다. 전세제도는 사인 간 행해지는 무이자 대출이라고 해석할 수 있다. 형식상으로는 부동산의 임대차지만, 실질적으로는 임차인과 임대인 간 이자율 0%의 금융(자금의 융통)계약 성격도 가지고 있는 것이다. 따라서 전셋집를 얻고자 하는 이들은 원금(전세금)의 손실 위험 여부를 철저하게 따져봐야 한다. 이를 위해서 국가에서 확정일자라는 제도를 만들어서 임차인 스스로 본인의 전세금을 쉽게 보호할 수 있도록 하고 있다. 반대로 전세를 놓고자 하는 이들은 전세보증금이 전세 계약 만기에 임차인에게 돌려줘야 하는 채무임을 정확하게 인지하고 임대차 계약을 체결할 수 있도록 해야 한다. 임대인과 임차인의 관계가 언론에서 이따금씩 보도되어 눈살을 찌푸리게 하는 갑과 을의 관계가 아니라는 뜻이다.

전세금을 지불하는 임차인의 입장에서 원금의 손실 가능성을 줄이기 위해 가장 먼저 확인해야 하는 것은 임대인이 실소유주가 맞는지 여부와 등기부등본상 내가 임차하려는 집의 권리관계 설정 내역이 깨끗한 상태인지 보는 것이다. 이것이 원금을 지키는 최소한의 방법이자 가장 보편적인 방법이며, 이는 부동산 중개업소에서도 계약 당일에 다시 한번 확인해주는 것이 보통이다. 본인이 전세금을 지불하고 입주하려는 주택에 본인보다 선순위로 설정되어 있는 특별한 권리관계가 없다면 어느 정도 안심할 수 있다. 다만 우리나라의 사법체계에서 등기의 공신력을 인정하지 않고 있는데 반해, 일반인들이 권리관계 확인을 위해 가장 믿고 보편적으로 활용할 수 있는 수단이 등기부등본인 점은 아이러니하다. 사실 등기부등본 외에 딱히 다른 방법이 없기도 하지만 말이다.

투자 사례

① 영등포구 A아파트

몇 해 전 겨울, 영등포구에 소재하는 A아파트를 전세를 끼고 매수했다. 그 당시 한참 해당 지역의 갭(매매가–전세가)이 작아져 있던 때여서 투자를 고려하는 이들에게는 반응이 뜨거웠던 곳 중 하나였다.

표3은 우리 부부가 매수했던 영등포구 A아파트의 매매·전세가격 지수다. 이 표를 보면 우리가 매수했던 시점을 기준으로 한동안 전세가격 지수의 상승세가 매매가격 지수의 상승세보다 높아졌고, 이후 2017년 중순부터는 매매가격 지수의 상승폭이 전세가격 지수의 상승폭을 능가하는 것을 확인할 수 있다. 매수 당시 금액으로 갭이 3,200만 원이었다. 여기서 중요한 점은 3,200만 원만 있으면 매수할 수 있겠다고 생각하면 안 된다는 것이다. 중개수수료, 취득세, 임

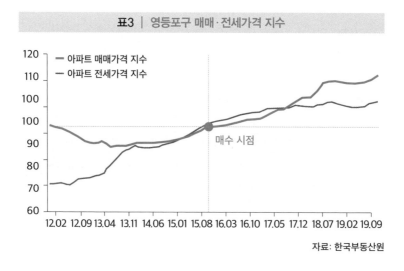

표3 | 영등포구 매매·전세가격 지수

자료: 한국부동산원

차인이 요구할지도 모르는 수리 비용이 추가될 수 있다는 점을 생각하고 접근해야 한다. 우리는 주인이 거주 중이었던 아파트를 매수해서 도배 비용 정도만 추가로 지불했었다.

첫 갭투자를 했던 그해는 봄부터 서울 대부분의 아파트 전세가격이 상승하고 있었고 이런 전세가격의 급등이 매매가를 밀어 올릴 것이라고 예측하던 때였다. 당시 영등포구에 있는 아파트들 중에서 여러 곳을 돌아다녀봤는데, 이미 상당수의 투자자들이 다녀간 후였다. 우리는 수집한 여러 자료를 바탕으로 상승세가 두드러지게 나타나는 것을 확인한 뒤에 현장에 갔으니, 선제적으로 진입하는 투자자들보다는 조금 늦을 수밖에 없었다. 중개업소에서는 이곳이 지방 투자자들이 버스를 대절해 매매 계약을 하고 간 지역이라는 이야기도 전했다. 직접 본 것이 아니라 사실 여부를 확인할 수는 없지만 투자자가 몰리는 곳은 이런 식으로 원정 투자가 이뤄지기도 한다.

다른 투자자들에 비해 조금 늦게 그 지역에 관심을 갖게 되기도 했었고, 우리가 관심을 가졌을 때는 그 지역이 한참 주목받을 때라 가장 원하던 아파트(지역 내 리딩 아파트)를 매수하기가 어려웠다. 가계약금을 보낼 계좌번호를 달라고 연락한 사이 다른 부동산에서 가계약금을 넣었다고 한 적도 있었고, 집까지 보고 왔는데 매도인이 매매를 보류하기로 했다는 연락을 받은 적도 있었다. 그렇게 가계약금을 보내려던 몇 시도들이 허사가 되었다. 소위 인기 지역에 투자할 때는 가계약금도 빨리 두둑하게 입금하고, 계약금 자체도 매매가대비 10% 가 아닌 그 이상을 보내는 것이 추후 계약 파기를 막는 방법이다. 그리고 매도자의 변심으로 매매가 보류된 경우, 그 아파트를 계약하고 싶고 자금 여력이 있다면 아예 제시한 매매가에 웃돈을 지불하는 방법도 있다. 가계약금과 계약금을 많이 지불하는 방법은 매매뿐만 아니라 전세를 계약할 때도 동일하게 이용 가능하다.

TIP 주인 거주 물건

매물을 보면 중개업소에서 '주인 거주 물건'이라며 장점을 어필하는 경우가 있다. 주인이 거주한다고 항상 상태가 좋은 것은 아니다. 그리고 임차인이 거주한다고 상태가 나쁜 것도 아니다. 실제 거주하는 사람의 성향에 따라 집 상태가 많이 차이 나지만, 나 같은 경우 신혼집(전셋집)에 살 때 주인과 연락이 꺼려져 집 물건에 자잘한 고장이 나 있으면 알리는 주되, 내 돈으로는 수리하지 않고 참고 살았다. 꼭 전셋집을 '더럽게, 함부로 써야지.'라는 의도가 아니었대도 다음 거주자(세입자 혹은 매수자)가 보기에는 고장이 많은 집일 수 있는 것이다. 여러 사정에 의해 임차인이 거주하는 물건은 상태가 좋지 않은 경우가 존재한다. 일반적으로 임차인 거주 주택이 주인 거주 물건보다 상태가 나쁘다고 하며, 내가 경험한 바로도 그러했다.

생각해보면 집주인이 직접 거주하던 곳은 문제가 생겼을 때 수리 여부 및 사양을 자신이 직접 판단해서 바로바로 고치거나 수리하기가 용이했을 것이다. 본인이 불편 사항을 느끼던 부분에 대해서는 어떤 형태로든 해결을 했을 것이므로, 항상 그렇지는 않지만 주인 거주 물건이 임차인 거주 물건보다 상태가 양호할 가능성이 크다. 임대를 줄 목적으로 집을 매수하는 경우, 가급적 주인 거주 물건을 구입하는 것이 예상치 못한 수리 비용을 줄일 수 있는 방법이다. 누가 거주했든지 매수 전에 집 내부를 꼼꼼하게 살펴봐야 하는 것은 동일하다.

그 당시 우리는 갭투자를 처음 하는 것이라 잘 모르기도 했고, 자금 여유가 없어서 정말 괜찮다고 생각했던 몇 건의 계약을 놓쳤다. 차선으로 리딩 아파트가 아닌 인근의 다른 아파트를 계약했다. 입지 분석 및 아파트 선정에 관한 이야기는 4장의 '실제 투자에 이용한 입지 분석 사례'에서 자세히 살펴보겠다.

투자자들에게 갭투자로 각광받는 지역은 투자금이 적게 들어간다는 장점이 있다. 하지만 그들 역시 집을 매수한 후 전세를 내놓기 때문에 추후 전세 물량이 많아져 임차인을 찾는 데 어려움을 겪을 수 있음에 유의해야 한다. 다행히 나는 운 좋게 임차인을 찾을 수 있었고, 매수한 지 2년 6개월가량이 경과한 후에 매도했다. 한 아주머니가 와서 아들의 신혼집이라며 우리가 보유하던 주택을 매수했는데, 계약하고 잔금을 받고 나오면서 "행복하게 사세요."라고 말이라도 해줄 걸 하는 후회가 남기도 한다.

② 운정신도시 B아파트

첫 갭투자 후, 파주의 운정신도시에 있는 한 아파트 역시 전세를 끼고 매수했다. 해당 아파트는 경매 강의에서 경매 물건을 분석할 때 예시에 있던 아파트였는데, 임장을 가본 후에 사례 물건의 낙찰가보다 좋은 동, 좋은 층에 보다 더 싼 물건이 있는 것을 보고 매수했다. 임장한다고 해당 아파트와 인근의 중개업소에도 여러 번 갔었는데, 그 아파트에 방문한다고 해서 모든 것을 알 수는 없었다. 사전에 손품을 파는 것의 중요성을 많이 느낀 곳이었다.

당시 운정신도시는 공급 물량이 아직 많이 남아 있어 구축아파트의 시세는 점점 하락하고 있었다. 게다가 연장 계획이 있다던 지하철 3호선 연장은 이 책을 펴내는 2021년 기준 아직 착공도 하지 않았고, GTX-A 노선 역시 2018년에 착공'식'만 진행되다가 토지수용 절차가 끝나지 않아 한동안 착공을 못했던 상황이기도 했다. 우리 부부는 아쉽지만 교통망을 확충해줄 공사의 착공이 계속 늦어지는 구축아파트는 손해를 보더라도 처분하는 게 낫다고 생각해 원래의 매수가격보다 낮은 가격에 매도를 했다. 이른바 '손절'한 것이다.

우리의 사례를 반면교사로 삼아 독자분들은 이 같은 우를 범하는 일이 없길 바란다. 뒤에도 또 쓸 이야기지만 투자를 하면 항상 이익만 얻는 것은 아니다. 내가 잘못 판단해서 손해가 날 수도 있고, 글로벌 경기 침체로 인해 우리나라 주택가격이 영향을 받아 손해가 날 수도 있다. 후자의 경우 내 잘못이 아니다. 글로벌 경기 침체를 읽어내고 그것이 내가 산 주택의 가격에 영향을 줄지 정확히 예측하는 것은 쉽지 않다. 나는 내 능력을 파악해서 내가 할 수 있는 일과 내 능력 밖의 일을 나누어, 내가 할 수 있는 일에 더 많은 노력을 쏟으려고 한다. 모든 것을 다 잘할 수는 없고, 그렇게 할 수 있는 사람도 거의 없다. 하지만 투자 결과에 대해 나의 잘잘못을 따지기보다 나의 손해를 최소화할 수 있는 방법을 찾는 노력은 해야 한다. 그런 방법을 찾으려고 노력하지 않는다면 그것은 잘못이다.

③ 성남시 분당구 C아파트

또 다른 갭투자 사례로 들 수 있는 것은 성남시 분당구에 소재한 C아파트다. 이곳도 매수한 후에 전세를 놓았고 현재까지도 보유하고 있다. 당시 우리 부부는 해당 지역의 아파트를 사려고 우리의 예산 범위 내에 있는 분당구 소재의 아파트를 전부 가봤다. 그해 여름도 무척 더웠었는데 여름 내내 토요일마다 분당에 가서 샅샅이 매물을 뒤졌다. 부동산 중개업소는 대개 일요일은 휴무지만 토요일은 영업한다. 분당구의 중개업소들은 1달에 2번 토요일도 전체 휴무를 하기 때문에, 방문하려면 사전에 연락을 꼭 취하고 가야 했다. 현재도 중개업소들이 동일하게 운영되고 있는지는 확실하지 않으니, 관심 있는 분들은 꼭 사전에 확인해보는 것이 좋겠다.

우리 부부는 그해 9월 추석 전까지 매물을 찾아다녔다. 다행히 추석 연휴 직전에 매물을 결정해서 계약금을 보낼 수 있었다. 추석 연휴 끝나고 해당 지역의 매매가는 더욱 상승했다. 이때 연휴라고 부동산 가격이 쉬는 것은 아니라는 것을 몸소 느끼게 되었다. 우리나라 구정과 추석 연휴는 짧으면 3일, 주말이라도 겹치면 5~6일 정도가 된다. 게다가 구정과 추석은 봄, 가을 이사철과 맞닿아 있어 이때가 부동산 가격의 변곡점이 되는 경우가 종종 생긴다. 부동산 중개업소가 휴무라 집을 보러 다니는 것은 힘들어도 부동산 사장님과 매도인, 매수인이 시간 약속을 잡고 잠시 나와서 계약은 체결하기 때문에 거래는 일어난다. 그리고 연휴에 오랜만에 친지들끼리 모여서 하는 대화 주제 중 하나가 부동산인 경우가 종종 있다. 돈을 벌게 된 친지는 나름의 무용담을, 손해를 본 친지는 친지대로 한탄을 하게 되는데, 이런 상황이 적지 않게 부동산 매수 심리에 반영되어 매매가격에도 영향을 미치게 된다.

청약을 이용한 분양권 투자의 시작

비교적 소액으로도 시작할 수 있는 분양권 투자

한참을 갭투자에 열중하던 우리 부부는 청약통장을 이용해 청약에 당첨되면 계약금만 가지고 물건을 구할 수 있다는 것과 청약이 중도금은 대출로, 잔금은 공사 기간(약 2년) 동안 모은 돈으로 지불하면 되는 투자 방법이라는 것을 알게 되었다. 청약 당첨은 새 집이 생기는 것이기 때문에 구축이 가득한 서울 및 수도권에서는 인기가 정말 많아질 것 같다고 판단했다. 한때 주가지수옵션 투자를 해봤던 남편은 분양권 투자가 주식 시장에서의 옵션 투자와 성격이 비슷한 것 같다고도 이야기했다. 나는 대기업 건설회사의 분양팀에 있었지만 분양을 해보기만 했지 내가 분양을 받아본 적이 없던 터라 분양권 투자 분야에 유명한 강사분의 강의를 남편과 함께 수강했다.

당시 남편은 유동성 증가로 인한 장세가 계속 확대될 것이라며 우리가 가지고 있는 현금과 대출 여력을 최대한 동원해 실물 자산에 투자하자고 했다. 회계사이자 세무사인 남편보다 원론적인 경제학 지식은 없지만 나도 계속해서 경제 공부를 해왔기 때문에 이 말이 일리가 있다고 판단했고, 비교적 소액으로도 투자할 수 있는 분양권 공부를 하기로 결심했다. 그때 이후로 알게 된 것이지만 남편은 회계사 자격증과 경제 관련 지식 간에는 아무런 연관성이 없다고 했다. 그저 자신이 얼마나 경제에 관심을 가지고 뉴스를 접하고 공부를 해보는지의 차이라는 것이다. 우리 부부가 했던 분석과 판단이 디테일하게 정확했던 것인지, 혹은 운이 좋아 시기가 잘 맞았던 영향이 컸던 것인지 알 수는 없지만, 지금까지는 그때 판단하고 실행했던 것들이 대부분 큰 오류 없이 맞아떨어지고 있다.

좋은 강의를 찾아 활용하기

그 당시에도 청약제도는 변동이 잦았고, 매주 나오는 분양공고 일정 등을 혼자서 모두 업데이트하기엔 시간이 없어 이런 사항을 매번 알려주는 분양권 강의의 도움을 많이 받았다. 강의를 듣는 동안 강사님이 물건에 대한 구체적인 분석도 해주었지만, 어떻게 분석을 해야 한다는 방법론을 잘 알려주셔서 우리 부부는 자금 사정에 맞는 곳을 찾아 움직이고 배운 걸 토대로 실행만 잘 하면 되었다.

해당 강의는 지금도 분양권에 관심이 있는 주변 분들에게 추천하는 강의다. 우리 부부는 강의에 감사한 마음을 항상 가지고 있다. 하지만 대부분 그렇듯이 누군가에게 강의를 추천해도 추천을 받는 사람 입장에서는 '이 강의가 과연 내게 도움이 될까?' 하는 의구심이 많아서인지 수강까지 하는 경우는 많지 않았다. 강의에서 들은 내용을 내 상황에 접목해 이를 바탕으로 최선의 방법과 목적을 찾아내려고 해야 하는데, 대부분의 사람들은 그보다는 바로 눈에 보이는 것에 관심이 더 많은 듯하다. 그저 현재의 상황에서만 무언가를 찾으려고 하니, 본인에게 보이는 것도 한정적일 수밖에 없다.

우리 부부는 이 분양권 강의 수강을 통해 꾸준히 분양권 투자에 도전했고, 서울을 포함한 수도권 지역에서 다양한 방법으로 아파트 및 오피스텔 분양권을 취득했다. 이 역시 시장의 흐름에 따라 다양하게 투자할 줄 알아야 한다는 우리 부부의 공통된 인식과 그것을 실행하고자 했던 의지가 바탕이 되었기 때문이었던 것 같다.

결혼 10년 차, 강남에 주택을 사다

빚을 안고 시작했던 부부 재테크

10년 전, 마이너스 2억 5,000만 원의 재정 상태로 결혼 생활을 시작한 우리 부부는 지방 소형 아파트 월세 투자를 시작으로 에어비앤비 등 월별 현금 흐름을 창출하는 투자를 경험했다. 이어서는 서울을 비롯한 수도권 아파트 및 분양권에 투자해 시세차익을 얻었으며, 이 중 일부 실현된 차익도 다시 재투자하고 있다. 남과 다른 특별한 전략이 있었던 것은 아니었지만 남보다 더 절실하게 움직이고 실천하고자 했던 것이 현재까지 재테크 과정의 원동력이 아닌가 생각한다.

우리 부부보다 더 나은 재정 상태에 있는 사람은 너무나 많다. 하지만 우리도 결혼 10년 차에 강남에 주택을 구입할 수 있었다. 우리가 산 주택이 행정구역상 서초구에 소재하기에 엄격히 따진다면 강남 주택은 아니지만, 서초구는 포괄적으로 강남권에 속하는 지역이라 여겨 강남으로 지칭했다. 행정구역을 자세하게 언급하는 이유는 나중에 괜한 오해를 사고 싶지 않기 때문이다.

강남을 선택했던 이유

책의 뒷부분에서도 언급하겠지만 그동안의 거주 경험에 비추어볼 때 용산은 도심 한복판에 있어 서울 어느 지역을 가려고 해도 편리한 자동차 교통이 강점이고, 위아래로 용산공원과 한강공원을 이용할 수 있는 좋은 입지를 자랑한다. 우리가 현재 살고 있는 마포는 비교적 활발하게 정비사업이 진행된 곳이어서 단지 내 주거 환경이 대체적으로 쾌적한 편이다. 결혼 직후에 거주했던 동작구 일대는 신축은 아니었지만 나름대로 대중교통을 이용하기 괜찮았으며 타 지역과의 연결성 측면에서도 좋았고, 젊은이들이 좋아할 만한 나름의 인프라가 꽤 갖춰져 있었다. 용산과 마포는 강남권 대비 학원가가 열세인 것은 사실이지만 학군이 약하다는 것이 우리 부부에게 큰 문젯거리가 되지는 않았다. 그렇다면 용산과 마포도 부각되는 장점이 뚜렷한데 우리는 왜 강남 지역에 소재한 주택을 추가로 매수했을까?

우리 부부에게 있어 학원가의 형성 유무가 주거를 결정할 때 중요한 요소는 아니다. 강남권은 다른 지역에 비해 대부분의 요소가 다 월등하게 평가받는 것이 사실이고, 학군 혹은 학원가와 관련된 요소가 용산과 마포에 비해 확연히 우위에 있다고 이야기할 수 있다. 단순하지만 여기에는 많은 것이 내포되어 있다. 같은 학원가라고 해도 중계동, 목동보다 강남권의 학원가를 우위로 치는 이유이기도 할 것이다.

대한민국 사교육 일번지라고 불리는 곳은 강남구 대치동이다. 학원가가 자리 잡음으로써 강남에는 자연스레 교육 관련 시설이 늘어나고 유흥시설이 적어진다. 교육을 중시하는 우리나라의 풍조상 학원가로 이사를 하고자 하는 수요가 계속 유입된다. 일각에서는 학생 인구수가 적어진다며 학원가의 위기가 올 것이라고 하는데, 절대적인 학생수는 줄어들어도 대치동에 오고 싶어 하는 수요는 앞으로도 꾸준히 있을 것이다. 중계동, 목동 학원도 대치동 학원의 분원이 상당수 있다. 또 어느 학원이든 대치동의 커리큘럼을 그대로 따라간다고 하면 인정해주는 분위기도 있는 만큼, KTX 등 빠른 이동 시간을 보장하는 교통망이 더욱 발달할수록 지방에서 대치동으로 오려는 수요는 더욱 증가할 것이라고 본다.

대치동의 실거주 수요가 꾸준하니 상승하는 전세가격에 좀 더 보태서 매매를 할까 하는 매매수요도 늘어나고, 대치동 인근의 삼성동, 도곡동, 개포동 등으로 전세, 매매 수요가 퍼져 나가게 된다. 이런 흐름은 강남구 내에서만 일어나는 것이 아니다. 강남구 옆의 서초구와 잠실 등으로 상호 지속적인 영향이 오간다. 수요가 유지되는 강남권의 집값이 견고해지고, 강남 인구가 꾸준히 증가 혹은 유지되니 사람이 많아진다. 사람이 많아지니 편의시설, 교통망이 생기고, 편리한 교통망과 인프라를 누리려는 양질의 직장들이 생기게 된다. 그렇게 사람들이 선호하는 요인들(학원가, 교통, 직장 등)이 쌓여서 지금의 강남이 탄생하게 된 것이다. 우리 부부는 강남권 내에서의 선순환이 계속될 것으로 예상하고 이곳에 진입하기로 결정했다. 앞서 말한 강남의 교육 관련 요소는 일례로 이야기한 것이며, 사실상 강남은 다른 여러 가지 입지 분석과 관련된 요소에서도 비슷한 맥락으로 타 지역 대비 우위를 점하고 있다. 즉 강남권이라는 지역 내에서의 선순환은 여전히 계속되고 있다.

거주하려는 주택은 매우 큰 자금이 소요되기 때문에 거주와 투자라는 두 가지 관점에서 같이 접근해야 한다. 나는 실거주할 예정이니까 집값이야 오르면 좋지만 안 올라도 관계없다는 이야기를 주변에서 심심찮게 듣는다. 하지만 집이란 거주도 해야 하기 때문에 역설적으로 투자 관점의 고려가 꼭 필요하다. 대부분의 사람들이 천년만년 그 집에서 살 것이 아니기 때문이다. 기껏 해야 20년 정도이며, 정말 길게 거주하면 30년 내외다. 상승기에 가격 상승이 잘될 곳 또는 하락기에 가격 방어가 잘될 곳이 투자의 관점에서 좋은 곳인데, 이는 다르게 말하면 내가 팔고자 할 때 잘 팔릴 수 있는 곳이어야 한다는 뜻이다. 즉 내가 필요로 하는 곳보다 객관적으로 다수의 사람이 필요로 하고 남들이 좋아하는 곳을 고르는 것이 투자의 관점에서 더욱 좋다는 얘기다.

이제 투자는 그만해도 되지 않니?

위에서 언급한 강남권 주택을 계약한 후에 부모님에게 들었던 첫마디다. 이제 어느 정도 투자를 했으니 팍팍하게 살지 말고 조금은 편하게 살라는 이야기셨다. 우리 부부가 투자 초기에 비해 노하우가 조금 생긴 것은 사실이다. 하지만 보유하는 물건의 관리를 위해서는 부동산 관련 정보를 계속 보아야 한다. 부동산 뉴스, 정보, 연관 정책 변화를 들여다보고 있으니 어떤 곳에 어떻게 투자할지도 약간은 감이 오는 것 같다. 그래서 앞으로도 상황에 맞는 좋은 대상이 보이면 투자를 지속할 것이다. 빠르게 변하는 정책에 대응하는 것만으로도 버겁긴 하지만 그래도 투자를 멈추지는 않을 생각이다. 이제는 처음에 아무것도 모르는 상태에서 했던 것만큼 투자가 힘에 부치지는 않는다. 투자도 처음이 어렵고 두렵지, 계속 하다 보면 자신만의 노하우도 생기면서 차츰 할 만하게 된다.

2장

부부가 함께하는
재테크

내 삶에 갑자기 들이닥친 희귀 난치병

희귀 난치병 환자, 그래도 극복해나가야 하는 삶

나는 모야모야병(특별한 이유 없이 뇌 속 특정 혈관이 막히는 만성 진행성 뇌혈관 질환)이라는 희귀 질환을 앓고 있는 환자다. 결혼을 앞두고 있 던 시점에 반복되는 일과성 뇌허혈 증상을 겪은 후, 나는 희귀 난치 병인 모야모야병을 확진받았다. 그 후로는 1차 수술을 받고 몇 년간 관리하며 지내고 있었다.

그러던 3년 전 어느 늦은 봄날, 여느 때와 같이 운동을 마치고 집 에 와서 점심을 먹고 상을 치우는데 갑자기 왼쪽 손에 힘이 빠지면 서 잡고 있던 반찬통을 바닥에 떨어뜨렸다. 단순히 손이 미끄러워

반찬통을 손에서 놓친 게 아니란 느낌은 들었다. 분명한 힘 빠짐이었다. 다만 일과성 뇌허혈 때문이라면 누워서 조금 쉬면 괜찮아졌던 적이 있었기에, 이번에도 잠깐 그러는 건 아닐지 좀 기다려볼 시간은 필요했다.

급하게 남편에게 연락했고 남편이 집으로 돌아왔다. 잠깐 누워 있는 동안 내 몸은 다시 괜찮아진 듯 보였다. 사실 이때까지만 해도 외관상 몸에 별다른 문제는 없었다. 다만 평상시와 달리 콕콕 찌르는 듯한 두통이 있었는데, 나를 몇 시간 동안 주시하던 남편이 내 행동과 증상이 여느 때와는 좀 다르다고 해서 응급실에 가보기로 했다. 늦은 시간에 대학병원 응급실에 가본 분들은 알겠지만 저녁 시간의 응급실은 항상 사람들로 붐빈다. 많은 환자로 인해 의사선생님의 진료를 받기까지 오랜 시간이 흘렀고, 나는 한참을 의자에서 기다리다가 MRI를 찍었다. 그것도 1차 수술을 받고 정기 검진을 다니던 대학병원이었기에 그나마 빨리 조치를 받은 편이었다.

응급실에 온 이후 계속 수액을 맞고 있었지만 혼자 걸을 수도 있었고 화장실도 다녀올 수 있었다. 당직 의사선생님이 뇌경색 조짐이 일부 있다고 했지만 크게 드러나는 증상은 없었다. 밤새 아무것도 못 먹고 깨어 있으니 배가 고파 집에 돌아가서 라면이라도 끓여 먹자는 이야기도 남편과 나눴다. MRI 결과를 보는데 시간이 너무 오래 걸리는 것 같아 기다림에 지친 나와 남편은 집에 갔다가 다시 외래로 오겠다고 했지만, 당직 의사선생님은 내게 날이 밝는 대로 일반 병동으로 올라가서 입원해야 한다고 했다.

나는 응급실에 온 지 14시간 만에 일반 병동에 입원했다. 그렇게 입원 생활이 다시 시작되었다. 일반 병동으로 올라온 후 나의 상태는 계속 나빠졌다. 처음에는 한쪽 다리를 질질 끌면서 걷게 되었다가, 그다음에는 아예 혼자 걷지 못하게 되었고, 한쪽 팔이 잘 움직이지 않게 되었다. 입을 온전히 다물고 있을 수 없어서 입에서 침이 흘렀고, 입 주변은 내 피부가 아닌 양 마치 비닐을 덮어놓은 듯한 느낌이 들었으며, 밥을 먹다가는 혀를 깨물기 일쑤였다. 가장 불편한 것은 혼자 화장실에 앉아 있을 수가 없어서 누군가 옆에 같이 있으면서 나를 잡아주어야 하는 일이었다. MRI 영상 판독 후, 뇌경색이 온 것이 확인되었고 1차 수술을 받은 지 8년여 만에 나는 2차 수술 날짜를 받게 되었다.

뇌경색 증상으로 몸의 절반을 거의 움직일 수 없게 된 지 십여 일이 흐른 어느 날 아침, 남편은 잠에서 깰 때 하품을 하며 기지개를 펴는 듯한 동작을 하듯이 내 손끝이 움찔거리는 것을 보았다고 했다. 언제쯤 다시 움직여질지 막막했는데, 나의 의지로 손의 끝부분이 다시 움직이는 것을 보았다는 것이었다. 나 역시도 손이 다시 조금씩 움직여진다는 것을 느낄 수 있었다. 이때부터 내 몸은 천천히 회복되기 시작했다. 이후 입원 중에 재활의학과에 가서 작업치료, 운동치료도 받았고, 뇌경색 이후 급성기가 지나가는 것을 기다리기 위해 잠깐 퇴원해 있으면서 집 근처 재활병원에서 계속 통원치료를 받았다. 그러면서 뇌경색 급성기가 지나갔고, 2차 수술 날짜가 다가왔다.

입원 중 진행한 전세 계약

모야모야병은 완치의 개념이 아직 없는 희귀병이다. 그리고 이 병의 수술은 머리뼈를 절개해 뇌혈관을 이어주는 개두술로 진행된다. 그해 여름 내 생일 전날, 난 두 번째 개두술을 받고 중환자실에서 생일을 맞이하게 되었다. 중환자실에 며칠 있다가 일반 병실로 옮기고 난 후 회복을 위해 힘쓰고 있었지만, 입원 중에도 당시 내가 가지고 있던 분양권의 입주 시기가 다가온다는 사실이 머릿속을 맴돌았다.

처음 보유하게 된 신축 아파트여서 애정이 있었지만 실거주 계획은 없었던 터라 매도를 할지, 임대를 하면서 좀 더 보유할지 결정해야 했다. 입원 중에도 네이버 부동산에 나오는 매물들 시세를 계속 확인해야 했고, 인근 중개업소에도 연락을 돌려야 했다. 처음에는 매도를 생각했지만 호재들이 남아 있어 좀 더 보유하고 있으면 좋겠다고 판단했고, 연관된 세금도 따져본 후에 임대를 하기로 결정했다.

입주 시기가 다다르면 해당 지역의 부동산에서 분양권을 보유하고 있는 사람들에게 전화를 하는데, 가히 폭풍과도 같은 전화 세례가 몰려온다. 매매를 하든 임대를 하든 거래가 생기기 때문에 중개업소에서 물건을 잡으려고 애쓰는 것이다. 물론 나도 입원 중에 엄청난 양의 전화를 받았다. 길고 지루한 입원 기간에 도리어 중개업소 사장님과의 통화가 재미있게 느껴지기도 했다. 하지만 직접 현장에 가지 못하고 중개업소의 전화 브리핑에 의존해야 하는 상황이 답답했다. 나는 직접 내 눈으로 보고 확인해야 안심하는 성격이라 뭔가 불안하기도 했다. 지금 돌이켜 생각해보면 내가 그때 현장에 갔어도 크게 할 수 있는 일은 없었을 것 같다. 결과적으로 입원실에 앉아서 전화를 받으면서 상황을 판단하는 것이 낫긴 했다. 다만 아무래도 뇌경색 수술을 하고 얼마 지나지 않은 상태였기 때문에 판단하는 속도가 그 이전과는 차이가 있었다. 내가 맞는 판단을 하고 있는지 확신도 없었다. 그래서 여름 휴가를 병원에서 보내고 있던 남편과 많은 대화를 하면서 하나하나 천천히 결정할 수밖에 없었다. 하지만 나는 그 당시에 내가 할 수 있는 최선을 다해 좋은 판단과 결정을 하고자 했으며, 남편과도 수시로 의견을 교환했다. 결국은 할 수 있었던 선택 중 좋은 선택을 했다고 생각한다. 우리 부부에게 재테크는 이렇게 어려운 환경에서도 절실한 심정으로 해야만 하는 것이었다.

재테크도 건강해야 할 수 있다

입원 중에 보유 물건의 임대를 진행하면서 다시 한번 절실하게 느낀 것이 있다. 재테크를 잘하기 위해서는 건강이 매우 중요하다는 것이다. 아무래도 아프면 좋은 기회를 적절한 시기에 살리기도 힘들고, 경제적으로도 타격이 크다. 프리랜서였던 나의 경우 입원 중, 그리고 퇴원 후 회복하는 데 상당한 시간이 소요되어 퇴원하고서 바로 생업에 뛰어들 수가 없었다. 그러는 동안 대부분의 고객들은 떠나갔다. 나처럼 오랜 기간 입원하는 것은 극단적인 상황이지만 건강 관리를 평소에 열심히 해야 자기가 하고 싶은 일을 할 수 있는 체력도

기를 수 있다. 건강이 무너지면 재테크뿐만 아니라 행복한 생활 자체를 할 수 없다. 생업을 하면서 경제 기사 및 좋은 책을 읽거나 좋은 강의를 듣고 재테크를 해서 수익을 얻는 것은 모두 건강이 뒷받침되지 않으면 어려운 일이다.

정신력으로 버텨나가는 데는 분명 한계가 있다. 그러니 성공적인 재테크를 위해서 건강을 유지하는 것 역시 기본적으로 전제되어야 한다. 나는 건강을 위해 술, 담배를 일절 하지 않는다. 담배는 태어나 한 번도 펴본 적은 없지만 술은 어느 정도 마시곤 했다. 특히 프리랜서가 되고 나서는 남편과 맥주를 마시며 불금을 꼬박꼬박 챙겼었다. 하지만 뇌경색을 겪은 이후로는 절대 술을 마시지 않는다. 건강도 재테크랑 똑같다. 분명 지금 내 글을 보고 '뇌경색이 왔었으니 술을 끊었지.'라고 생각하는 독자도 있을 것이다. 남이 한 것은 쉬워 보인다. 금주라는 결과의 동기(내 경우 뇌경색)가 없음을 핑계 삼지 말고 그 동기가 없다는 것을 감사하게 여기면서 술을 줄이길 바란다. 물론 나 역시 사회 생활에서 술을 잘 마시는 것이 플러스 요인이 될 수 있다는 것을 경험했기에 모든 분들이 금주를 해야 한다고 생각하지는 않는다. 하지만 이 책을 읽고 절주라도 하는 계기가 되었으면 한다. 술이 곧 뇌경색이라는 인과관계는 성립하지 않겠지만 복합적인 원인 중 하나는 되는 것 같으니 절주하시면서 건강한 생활, 건강한 재테크를 하시기 바란다.

건강 이야기에 하나 더 덧붙이자면 마음 관리, 멘탈 관리도 중요하다. 책, 신문 기사, 강의 등으로 지식을 쌓고 마음 수양에도 힘써야만 주변 여러 사람의 이야기에 흔들리지 않고 본인의 판단을 신뢰할 수 있다. 끊임없는 동기부여도 상당히 중요하다. 동기부여를 위해 나는 정기적으로 목표를 세우고 달성 여부를 체크한다. 목표를 세우고 달성 여부를 체크하는 과정을 통해 나의 생활을 반성하게 되고 앞으로 나아가는 원동력이 된다. 목표를 항상 완벽하게 달성할 수는 없지만 어느 정도 성취해나가는 자신을 발견하면 '나도 하면 된다.' 하는 자신감이 붙을 것이다. 자신감이 붙어야 재테크를 끌고 나갈 수가 있다. 거창한 목표를 세우라는 이야기가 아니다. 연말에 내년 계획을 세우고, 저녁에는 내일 아침 계획을 세우면서 그 일이 완료되었는지 체크하고 앞으로 나아가면 된다.

국민연금이
나의 노후를 보장해줄까?

재테크에 소홀한 친구가 하던 말이 있다. "국민연금 있잖아, 그거 있으면 그래도 먹고살 수는 있지 않을까?" 정말 친구 말처럼 국민연금이 나의 노후를 보장해줄 수 있을까?

국민연금이란 보험 원리에 따라 운영되는 대표적인 사회보험제도로서 가입자, 사용자로부터 정률의 보험료를 받고 이를 재원으로 해 소득이 중단되거나 상실될 가능성이 있는 사람들에게 다양한 급여를 제공하는 제도다. 경제활동을 하는 개인이 소득의 일부를 국가에 지급하면, 국가는 기금 형태로 모아두었다가 개인의 경제활동이 끝난 후 국민들에게 다시 지급해주는 것이다.

국민연금 고갈 위기

2019년 8월, 국회예산정책처는 2054년에 국민연금이 고갈될 수 있다는 전망을 내놓았다. 여기서 소득대체율이란 표현이 나오는데, 소득대체율이란 연금급여를 가입자의 재평가된 생애평균소득으로 나눈 값을 의미한다. 예를 들어 생애평균소득이 500만 원이고 정해진 소득대체율이 40%라면 나중에 받게 되는 연금액은 약 200만 원이 된다는 것이다. 국회예산정책처의 〈2019~2060년 국민연금 재정전망〉을 보면 현재 국민연금 제도는 2008년 소득대체율 50%에서 매년 0.5%p씩 단계적으로 낮아져 2028년에 40%가 되도록 설계되어 있다. 2020년 기준으로 소득대체율은 44%에 불과하다. 생애평균소

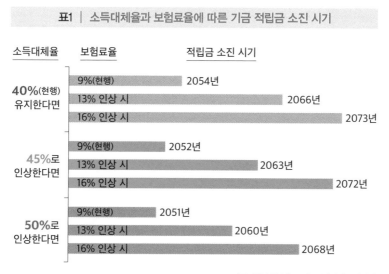

표1 │ 소득대체율과 보험료율에 따른 기금 적립금 소진 시기

소득대체율	보험료율	적립금 소진 시기
40%(현행) 유지한다면	9%(현행)	2054년
	13% 인상 시	2066년
	16% 인상 시	2073년
45%로 인상한다면	9%(현행)	2052년
	13% 인상 시	2063년
	16% 인상 시	2072년
50%로 인상한다면	9%(현행)	2051년
	13% 인상 시	2060년
	16% 인상 시	2068년

자료: 김승희(제20대 국회의원) 의원실

표2 │ 국민연금기금 대상자 수 및 재정전망 결과: 2019~2060년

(단위: 만 명, 조 원, %)

구분	대상자 수		재정 전망				
	가입자	수급자	수입(A)	지출(B)	재정수지 (A-B)	적립금	GDP대비 적립금 비율
2019	2,216	488	68.2	25.5	42.7	681.5	36.9
2020	2,204	522	72.9	30.0	42.9	724.3	37.7
2030	2,023	874	119.6	74.1	45.5	1,185.8	41.9
2031	1,998	916	123.6	80.9	42.7	1,228.5	42.0
2039	1,808	1,249	148.2	146.5	1.7	1,430.9	37.9
2040	1,776 >	1,290	140.6	156.6	-16.1	1,414.9	36.4
2050	1,495 <	1,601	131.4	277.7	-146.3	586.5	11.5
2054	1,380	1,645	114.0	328.5	-214.6	-163.9	-
2060	1,220	1,689	119.7	425.7	-306.0	-	-

자료: 국회예산정책처

득과 현재 자신의 월급과는 차이가 있겠지만 간략하게 계산해보면 자신의 평균 월급의 40%(2028년 이후 소득대체율은 40%)가 우리가 은퇴 후 받을 수 있는 국민연금 수령액이라고 볼 수 있다.

2019년 8월에 발간된 〈2019~2060년 국민연금 재정전망〉에 따르면 2040년부터 국민연금기금의 재정수지 적자가 시작될 것이라고 한다. 주된 이유 중 하나는 우리나라 인구 모형 변화 때문이다. 총 인구 및 경제활동 인구 감소로 국민연금 가입자 수가 2019년 2,216만 명에서 2060년 1,220만 명으로 줄어들 것이고, 반면 수급자 수는 2019년 488만 명에서 2060년 1,689만 명으로 증가할

전망이다. 2048년을 기점으로 수급자 수 1,566만 명이 가입자 수 1,545만 명을 처음으로 추월하게 되어 이후 해가 지날수록 수급자 수는 점점 늘어나고 가입자 수는 줄어들게 된다.

국민연금의 구조적 문제

현재 국민연금은 국민연금 보험료를 사업자와 근로자가 50:50으로 부담하게 되어 있고(사업장 가입자), 근무 기간 동안 보험료의 50%를 부담해줄 사업자가 있는 근로자에게 유리하다. 건설 일용직근로자, 학습지 교사 및 보험설계사와 같은 형태의 근로자는 사업장 가입률이 낮아 국민연금의 사각지대에 놓여 있다고 한다. 또한 저소득자의 경우 최소 가입 기간(10년)을 채우기도 어려운 경우가 많다. 근로소득이 아닌 다른 소득으로 국민연금을 납부하는 지역가입자 혹은 임의가입자 역시 납부액이 많은 사람이 국민연금을 많이 받아가는 구조로 납부액 자체가 많은 고소득자에게 유리하다. 쉽게 말하면 안정적인 소득이 있는 정규직과 수입원이 많은 고소득자에게 더 유리한 구조라는 것이다.

고소득이 아닌 중산층 또는 남성에 비해 평균 소득이 적은 여성, 국민연금 재원 고갈의 직접적 타격을 입을 위험이 큰 현재의 청년층이 국민연금 제도의 소외자가 되기 쉽다. 하루빨리 국민연금 제도가 개혁되어 잘 정착되면 좋겠지만 완벽한 국민연금 제도가 언제 확립될지 알 수 없으니 국민연금 제도에서 소외될 가능성이 있는 중산

층, 비정규직, 여성, 청년층의 경우 국민연금 외에 자신의 노후를 위한 재테크가 더 간절하다고 볼 수 있다. 게다가 안정적인 투자란 돈에 시간을 투입해서 얻는 경우가 많기 때문에 은퇴가 임박해 수입이 끊길 위험이 있을 때가 아니라면 하루라도 빨리 투자를 시작해서 시간을 내 편으로 삼아야 한다.

물론 은퇴할 때가 되면 자녀 교육비 등의 부담에서 벗어나게 되어 지금보다 지출 금액이 줄어들 것이라고 생각하기 쉽지만, 나이가 들면 교육비 못지않게 의료비 등이 늘어나게 되어 전체 지출액은 크게 차이가 나지 않을 수 있다.

돈 모으기 어려운
요즘 시대

재테크 권장하는 시대

요즘 TV와 버스 광고, 그리고 SNS에서는 쉽고 빠르게 가능한 투자를 강조하는 재테크 권장 광고를 쉽게 볼 수 있다. 재테크에 별다른 생각이 없던 이들도 이런 광고를 자주 접하다 보면 재테크를 해야만 할 것 같은 생각이 절로 든다. 실제로 올해는 유독 어디를 가도 주식과 부동산 또는 암호화폐와 관련된 투자 이야기가 사람들 사이에서 오가고 있음을 알 수 있다. 광고는 그 특성상 현재의 사회적 분위기를 정확하게 파악해 소비자의 심리를 공략한다. 예를 들어 '투자. 쉽게. 알아서.'라는 카피 등으로 상위 1%가 받는 자산 관리를 경험해보라고 하는 문구 등을 사용한다. 이 광고들은 우리 사회 전반에 퍼져 있는 '어쨌든 재테크를 해야 한다.'라는 공감대를 반영하고 있다. 노동소득만으로는 현재의 생활뿐만 아니라 은퇴 이후의 노후 생활이 윤택하지 않을 수 있다는 전제로 증권사, 자산운용사, 투자자문사 등이 수익 창출을 위한 모객 광고를 하고 있는 것이다.

재테크를 너무나 원하는 대다수 직장인들의 근로소득 상승률은 자본소득의 투자수익률을 따라가지 못한다. 주위에서 '연봉이 1억 원 올랐다.'는 말은 듣기 어려워도 '모 아파트가 1억 원 올랐다.' 혹은 '주식 또는 코인으로 1억 원을 벌었다.'는 말은 들어본 적이 있을 것이다. 우리 부부 역시 직장에서 연봉 1억 원을 올리기보다는 1억 원이 오를 투자 대상(주택과 주식)을 찾고자 했다.

저금리 시대

우리나라의 기준금리는 점점 낮아져 2020년 5월 28일, 0.5%로 하락했다. 불과 7년 전인 2012년에 3%였던 것에 비교하면 절반에도 못 미치는 숫자다. 그나마 2021년 8월, 기준금리가 0.75%로 0.25%p 상향되었으나 과거에 비하면 여전히 낮은 수준이다. 은행의 저축상품(예적금)도 기준금리의 영향을 받기 때문에 현재 우리나라의 예적금 이율도 과거에 비해 매우 낮은 편이다. 2020년 상반기에 인기를 끌었던 하나은행의 '하나 더 적금'은 1년 가입에 연 5.01% 이율을 제시했는데, 단 3일 만에 가입자 19만 명과 540억 원

표3 | 한·미 기준금리 추이(2021년 11월 기준)

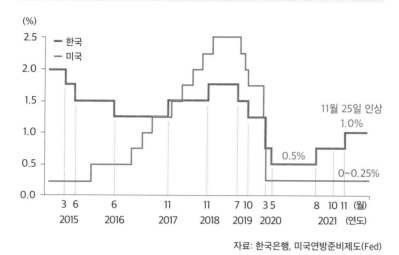

자료: 한국은행, 미국연방준비제도(Fed)

을 모았다. 요즘 같은 때는 연 5%짜리 적금조차 드물기 때문에 폭발적인 인기를 끈 것이었다. 그러나 상품 최대 납입 금액인 월 30만 원을 1년 내내 납입하더라도 이자로 받을 수 있는 금액은 이자소득세 15.4%를 제외한 8만 2,650원에 불과하다. 1년 내내 성실히 납입해도 8만 2,650원밖에 받을 수 없는 것이다. 은행의 예적금을 통해 자산을 불리기에는 현재의 금리는 매우 낮다. 물론 한국은행에서 기준금리를 추가 인상하겠다는 의지를 피력하고 있다는 점은 고려해야겠지만 가까운 시일 내에 예적금 금리가 드라마틱한 상승을 보여주기는 어려울 것이다.

TIP 적금의 중요성과 자유적립식 적금 활용

앞에서 저금리 기조로 인해 적금을 들어도 이자로 수령하는 금액이 꽤나 낮은 현실에 대해 살펴봤다. 그러면 과연 적금은 쓸모없는 것일까? 적금 이자를 모아 불릴 수 있는 자산은 미미하다. 월 30만 원을 12개월 꼬박 모아 고금리 상품(연5.01%)에 투자한들 8만 2,650원밖에 불릴 수가 없다. 하지만 종잣돈 모으기 단계에서는 8만 2,650원의 이자가 아니라 '30만 원× 12개월=원금 360만 원'에 집중해야 한다. 매달 30만 원이라는 돈을 적금으로 모아두지 않았더라면 언제 없어졌는지, 누가 가져갔는지 모르게 통장에서 돈이 사라지는 마법을 겪게 될 것이다. 적금을 통해 매달 돈을 모아둠으로써 1년 후 360만 원이라는 목돈이 내 앞에 나타나게 된다. 종잣돈을 모으는 단계에서는 적금 이자가 아니라 적금을 통해 모을 수 있는 목돈을 마련하기 위해 적금 상품이 필요한 것이다.

그리고 매월 일정액을 불입하는 상품뿐만 아니라 자유적립식 적금도 종잣돈을 모을 때 유용하다. 생일이라 받은 용돈, 의료 실비를 청구해서 받은 보험금, 주식 수익금처럼 예상치 못하게 들어오는 수입 등도 자유적립식 적금을 통해 모아두면 좋다. 자유적립식 적금 중에는 1원, 1,000원 단위로 불입할 수 있는 상품 등 여러 종류의 상품이 있으니 자신에게 맞는 상품을 선택해 우연히 생긴 돈도 흘려보내지 말고 잘 모아두자.

빈부격차가 심화된다

우리나라의 상황

우리나라의 빈부격차는 심화되고 있다. 표4에서 볼 수 있듯이 우리나라의 5분위 가구(소득 상위 20%)의 소득 증감률은 지난 2015년 4/4분기부터 4년 동안 마이너스(-)로 떨어진 적이 2번밖에 없었다. 그러나 1분위 가구(소득 하위 20%)의 소득 증감률은 동일한 기간 동안 플러스(+)로 올라온 적이 5번뿐이었다. 플러스여야 소득이 증가한다는 의미이고 마이너스면 소득이 감소했다는 의미다. 즉 2015년부터 상당 기간 1분위 가구의 소득은 감소하고, 5분위 가구의 소득은 증가했다는 뜻이다. 간단히 말하면 소득이 많은 가구의 소득은 꾸

표4 | 1분위와 5분위 가구당 월평균 소득 증감률 추이

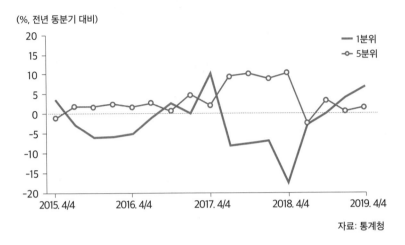

(%, 전년 동분기 대비)

자료: 통계청

준히 증가했고 상대적으로 소득이 적은 가구의 소득은 꾸준히 감소
했다는 것을 의미한다.

　부익부 빈익빈이라 불리는 빈부격차는 우리나라에서만 진행되는
것은 아니지만, 세계적으로도 우리나라의 빈부격차는 심한 편이다.
표5를 보면 우리나라 상위 1%가 전체 소득의 12.23%를 차지하고
있고, 이는 OECD 국가 중 미국과 영국에 이어 세 번째로 높은 점유
율이다. 게다가 표6의 상위 10%는 전체 소득의 44.87%를 차지하고
있고, 이는 OECD 국가 중 미국에 이어 두 번째로 높은 수치다.

　비단 이런 딱딱한 수치가 아니더라도 주위를 살펴보면 경제적으
로 여유가 있는 친구들의 생활이 더욱 윤택해지는 경우를 쉽게 찾
아볼 수 있다. 상속으로 인한 부의 이전이 없어도 경제적 여유가 있
는 친구들은 양질의 교육을 받아 안정적인 고소득 직업을 갖게 되는

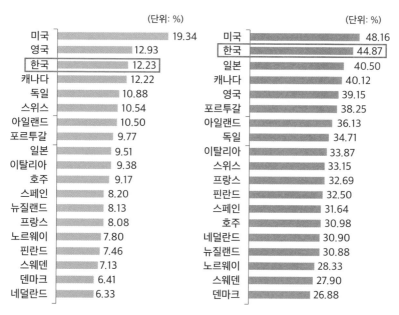

* 파리경제대학 DB에 등록된 OECD 가입국 기준

자료: The World Top Income Database

경우가 흔하다. 또 상대적으로 일찍 자리 잡은 경제 관념을 바탕으로 투자도 잘하는 것을 확인할 수 있다. 아마도 주위에 이런 지인이 한둘은 떠오를 것이다. 게다가 흔히 말하는 출발선이 달랐다는 것도 부인할 수는 없다. 출발선이 달랐던 것뿐만 아니라 교육 환경도 달랐으며 그렇게 직업도 달라졌다. 이것이 시간이 점차 흐를수록 빈부 격차가 심해지는 결과로 이어지는 것이다. 이 상황을 극복하길 원한다면 그보다 노력하고 부지런하게 재테크를 해야 한다. 모두가 같은 출발선상의 동일한 환경 아래에서 시작할 수 있도록 해달라고 하는

그림1 | 평등 vs. 공정

EQUALITY   vs   EQUITY

것은 답이 될 수 없다. 불평등하다고 떼를 쓰거나 남을 끌어내리는 데 열중할 것이 아니고, 내가 처한 상황이 하루하루 나아질 수 있도록 연구해야 한다. 요즘 경제적인 평등과 경제적인 공정을 혼동하여 사용하는 이들이 많고, 이를 이용하려는 무리들도 많은 것 같다. 위의 그림1을 보면 평등함과 공정함 사이에 어떤 차이가 있는지 깨달을 수 있다.

미국의 빈부격차 상황

미국 연준(Fed, 연방준비제도)에서 2019년 5월에 발표한 〈2018 미국 가정의 경제적 복지 보고서〉에 따르면 성인의 75%가 경제적으로 '괜찮다' 혹은 '여유가 있다'고 응답했다고 한다. 반면에 예상치 못한 지출 400달러(약 47만 원)가 필요한 경우, '빌리거나/무언가를 팔아야 하거나' '전혀 해결 방법이 없다'고 대답한 응답자도 39%였다. 이는 이 기간 동안 미국이 우리나라에 비해 경기가 좋았음에도 당장 수중에 400달러의 현금이 없는 미국 성인의 비율이 39%에 달했다는 것을 의미한다.

우리나라보다 자본주의가 훨씬 발전한 나라인 미국에서조차 성인 10명 중 4명이 지갑 걱정을 한다는 것은 부익부 빈익빈 현상이 심화되고 있는 것을 보여주는 예라 하겠다. 우리나라도 경제 성장 이면에 경제적으로 어려운 사람만 더 어려워지는 광경을 곧 마주하게 될 수도 있겠다.

인용한 자료가 2018년까지의 경제 상황만 반영하고 있지만, 여러모로 살펴봤을 때 코로나 등으로 국내와 국외 공통적으로 빈부격차가 나날이 심화되고 있다는 것은 부인할 수 없는 사실이다. 통계 등의 자료들을 바탕으로 구태여 설명하지 않아도 이미 체감되고 있는 현실이기도 하다.

부부가 함께하는 재테크

재테크 파트너가 필요한 이유

무엇을 하든지 누군가와 같이 하면 더 오래 더 효율적으로 할 수 있게 된다. 종잣돈을 모을 때도 단계별 및 기간별로 목표를 세우고 누군가와 함께 점검하면 훨씬 수월히 앞으로 나아갈 수 있다. 특히 재테크 초기에 단기간에 종잣돈을 모으려고 무리한 절약을 실행하게 되면 '내가 뭐하자고 이렇게 돈을 모으나.' 하며 슬럼프에 빠지기 쉽다. 슬럼프에 빠지는 시기는 개개인마다 달라서 재테크를 함께할 파트너가 있으면 슬럼프에 빠지지 않은 사람이 슬럼프에 빠진 상대방을 토닥이며 슬럼프를 극복할 수 있다.

성공적인 재테크를 위해서는 공부(강의, 독서 등)가 필수적이다. 공부를 할 때도 혼자 하는 것보다 같이 하는 것이 재미있다. 어느 모임이든 그렇겠지만 재테크 강의를 들으러 가면 쉬는 시간에 같이 온 사람들끼리 어울리기 때문에 혼자 강의를 들으러 가면 의도치 않게 아웃사이더가 되는 느낌을 받을 수 있다. 부부가 함께 강의도 듣고 책도 읽으면 더욱 재미있는 재테크 공부가 될 것이다. 그리고 같은 강의를 듣고, 같은 책을 읽어도 사람마다 이해하는 것이 다르므로 서로 이해한 부분에 관한 이야기를 나누다 보면 배운 것을 더 깊게 이해하는 데도 도움이 된다.

또한 한 명의 판단이 항상 옳을 수는 없기에 파트너와 상의하면서 최선의 선택을 찾도록 노력해야 하는 것도 중요하다. 여기서 주의할 점은 최선의 선택이라고 생각했으나 손실 등 예상치 못한 결과가 나왔을 때 파트너를 탓하면 안 된다는 점이다. 파트너도 손해를 보라고 조언해준 것은 아니고, 그 파트너 역시 예측할 수 없었기에 손실이라는 예상치 못한 결과가 나왔을 가능성이 크다. 예상치 못한 결과가 나오더라도 그 사람에 대한 믿음까지 흔들리면 안 된다.

재테크 파트너로는 나의 재무 상황, 회사 상황 등을 잘 알고 있는 배우자가 가장 좋지만 꼭 부부여야 하는 것은 아니다. 부부만큼 매일매일의 모든 상황을 다 알고 있는 사이라면 형제자매 혹은 친구라도 가능하다. 우리 부부의 경우 나는 대략 4·6·9·12월이 바쁘고, 남편은 여름과 겨울이 바쁘다. 회사 일이 바쁜 시기에는 파트너가 대신 움직여줘야 하는데, 계약을 대리인으로 체결해야 할 경우 필요 서류(신분증, 도장 등)를 챙기기에는 배우자만큼 적임자가 없다.

파트너를 재테크에 입문시키는 방법

지금은 나와 함께 적극적으로 투자하고 있는 남편도 처음에는 재테크에 관심이 없었다. 남편의 이야기에 따르면 결혼 전에 주식 투자나 옵션 투자를 꽤 했기에 아주 관심이 없었다고 볼 수는 없지만, 그저 돈이 벌리는 것 자체를 좋아했던 것이고 재테크를 하겠다는 생각은 크지 않았다고 한다. 그래도 남편은 우리 가족이 경제적으로 더 여유 있기를 원하던 사람이었다. 설사 파트너가 재테크에 무관심한 사람일지라도 잘 살고 싶은 마음은 모두 같을 것이다.

나는 재테크에 무관심했던 남편을 재테크와 친해지게 만들기 위해 먼저 남편에게 재테크로 유명한 강사들의 성공기를 블로그를 통해 읽어보게 했다. 다행히 남편도 흥미를 가지고 유명 강사들의 글을 잘 읽었다. 유명 강사들의 성공기는 글이 드라마틱하고 설득력이 있었다. 그들의 글을 읽는 과정에서 남편의 마음이 서서히 움직이는 것이 느껴졌다. 그 즈음 나는 우리의 현재 상황 '빚이 얼마가 있고, 집주인이 장판을 안 깔아주려고 내 전화를 피하며, 전세 사는 거 생각보다 힘들다는 등'의 이야기와 '우리도 내 집에서 살면 좋겠다'는 미래 계획을 자꾸 이야기했다. 그러자 남편 역시 재테크로 성공한 사람들과 우리의 처지가 대조되면서 재테크가 필요하다는 것을 스스로 느끼는 것 같았다.

그다음에는 재테크의 구체적인 사례를 올리는 재테크 블로그들의 도움을 받았다. 남편은 이런 실제 사례들을 보고 재테크를 할 수 있다는 가능성을 알아갔다.

남편을 재테크에 입문시킨 과정

유명 강사들의 성공기로 재테크 사례 노출 → 현 상황과 미래에 대한 대화
→ 구체적인 사례 노출

　　재테크의 필요성과 가능성을 인지하게 된 남편은 재테크 공부에
재미를 느껴 자신이 먼저 좋은 강의 혹은 투자를 제안하게 되었고
나와 함께 활발히 재테크를 하게 되었다. 우리 부부는 케이크를 자
주 먹지 않지만 부동산 계약을 한 날(매수, 매도, 전세, 전세 연장) 등 소
소한 기념일에는 케이크를 먹으면서 우리만의 기념일을 작게나마
꼭 챙겼다. 별것 아니지만 이러한 기념일 챙기기도 지루한 재테크
기간에 재미를 더하는 요소가 되었다.
　　일반적으로 사람은 쉽게 변하지 않는다. 그러나 진심이 담긴 설
득과 지속적인 자극은 의외로 그리 어렵지 않게 사람을 변화시키기
도 한다. 나 역시 이 방법으로 재테크에 무관심하던 남편을 움직이게
했다. 남편도 우리 가족이 경제적으로나 정신적으로나 잘 살기를 누
구보다 원하고 있었기 때문이었다. 다만 그 방법을 잘 몰랐을 뿐이었
다. 가족이 잘 살기를 바라는 것은 그 누구에게라도 공통된 바람일
것이다. 경제적 여유가 뒷받침되어야 행복한 삶을 이룰 수 있고 재테
크가 그 방법이 될 수 있다는 것을 남편 스스로 알게 되면서 우리 부
부는 더욱 적극적으로 공부하며 같이 재테크를 실행할 수 있었다. 그
렇게 남편은 나의 든든한 지원군이자 재테크 파트너가 되었다.

TIP **구체적인 재테크 사례 노출**

재테크를 같이 할 파트너를 재테크에 빠져들게 하는 데는 유명한 재테크 관련 블로그를 읽게 하는 것과 같이 상대방에게 재테크의 구체적인 사례를 알려주는 일이 필요하다. '우리 회사의 A부장님이 ○○ 지역의 B아파트를 팔아서 몇 억 원을 벌었대.' 같은 이야기는 재테크에 관심이 없는 사람에게는 구체적이지 않아서 상대가 자신과는 무관한 일이라고 느낄 수 있다. 혹은 '부동산 투자는 투기 세력이나 하는 일'이라고 생각하는 재테크에 비관적인 사람은 도리어 'A부장님은 금수저여서 가능한 이야기지.'라며 반감만 느낄 수도 있다. 하지만 인터넷을 보면 '금수저'가 아니지만 금수저를 꿈꾸며 재테크를 열심히 하면서 수많은 인증샷을 올리는 이들의 블로그를 쉽게 찾을 수 있다. 자신이 일궈낸 성과보다도 그 노력 자체를 인증하는 블로그가 재테크에 무관심한 상대의 마음을 움직이게 하거나 나 스스로도 동기부여를 얻는 데 도움이 많이 된다.

부부가 함께 이뤄나갈 재테크 목표 세우기

우리 부부가 이야기하고자 하는 재테크는 흔히 말하는 조기(早期) 은퇴가 아니라 조기(助期) 은퇴 재테크를 뜻한다. 도울 조(助) 자를 쓰는 조기 은퇴란 노동 수입을 충분하게 얻을 수 있을 때까지 얻고 나서, 내 돈이 나를 도와 나의 노동 없이도 일정 수익을 얻을 수 있는 시기가 되었을 때 은퇴하는 것을 의미한다. 직장 생활이 어렵고 힘들어도 직장은 나에게 꼬박꼬박 노동 수입을 안겨주는 곳이다. 자아 실현 등의 의미를 배제하고 경제적인 가치로 측정하면 그렇다는 것이다. 스스로 추가적인 의미를 부여하기보다 직장은 노동 수입을 얻는 곳이라고 생각하자. 불필요한 스트레스를 받지 말고 회사를 다니는 동안은 충실히 일해서 합당한 노동 수입을 얻어내면 되는 것이다. 회사에 다니는 동안에 종잣돈을 모으고 투자 공부도 착실히 하면서 내 자본이 어느 정도 스스로 일할 수 있는 정도에 이르면 그때부터 천천히 은퇴를 고려해도 늦지 않다. 이러한 조기(助期) 은퇴가 우리 부부가 함께 이뤄나가고자 하는 재테크의 목표 중 하나다.

빛 청산과
종잣돈 모으기

오로지 절약만으로는 빛을 청산하고 종잣돈을 모으기가 쉽지 않다. 직장인이었던 우리 부부가 한정된 소득을 가지고 절약만으로 목돈을 모으려면 상당한 시간이 필요할 것이 자명했다. 부수입이라고 해봐야 기껏해야 야근 수당으로 생기는 자금밖에 없었다. 그래서 소득의 상당 부분을 적금에 넣는 것과 함께 일정한 소액은 주식 계좌와 펀드에 다달이 불입해 추가 소득을 얻고자 노력했다.

주식과 펀드는 원금 손실의 위험이 있지만 적금보다는 많은 추가 소득을 얻을 수 있다. 그래서 우리 부부는 종잣돈을 모으는 과정에서도 투자를 병행하면서 진행했다.

종잣돈 모으기 단계의 주식과 펀드

주식과 펀드 투자를 위해서는 안정적이면서도 수익을 낼 수 있는 종목을 찾기 위한 공부도 필요하고, 매수·매도 노하우도 필요하다. 매수·매도 노하우는 자신만의 기준을 체화하는 것이 중요하기 때문에 종잣돈을 모두 모을 때까지 기다리지 말고 소액으로라도 먼저 시작해서 자신만의 노하우를 만들어나가는 것이 좋다. 종잣돈 모으기 단계의 주식과 펀드 투자는 원금 손실이 있고 자신의 노하우가 완성되기 전에 하는 거래이므로 큰돈을 한꺼번에 투자해서는 안 된다. 적은 돈으로 천천히 투자하면서 위험을 최소화해야 한다.

종잣돈 모으기 과정에서 소액으로 주식 투자를 하면서는 투자 마인드를 배울 수 있다. 투자할 때는 종목에 대한 소식, 분석도 중요하지만 멘탈 관리가 가장 중요하다. 매일 내가 보유한 주식 가격의 변동에 일희일비해서는 안 되고 확신이 있다면 가격이 떨어졌을 때 매수할 수 있는 용기와 내가 목표한 수익률에 도달했을 때 주저하지 말고 매도할 수 있는 단호함이 있어야 한다. 내 주위에는 주식을 매도한 후에도 계속 그 종목 차트를 보는 사람들이 있다. 대표적으로 남편이 아직 그런 케이스다. 나는 어떤 종목이든 팔고 난 후에는 바로 관심종목에서 삭제하고 그 종목을 다시 보지 않는다. 시간이 좀 흐른 후에 좋은 호재가 있을 거라는 생각이 들면 그때 다시 볼 수 있겠지만, 상당한 기간이 지나기 전에는 그 종목의 주가 흐름에 관심을 크게 갖지 않는다. 내가 팔고 나서 그 종목이 오르면 빨리 팔아서 배가 아프고, 내려간다 한들 다행이라는 생각은 잠시에 불과하다.

판 종목을 계속 보다 보면 그 종목이 내가 가진 다른 종목에도 영향을 주게 되지는 않을까 하는 걱정도 늘고 결국 멘탈 관리만 힘들어진다. 내가 팔았다면 이미 내 것이 아니고, 내가 취할 수 있었던 이득은 거기까지인데 차트를 보면서 후회해봐야 무의미한 일인 것이다. 이미 팔고 난 후에 다시 주워 담을 수 없기 때문에 빨리 잊고 다른 더 좋은 종목을 찾는 데 시간을 투자하는 것이 이롭다. 주식은 부동산에 비해 소액 투자가 가능하므로, 다른 투자에 앞서 주식 투자로 멘탈을 관리하는 법을 연습해보는 것도 좋다고 본다.

우리 부부의 저축과 종잣돈 모으기

우리 부부가 처음에 종잣돈을 형성한 방식은 대부분 저축이었다. 우리는 결혼 직후부터 시작해 연간 최소 7,000만 원씩 저축했고, 이에 따라 4년이 다 되어가는 시점에는 3억 원에 조금 못 미치는 금액을 마련할 수 있었다. 주변의 지인들에게 이런 이야기를 하면 대부분 제일 처음 보이는 반응은 "진짜 많이 모았네. 그런데 너희 부부는 원래 소득이 많아서 가능했던 일 아냐?"라는 반문이었다. 남편은 공인회계사이자 세무사라는 전문직 분야에서 일하고 있었지만 당시의 급여 수준은 그리 높은 편이 아니었다. 오히려 전문직이 아닌 대기업 종사자인 내 소득이 높을 때가 더 많았다.

소득의 크기가 어떠했다고 하는 이야기가 아니다. 우리 부부가 평균적으로 매월 손에 쥐었던 수입은 700만 원 안팎이었다는 것이다. 여기서 우리 부부가 각자의 용돈 및 필수 비용으로 지출했던 매월 100만 원가량의 금액을 제하고 나면, 달마다 600여 만 원이 남았다. 우리는 이 금액의 대부분을 꼬박꼬박 적금에 부어 저축하고 일부는 펀드에 넣었다. 이렇게 1년을 하고 나니 7,000만 원이 넘는 목돈이 통장에 생겼고, 여기에 우리 부부는 재미를 붙여서 다음 해에도, 그다음 해에도 계속 저축하는 데 몰두할 수 있었다.

독자들은 우리 부부가 1년간 소비로 지출한 금액이 1,200만 원 수준이라는 점에 주목해야 한다. 월급을 받으면서 본인이 1년간 생활하는 데 얼마 정도의 돈이 드는지에 대해서 따져본 사람이라면 우리 부부가 상당히 절약하면서 살았다는 것을 쉽게 알 수 있을 것이다. 저축을 많이 할 수 있느냐 여부에 월수입의 절대적인 크기가 영향을 미치는 것이 당연한 일이지만, 남들보다 좀 더 적은 수입이라고 해도 내가 지출하는 금액을 최소화하면 그만큼 모을 수 있는 금액이 더 커진다. 목표 금액을 정하고 그만큼 모으는 동시에 운용하는 방법에 대해서 꾸준하게 공부하고 준비한다면 목표 금액이 마련된 후에 자금이 생각보다 훨씬 더 빠른 속도로 불어나는 것을 체감할 수 있을 것이다.

무조건 많이 모아서 종잣돈을 형성해놓는 것이 제1단계다. 이 단계가 준비되지 않으면, 할 수 있는 것은 거의 없다. 본인이 여윳돈으로 감당할 수 있는 자금이 충분히 마련되어야만 리스크가 동반되는 투자라는 행위를 할 수 있는 것이다. 손쉽게 투자하는 방법이라면서 여유 자금이 마련되지 않은 상태에서 신용대출 등을 이용해 투자하려 한다면, 투자를 하지 않는 것이 훨씬 더 이로울 수 있다. 투자라는 것이 언제 어떠한 형태로 그 결실을 맺을 것인지 정확하게 예측할 수 있는 사람은 드물다. 투자의 과정에서 매번 이자를 지급해야 하고 상환 독촉에 시달리게 된다면 그 지난한 과정을 어떻게 견딜 수 있을까? 님아, 그 강을 건너지 마시라. 이미 충분히 위험을 알고 있는데 굳이 그 길을 택할 이유는 없다.

스노우볼 효과,
돈이 돈을 벌게 하기

눈덩이를 키워라

스노우볼 효과(Snowball effect)는 워런 버핏이 복리의 효과를 설명하기 위해 쓴 용어로, 작은 출발점에서부터 시작된 종잣돈이 점점 커지는 과정을 비유적으로 표현했던 말이다. 눈덩이를 뭉쳐보면 처음에 작을 때는 잘 뭉쳐지지 않지만, 어느 정도 커진 다음에는 눈덩이의 표면적이 넓어져서 눈밭에 굴리기만 해도 눈덩이가 쉽게 커진다. 종잣돈 역시 어느 정도 모아지기까지는 힘만 들고 모은 돈이 푼돈 같고 하찮아 보이기 쉽다. 그러나 이 고비를 잘 극복하고 모으다 보면 '돈(종잣돈)이 돈(수입)을 버는 단계'에 이를 수 있게 된다.

노후 준비의 핵심은 자본을 최대한 키워놓는 것

연 5% 예금이 있다고 가정해보자. 1만 원을 넣으면 1년이 지난 후에 500원의 이자(세전)를 받게 되지만 1억 원을 넣으면 500만 원(세전)을 받게 된다. 적은 돈이라면 5%의 수익률이 하찮게 느껴질 수 있지만 나의 자본이 커지면 수익률이 같아도 수익금은 커지게 된다. 일단은 내가 운용할 수 있는 자본의 크기를 크게 만드는 데 집중해야 낮은 수익률(저위험)로도 충분한 수익금을 확보할 수 있다. 100%, 200%의 수익률을 싫어할 투자자가 어디 있겠는가? 투자라는 행위에 있어서 100%, 200%의 수익률을 달성하는 것은 매우 드물고, 그만큼의 리스크를 계속 감당해야 한다. 일반적으로 '하이 리스크, 하이 리턴(High Risk, High Return)'이라는 말이 있지만 수익률이 낮은 저위험 상품으로도 충분한 수입을 얻을 수 있으려면 최대한

표7 | 자본의 크기에 따른 스노우볼 효과 비교

(단위: 원)

초기 자본	수익률	1년 후 세전 수익금
10,000		500
100,000		5,000
1,000,000	연 5%	50,000
10,000,000		500,000
100,000,000		5,000,000
1,000,000,000		50,000,000

내 자산의 크기를 키워두는 것이 좋다. 앞의 가정에서 10억 원을 연 5% 예금에 넣게 되면 이자소득세(15.4%)를 낸다고 해도 4,230만 원이 이자 수입으로 생기게 된다. 노후 준비와 은퇴 준비의 핵심은 젊었을 때 내 자본의 크기를 최대한 키워놓는 것이며, 이것이 우리 부부의 목표이기도 하다.

물론 연 5% 상품은 굉장히 드물다. 은행의 금융 상품 중에 간혹 있다고 해도 납입 한도가 있어서 10억을 납입하기가 쉽지 않은 것이 현실이다. 하지만 1만 원을 5% 상품에 납입해서 얻는 이자 500원과는 차이가 매우 크다.

우리 부부가 은퇴를 준비하는 이야기를 하고는 있지만 그렇다고 당장 퇴사를 계획하라는 얘기가 아니다. 월급이 꼬박꼬박 나오는 직장을 정확하고 구체적인 계획 없이 섣부른 기대만으로 그만두지 말고, 나의 자산을 늘릴 수 있도록 최대한 노력한 후에 고려해야 한다. 충분한 정도의 대체 수입원이나 자산 규모가 확보된 다음 은퇴해도 늦지 않다.

복리의 마법

복리는 간단히 말해 이자에 이자가 붙는 체계다. 아인슈타인조차도 복리를 세계 불가사의의 하나라고 했다. 연 3%의 연복리 예금을 예를 들어 살펴보자. 1억 원을 넣어두고 1년이 흐르면 300만 원이 이자로 붙고(세전), 2년이 흐르면 원금의 이자 600만 원에 1년 차에 생긴 이자 300만 원에 대한 이자 9만 원이 추가되어 총 609만 원이 이자로 붙게 된다. 이런 방식으로 원금에 대한 이자에 전년도 이자에 대한 이자가 추가로 생기는 방식을 복리라고 한다.

표8 | 1억 원 연 3% 정기예금 이자

(단위: 년, 원)

경과 연수	복리이자(연복리)	단리이자
1	3,000,000	3,000,000
2	6,090,000	6,000,000
3	9,272,700	9,000,000
4	12,550,881	12,000,000
5	15,927,407	15,000,000
10	34,391,638	30,000,000
15	55,796,742	45,000,000
20	80,611,123	60,000,000
25	109,377,793	75,000,000
30	142,726,247	90,000,000

표9 │ 1억 원 연 3% 정기예금 30년 유지 시 이자

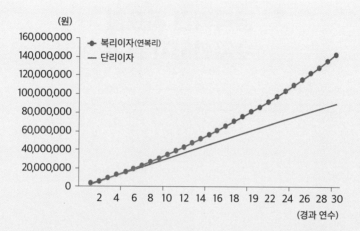

표8을 보면 시간이 흐르면 흐를수록 단리보다 복리일 때 이자가 점점 더 많아진다는 것을 알 수 있다. 하나 안타까운 것은 이렇게 장기간 유지할 수 있는 금융상품은 없다는 점이다. 은행의 복리 상품은 길어야 3년 정도다. 그래서 시간을 내 편으로 만들어 복리와 비슷한 효과를 낼 수 있는 투자 방법을 직접 고안해내야 한다. 여러 투자 방법 중 5장에서 우리가 살펴볼 미국주식을 이용한 장기투자가 복리의 효과를 낼 수 있는 비교적 간단한 방법이다.

궁극적인 목표를
수치화하지 않기

재테크의 궁극적인 목표 세우기

내가 재테크를 시작할 무렵에는 '텐인텐(10 in 10)'이라는 말이 유행이었다. 이는 10년 안에 10억 원을 모아 경제적 자유를 얻자는 것을 뜻하는 용어인데, 처음 텐인텐이라는 말이 생겨날 때와 지금의 경제 상황은 달라졌다. 10억 원이라는 금액을 모았다 하더라도 현재는 서울에 집 한 채를 겨우 살까 말까다. 10억 원이 있어도 경제적 자유는 고사하고 내 한 몸 누일 집 한 채를 장만하면 생활을 위한 별도의 수입이 추가로 있어야만 되는 상황인 것이다. 텐인텐이 가치가 없다고 하는 것은 아니다. 10년 안에 10억 원을 모으는 것은 예나 지금이나 어려운 일이다. 다만 10억 원을 모으는 것을 재테크의 최종 목표로 한다면 목표를 달성한 미래의 시점에서는 10억 원이 목표를 설정했던 과거보다 그 값어치가 확연히 달라져 있을 수 있다는 것이 중요 포인트다. 10억이라는 수치가 본인의 재테크에 궁극적인 목표가 되어서는 안 된다.

우리 부부의 경우 궁극적인 목표는 행복하고 건강하게 살자는 것이고 세부 목표는 내가 하고 싶은 것을 장애 없이 언제든 할 수 있게 하는 것으로 세웠다. 재테크는 절대 1~2년 만에 끝날 수 없다. 마치 다이어트처럼 평생 해야 한다. 그 과정에서 돈이 빨리 안 모아진다고 불행해하고, 돈을 빨리 모으기 위해 저렴한 인스턴트 식품만 사 먹어서 건강을 잃게 되면 아무런 의미가 없다. 자신이 왜 재테크를 하는지 잘 생각해보면서 궁극적인 목표를 세우고 그 목표에 맞게 재테크를 해야 한다. 궁극적인 목표가 없으면 내가 '왜 이렇게까지 사나…' 하는 '현실 자각 타임'이 올 수 있으니, 그때를 위해 재테크의 궁극적인 목표는 부부가 잘 상의해서 세워봐야 한다. 목표를 세우면서 생각보다 깊은 대화도 할 수 있고, 서로의 생각에 대해 잘 몰랐던 것도 알게 되니 꼭 한번 궁극적 목표를 세우는 시간을 가지길 바란다.

구체적인 목표의 중요성

궁극적인 목표를 달성하기 위해서는 단계적인 목표가 필요하다. 이를 설정하기 위해서는 수치를 이용해야 한다. 예를 들어 '3년 안에

1억 원을 모으겠어.'와 같은 수치화된 단기 목표를 세운다면 내가 얼마나 노력하고 있는지 파악해나가는 데 도움이 될 것이다. 그리고 단기 목표를 세웠으면 그에 추가해 더 세분화한 목표를 세워야 한다. 나는 월 단위 목표를 세우길 추천한다. 위의 예를 가지고 구체적인 세부 목표를 세워보자. 3년 안에 1억 원을 모으려면 매년 최소 3,000만 원을 모아야 하고 매달 250만 원을 모아야 한다. 부부가 함께 종잣돈을 모은다면 이 250만 원을 소득 비율로 나누는 방법이 있겠다.

실제 단기 목표를 세울 때는 1년 차에 4,000만 원, 2년 차에 3,000만 원, 3년 차에 3,000만 원처럼 초기에 더 많이 모으도록 목표를 세우는 것도 좋다. 재테크 목표를 처음 세웠을 때가 가장 의지가 불타기 때문에 힘들더라도 초기에 많이 모아두고 나중에 적게 모으는 것이 낫다. 1년 차에 4,000만 원 모으기 목표를 달성하게 되면 성취감과 돈 모으는 재미를 느끼게 되어 2년 차, 3년 차가 되어도 계속 4,000만 원을 모으고 있는 자신을 발견하게 될 것이다.

3장

부동산 투자를
시작하는 당신에게

투자의
기본 마인드

공부의 필요성

투자를 하기 위해서는 기본적으로 꾸준한 공부가 필요하다. 공부라고 하면 대부분 거부감이 들거나 어렵고 귀찮게만 느끼는데, 중·고등학교와 대학교 때 하던 공부와 투자를 하기 위해 하는 공부에는 차이가 있다. 투자를 하기 위한 공부는 시험을 보지 않고 최종 결과만 남는다. 또한 같은 공부를 하는 친구가 교실이라는 한 공간에 모여 있지도 않다. 같은 반 친구가 경쟁자였던 학생 시절의 공부와 달리 사회인의 투자 공부는 눈에 보이는 경쟁자가 딱히 없다. 교실이라는 물리적인 장소에 모여 있는 것이 아니다 보니 같이 투자를 공부하는 친구를 찾기도 힘들뿐더러 꼭 친구보다 잘해야만 성공하는 투자를 할 수 있는 것도 아니다.

처음에는 재테크를 해야겠다는 굳은 의지가 있었다가도 혼자서 공부하다 보면 어느새 그 의지가 사라질 수 있다. 하지만 전국에 투자할 물건이 하나만 있는 것도 아니고, 모두가 똑같은 자산에 투자하기 위해 공부하는 것도 아니기 때문에 각자 자신의 상황에 맞춰 투자를 하면 된다. 종잣돈의 크기 등 개개인의 상황과 조건이 다른 만큼 굳이 경쟁 의식을 갖고 공부할 필요는 없다. 대신 시험을 보지 않아 늘어지기 쉽고, 공부를 안 한다고 잔소리할 사람도 없다. 다른 사람을 보고 자극을 받든, 스스로 동기부여를 하든 의지를 불태워야만 계속해서 재테크를 공부할 수 있다. 그리고 지속적인 공부만이 빠른 결정과 실행을 할 수 있는 자신감을 심어줄 수 있다.

학생 때는 시험 결과가 한 번 나쁘다고 해서 그것이 남은 인생에 매우 큰 영향을 준다고 보기는 어렵다. 부족한 부분을 보완해서 다음 시험에 만회할 수 있고, 내신이 적게 반영되는 전형을 선택해 리스크를 최소화할 수 있기 때문이다(물론 수험생 및 그 부모의 입장에서는 동의할 수 없는 이야기일 수도 있다). 이와는 대조적으로 사회인의 투자는 종잣돈이 걸려 있기에 신중해야 한다. 경우에 따라 손실을 만회하기 힘들기 때문에 정확한 판단을 위해서 더욱 공부가 중요하다. 대부분 상승장에서 남들이 재테크하는 것을 바라보다가 뒤늦게 분위기에 편승해 투자에 뛰어들고, 이후 하락장을 맞아 투자에 실패하면서 투자라는 분야 자체에서 떠나는 경우가 많다.

우리 부부는 독학으로 공부하면서 부족한 부분이 생겼을 때 해당

부분만 강의를 듣는 방법이 유용했다. 또 부부가 같이 공부하면 좋은 점 중 하나는 대화 소재가 매우 다양해진다는 점이다. 자신이 읽은 기사 혹은 알게 된 내용을 이야기하면서 서로 부족한 부분을 채울 수도 있고, 투자 아이디어를 얻거나 서로 생각의 차이를 좁혀갈 수도 있다. 물론 우리 부부도 10년쯤 결혼 생활을 하다 보니 둘의 생각이 항상 같을 수는 없다는 것을 느끼고 있지만 신기하게도 점차 생각의 방향이 가까워지는 것 또한 자주 느낀다. 결혼 생활 외의 다른 분야(재테크) 이야기를 하는 것은 서로의 성향을 좀 더 확인할 수 있게 해주고, 지루할 수도 있는 일상의 활력소가 되어주기도 한다.

내 돈 안 들이고 부동산 공부하는 법

부동산 투자도 공부가 선행되어야 손실을 볼 확률을 줄이고 좀 더 나은 선택을 하기가 쉽다. 공부 방법에는 여러 가지가 있는데 각각의 장단점이 있다.

① 독서
저자의 경험을 간접 체험할 수 있고, 추가 비용 없이 중요하다고 생각되는 내용을 반복해서 찾아보기가 용이하다. 내가 편한 시간에 시간을 쪼개 틈틈이 공부할 수 있다는 것이 가장 좋은 점이다. 다만 매체의 특성상 업데이트가 불가능하고, 초보자의 경우 시시각각 변하는 시장을 혼자서 따라가기가 쉽지 않다. 시간과 장소에 구애받지 않는다는 점 때문에 '언젠가는 읽어야지…'라고 생각하면서 늘어지기도 쉽다. 국공립 도서관에는 재테크 관련 책이 많지는 않아서 무료로 빌려 읽는 것이 어렵기도 하다.

② 인터넷 자료(유튜브, 블로그, 네이버 카페)

업데이트가 어려운 책보다는 시장의 변화를 빠르게 알 수 있고, 인터넷비만 내면 시간과 공간의 제약 없이 지식을 습득할 수 있다는 장점이 있다. 다만 양질의 정보는 강의 혹은 컨설팅을 통해 유료로 공개하는 경우가 상당수 있고, 콘텐츠를 제공하는 사람의 역량에 따라 내용의 깊이와 진실됨의 차이가 크다. 양질의 콘텐츠를 꾸준히 제공하는 유튜브 채널과 블로그를 찾아내는 것 역시 재테크에 관심 있는 사람이 해야 하는 일이다.

③ 현장 답사

위에서 이야기한 매체들은 장점이 확실하지만 결정적 한계가 있다. 내가 직접 현장에 가볼 수 없다는 것이다. 사실상 모든 답은 현장에 있다. 임장기를 책에 공유하거나 유튜브에 올리는 채널도 있지만 당연히 투자자가 직접 가는 것만 못하다. 하지만 전국의 모든 현장을 쫓아다니는 것은 현실적으로 불가능하고, 간다고 한들 아무런 준비 없이 초보자 혼자서는 제대로 된 정보를 얻을 수 없다. 정말 건물 외관, 조경만 보고 오는 경우가 다반사다.

초보자가 어느 강의를 들어야 할지도 막막하고 어느 현장에 가봐야 할지 막막할 때 가장 손쉽게 공부할 수 있는 방법은 모델하우스에 가보는 것이다. 처음에는 부담 갖지 말고 일단 그냥 들어가보는 것이 좋다. 문을 열고 들어갔는데 사장님이 벌떡 일어나서 맞아주는 부동산 중개업소보다 훨씬 부담감이 덜하다.

모델하우스 관람의 장점은 크게 세 가지가 있다.

첫 번째, 대부분 청약 전주 금·토·일요일에 관람이 가능해 평일이든 주말이든 각자 편할 때 관람할 수 있다. 요즘은 코로나로 사이버 모델하우스도 많지만 초보자라면 가급적 직접 모델하우스에 가보는 걸 추천한다. 사이버 모델하우스는 직접 방문했다가 잘 기억이 안 나는 부분을 복기할 때 사용하는 보조적 수단으로 활용하는 것이 좋다. 모델하우스마다 약간의 차이가 있지만 보통 오전 10시부터 오후 6시까지 관람이 가능하다. 인기 청약 단지의 경우 대기하는 시간도 무시할 수 없는데, 하이패스 제도를 이용해 영유아, 임산부, 장애인은 대기를 하지 않고 곧장 입장이 가능할 수도 하다.

두 번째, 모델하우스의 가장 큰 장점은 청약제도에 대해 궁금한 점을 상담사에게 1:1로 물어볼 수 있다는 것이다. 청약제도뿐만 아니라 해당 현장의 최신 동향도 알 수 있다. 모델하우스를 가면 유니트(59A, 84B 등이라고 쓰여 있는 집안 내부 공간)만 보지 말고 상담사에게 작은 것 하나라도 묻고 오자. 많은 사람이 모델하우스에서 꼭 보고 나오는 유니트는 사이버 모델하우스를 통해 집에서도 볼 수 있고 평면도로 대체 가능한 홍보물에 불과하다.

세 번째, 모델하우스를 관람하면 갑 티슈, 라면 등 선물을 주곤 하는데, 우리 부부의 경우 모델하우스를 많이 다녀서 약 2년 동안 갑 티슈를 살 일이 없었다. 게다가 운이 좋으면 경품 행사에 당첨될 수도 있겠다. 우스갯소리로 모델하우스에서 라면 줄 때 청약해야 가장 수익률이 좋다는 말이 있다.

모델하우스는 전국 방방곡곡에 흩어져 있지만 이곳들을 다 가보는 것은 불가능하다. 자신의 집에서 가까운 곳의 모델하우스부터 방문하는 것을 연습해보자. 모델하우스가 있는 부지는 분양이 완료되어도 다른 분양 현장의 모델하우스로 계속 바뀐다는 것도 알 수 있다. 요즘은 코로나 때문에 사이버 모델하우스를 운영하거나, 인터넷으로 사전 예약을 해야 입장이 가능하니 관심 있는 곳은 미리 해당 건설사 홈페이지나 전화로 개관 일정을 안내받는 것이 좋다. '관심 고객' 등록 서비스를 이용해 문자로 안내를 받는 방법도 있다.

모델하우스를 다녀온 후에는 꼭 본 것들을 기록해두는 것이 좋다. 무엇을 기록하는지는 크게 중요하지 않다. 가는 길에 어느 길이 차가 막혔는지, 맛집은 어디가 유명한지 등 기록을 한다는 자체에 의미가 있다. 내가 당장 청약할 곳이 아니라고 해도 기록을 해두면 나중에 그 지역의 다른 물건에 투자할 때 큰 도움을 받을 수 있다. 이때 가능하다면 종이보다는 핸드폰 등 인터넷(블로그, 에버노트 등)에 기록을 남겨두는 것이 좋다. 나중에 찾아보기가 용이하기 때문이다. 참고로 모델하우스 내에서 사진 촬영은 원칙상 금지다.

모델하우스 오픈 전 월요일부터 목요일까지는 손품을 팔면서 모델하우스 오픈 일정과 해당 단지의 인근 시세를 조사하는 것이 좋고, 모델하우스 혹은 현장 근처의 맛집도 알아보는 것이 좋다. 주말에 가족과 외식도 하면서 재테크에 소소한 재미를 느껴가는 것이 재테크를 지치지 않고 오래 할 수 있는 방법이다.

TIP **모델하우스 오픈 일정을 알 수 있는 방법**

닥터아파트, 부동산114 등의 부동산 포털사이트나 호갱노노, 리얼캐스트에서는 모델하우스 오픈 일정, 청약, 계약 일정을 알려준다. 이 중 부동산 114와 호갱노노에서는 분양알리미 서비스를 제공하고 있어 관심 단지가 있다면 분양 알림을 설정해두는 것이 편리하다. 각 건설사 홈페이지에 직접 관심고객 등록을 해두는 방법도 있다. 분양 알림 혹은 관심고객 등록을 해두어야 원하는 시간에 모델하우스 관람 예약을 하기가 용이하다.

스스로 판단하기

모든 투자는 스스로 판단해 실행해야 한다. 남에게 의지한 투자를 하게 되면 내 실력은 절대로 늘지 않는다. 요즘 화제가 되는 조기 은퇴를 달성하기 위해서뿐만 아니라, 은퇴 후에도 투자는 더욱 중요해진다. 노동소득 없이 오로지 투자에서 비롯된 수익으로 생계를 유지하는 시점에 잘못된 투자를 하게 되면 내 노후 전체가 뿌리째 흔들릴 수 있기 때문이다. 이를 방지하기 위해 필요한 자양분인 재테크 실력을 기르기 위해서는 스스로 판단해서 실행하는 투자 실력을 길러두어야 한다. 무비판적으로 컨설팅 혹은 찍어주기 강의를 들으면서 실행하는 투자는 그때그때 한두 번은 이익이 날지 모르지만 내 평생을 책임져야 할 '투자 물건을 보는 눈'은 기를 수 없다.

스스로 판단하게 되면 아무래도 손해에 대한 부담 때문에 더 절실하고 꼼꼼하게 확인하고 결정할 수밖에 없다. 이 과정에서 얻는 경험은 우리의 평생을 책임져줄 재테크 실력으로 돌아올 것이다. 내가 주도적으로 결정하지 않은 투자였다면 손해가 났을 때 십중팔구 해당 투자를 추천해준 남의 탓으로 무책임하게 잘못을 떠넘기게 될 것이다. 내가 회피해버리면 그 순간은 마음이 가볍겠지만 결국 돈도 잃고 실력도 쌓이지 않고 손해만 가득한 상황이 된다. 자신의 판단 없이 남의 생각으로 수익이 생긴다면 왜 그 물건이 수익이 나게 된 것인지 모른 채 시간만 흘러 보내게 된다. 훗날 비슷한 상황이 눈앞에 온다 한들 남의 도움 없이는 수익을 만들어낼 수가 없을 것이다.

내가 공부해서 그 내용을 가지고 판단하고 투자해야 손해가 발생하든, 이익이 발생하든 그 공부가 내 것이 된다. 내가 모르니까 투자의 결과에 대해 남 탓을 하게 되는 것이다. 정부가 잘못했다는 둥, 찍어준 강사가 잘못 찍어주었다는 둥 이런 것들 모두 자신이 공부가 덜 되어서 하는 핑계일 뿐이다.

끝날 때까지 끝난 게 아니다

"It ain't over till it's over(끝날 때까지 끝난 게 아니다)." _로런스 피터 요기 베라

내가 아무리 공부를 열심히 한다 한들 미래를 알 수는 없기 때문에 손해를 볼 수 있다. 하지만 손해가 나는 상황이 되었다고 손 놓고 한숨만 쉬어서는 안 된다. 어떻게든 손해를 최소화할 수 있는 방법

을 찾으려고 노력해야 한다. 예를 들어 부동산의 경우, 하나의 자산에서 손해가 난 만큼 다른 자산에서 발생한 이익에서 손해를 상계해 양도소득세를 절감해주는 '양도차익·양도차손 통산'이라는 방법을 이용할 수 있다. 주식 역시 이익이 난 주식에서 손해가 난 주식의 손실을 통산해 양도소득세를 절감해볼 수 있다. 이를 손익통산이라고 하는데, 2020년 이전에는 해외주식 사이에서만 손익통산이 가능했지만 2020년 양도분부터는 국내주식과 해외주식 간의 손익통산도 가능해졌다. 물론 여기서 손익의 통산이 가능하려면 국내주식도 양도소득세를 납부해야 하는 경우만 해당된다. 대부분의 개인 투자자는 국내에 상장된 주식을 소액으로 거래소 내에서 투자하기 때문에 이익이 발생해도 양도소득세가 발생하지 않는다.

TIP **부동산과 주식의**
양도차익·양도차손 통산(손익통산)

양도차익·양도차손 통산이란 양도소득세 절세 방법으로 유용한 것으로, '이익-손실' 부분, 즉 실질적인 이익분에만 세금을 부과한다는 뜻이다. 간단하게 예를 들어보겠다. 참고로 부동산과 주식 모두 양도소득세의 과세 대상이 된 경우에만 손익통산이 가능하다.

부동산의 경우 A아파트를 매도하면서 7,000만 원의 이익이 발생했으나 B상가의 매도에서 3,000만 원의 손실이 났다고 가정해보자. A와 B가 동일인 소유이고, 매도가 같은 해(잔금일 또는 소유권이전일 기준)에 이뤄졌다면 A에서 난 이익(7,000만 원)에서 B상가에서 난 손해(3,000만 원)를 뺀

4,000만 원에 대해서 계산된 양도소득세를 납부하면 된다.

　주식의 경우, 미국 A종목의 양도에서 1,000만 원의 이익이 발생하고 국내주식 B의 양도에서 400만 원의 손실이 났을 경우 차액인 600만 원에 대해서 계산된 양도소득세를 납부하면 된다. 다만 소액주주가 장내에서 양도하는 국내 상장주식은 양도소득세 비과세이기 때문에 손익통산 대상에서 제외된다.

부동산 투자의
장단점

부동산 투자의 장점

뒤에서 살펴볼 주식 투자와 비교했을 때 부동산 투자가 가진 장점은
네 가지가 있다.

① 내가 원하는 대로 수익의 형태를 조정하는 것이 수월하다
부동산은 월세를 내놓아서 매달 일정 수익이 들어오게 만들 수도 있
고, 월세보다는 시세차익을 우선해 목돈이 모이게 만들 수도 있다.
게다가 경기 상황이나 내 상황의 변화에 따라 시세차익을 위해 세팅
했던 물건을 월세 수익을 위한 물건으로 유연하게 변경할 수도 있

다. 예상치 못하게 나의 수입이 줄어드는 일이 생겼을 때, 시세차익을 위해 전세를 끼고 샀던 물건을 전세 계약 종료 후에 월세로 바꿀 수도 있는 것이다. 물론 역으로 월세를 받던 물건을 전세로 바꿀 수도 있다. 이처럼 부동산 투자는 내 상황의 변화에 맞추어 유연하게 대처하는 것이 가능하다.

② 주식과 달리 부동산은 매 순간순간 시세가 변화하지 않는다

주식의 호가창을 보면 매 분초마다 시세가 계속 바뀌는 것을 볼 수 있다. 반면 부동산은 실시간으로 시세가 변화하지 않아 분초를 다투는 대응을 하지 않아도 된다.

③ 우리나라 주택 매매가는 장기적으로 우상향했다

표1은 KB부동산에서 발표하는 주택 매매가격지수다. 1986년부터 현재까지 30년이 넘는 기간 동안 주택가격의 추이를 보여주는 것이다. 지수의 한계상 평균치를 반영한 것이라서 특정 시점, 특정 지역에서 하락한 곳이 있을 수 있으나 주택 매매가격이 장기간 평균적으로 상승했다는 것을 알 수 있다. 평균적이고 장기적인 추세는 소위 말하는 몇몇 부동산 투기꾼과 자산가의 힘으로 만들어질 수 없다.

④ 시세가 하락한다 하더라도 물건은 존재한다

이것은 부동산과 같은 실물투자의 공통점이기도 하다. 시세가 설사 하락하더라도 내가 투자한 부동산은 여전히 실물로 존재한다. 예상

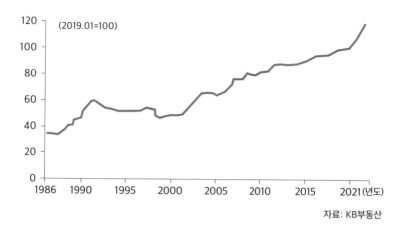

표1 | 주택 매매가격지수 장기 추이

(2019.01=100)

자료: KB부동산

치 못한 경제 위기나 부동산 경기 침체로 부동산 시세가 하락해도 그 집에 내가 들어가서 살면 되고, 그 상가에서 내가 사업을 하면 된다.

부동산 투자의 단점

부동산 투자가 위에서 살펴본 것과 같은 장점만 있는 것은 아니다. 단점도 알아야 내 상황에 맞는 정확한 투자 방법을 선택할 수 있다. 부동산 투자의 단점으로는 세 가지 정도를 뽑을 수 있다.

① 인터넷이나 전화로 알아보는 데 한계가 존재해 현장에 가봐야 한다
과거에 비해 요즘은 정보가 많이 투명해져 인터넷에 있는 양질의 자료에 접근하기가 쉬워졌다. 따라서 대부분의 사람들이 손품을 팔 수

있게 되었지만, 내가 손품을 팔아 알아낸 정보를 실제 눈으로 확인하는 작업(발품)의 중요성은 아무리 강조해도 지나치지 않다.

지인이 월세 물건을 매수하면서 부동산 중개업소 사장님과 전화로만 계약을 진행했던 적이 있었다. 나중에 매도할 때 보니 화장실 변기가 깨진 상태였고, 매수 시에 이미 깨져 있었는지 임차인이 깼는지 알 수가 없어 매매가에서 화장실 변기 수리비만큼을 제한 금액으로 매도를 진행할 수밖에 없었다. 변기가 깨져 있던 것을 매수할 당시에 확인했더라면 이전 주인(매도인)에게 하자담보책임을 묻거나, 매수가격에서 수리비만큼을 조금 깎을 수 있었을 것이다. 하지만 계약 당시 변기의 상태를 확인한 사람이 없었기 때문에 뒤늦게 그런 책임을 물을 수 없었다. 직장인이 평일에 현장에 가는 것은 분명 귀찮고 피곤한 일이다. 그래서 평일에는 손품(인터넷 조사) 위주로 조사하고 주말에는 현장 답사(임장)와 중개업소를 방문하는 것이 좋다.

② 주식에 비해 초기 비용이 크다

1만 원, 심지어 5,000원만 있어도 투자할 수 있는 주식 투자에 비해 부동산은 투자에 소요되는 초기 비용이 크다. 부동산 초보 시절 경매로 '무피 투자(자기 자본을 들이지 않거나 최소한만 들여 투자하는 것)'가 가능하다는 말에 돈 한 푼 없이 경매 강의를 들으러 갔던 적이 있다. 그러나 강의를 들어보니 무피라는 것은 사실상 자본이 하나도 없어도 된다는 말은 아니었다. 내가 투자한 자본을 전액 회수할 수 있다는 뜻이었다. 그만큼 부동산 투자에 있어서 어느 정도 종잣돈과 목돈은 필수적인 요소다.

우리 부부의 경우 첫 부동산 투자를 했을 때 약 3,000만 원의 자금으로 시작했고, 나중에 대출을 얻어 초기 투자금의 상당 부분을 회수했다. 하지만 그때는 대출 규제가 심해지기 전이라 가능했던 것이었다. 종잣돈은 자신이 실투자 비용(매수금액-대출금액)으로 예상하는 금액보다 여유 있게 가지고 시작하는 것이 좋다. 예상한 대로 대출이 나오지 않을 수도 있고, 생각보다 지출이 클 수도 있기 때문에 종잣돈을 여유 있게 준비하고 투자를 시작하든지 종잣돈이 여유가 있도록 가능한 적은 돈이 들어가는 물건을 찾는 것이 좋다.

우리 부부의 생각과는 다르지만 참고하자면 KB경영연구소에서 나온 〈2020 한국 부자보고서〉에서 부자들의 73.1%가 투자를 위한 종잣돈으로 5억 원(중간값)이 필요하다 했다고 한다.

③ 주식 등 금융상품에 비해 환금성이 떨어진다

이 부분은 반은 맞고 반은 틀린 이야기가 될 수도 있다. 대부분의 경우 부동산은 매매가액 자체가 크기 때문에 돈으로 바꿀 수 있는 가능성인 환금성이 금융상품에 비해 낮은 것은 사실이다. 예를 들어 내가 지금 당장 100만 원이 필요하다고 할 때, 주식에 투자하고 있다면 오늘 100만 원어치의 매도 주문을 넣어 주문 체결 후 2일이 지난 시점에 현금으로 찾는 것이 가능하다. 그러나 부동산은 내가 당장 1억 원이 필요하다 해서 가까운 시일 내에 그 돈을 현금으로 바꿀 수가 없다. 또한 주식 등 금융상품처럼 몇십 원 혹은 몇백만 원 수준의 금액이 필요하다고 해서 부동산의 일부분을 매도할 수도 없다. 그러나 부동산 장세가 불타오르는 '활황장세'인 경우에는 인기 있는 부동산만큼 환금성이 좋은 자산도 없을 것이다. 상황에 따라서 환금성이 좋을 수도 나쁠 수도 있다고 보면 된다.

TIP **부동산 거래 시 자금 스케줄**

부동산 거래 시 대략적인 자금 스케줄은 아래와 같다.

매매 결정 직후: 가계약금(없어도 무방하나, 해당 물건을 잡고 싶은 경우에 매수인 혹은 임차인이 보내는 경우가 많다. 다만 가계약금 입금 시 가계약금 역시 계약금의 일부라고 명시한 후에 입금하는 편이 좋다)

계약서 작성 시: 계약금(전체 거래가액의 10%)

계약서 작성 1달 후: 중도금(전체 거래가액의 40% 이상, 중도금까지 전체 거래가액의 50%를 입금해야 계약 해제 등 법적 분쟁에 대응하기 용이하다)

계약서 작성 2달 후: 잔금(전체 거래가액의 50%. 거래가액에서 계약금과 중도금을 제외한 나머지 금액. 이사를 해야하는 경우 등은 대략적인 날짜만 정하고, 이후에 정확한 날짜를 맞추기도 한다)

위의 스케줄과 금액 비율은 통상적인 것일 뿐, 거래 당사자와의 합의가 이루어진다면 얼마든지 조정할 수 있다.

집값이 장기적으로 우상향하는 이유

서울 집값이 비싼 이유

꼭 서울이 아니더라도 집값은 기본적으로 비싸다. 집은 왜 처음부터 비쌀까? 왜 월급 몇 달치를 모아서 살 수 없는 금액일까? 절대적인 금액이 비싼 것은 이해하기 어렵지 않다. 집이 명품관에서 파는 가방보다 비싼 이유는 이해하기 쉽다. 아무리 명품 가방이라고 해도 가방보다 집이 우리에게 주는 효용 가치가 크기 때문이다. 명품 가방 안에는 핸드폰, 휴지, 지갑 정도를 보관할 수 있지만 집은 가방, 핸드폰, 지갑은 물론 나와 우리 가족까지 보호해주는 역할을 할 수 있다. 그래서 당연히 명품 가방보다 비싼 것이다. 물론 어지간한 집값보다 비싼 명품 가방이 존재할 수는 있겠으나 이런 예외 사항은 논외로 해야 한다.

부동산이란 글자 그대로 움직이지 않는 자산이다. 태생 자체가 정확하게 똑같은 물건이 존재할 수가 없다. 지금 내가 살고 있는 그 집과 완벽하게 똑같은 위치에 다른 집이 존재할 수는 없다. 그 주소에 그 층수에 같은 집을 또 지을 수는 없다. 이미 내 집이 그 공간을 차지하고 있기 때문이다. 즉 부동산(집)은 단 하나밖에 없기에 그 희소성에 대한 가치를 인정받아 가격이 높은 것이다. '부동산(집) 가격=땅값+건축비'인 것이다. 간혹 집값에 땅값이 포함되어 있다는 사실을 간과하고 집값이 필요 이상으로 비싸다고 하는 사람들이 있다. 집을 소유하고 있는 사람은 그 집이 서 있는 땅도 소유하고 있다는 의미다. 이것을 이해하면 서울의 낡고 허름해 녹물만 나온다는 오래된 몇몇 아파트가 왜 그렇게 비싼 것인지 이해할 수 있게 된다.

서로 다른 지역에 동일한 평형의 집을 동일한 재료로 같은 사람들이 짓는다고 가정하면 건축비는 동일하고 땅값에만 차이가 생긴다. 땅값이 부동산 가격을 결정하는 주된 요인이 될 것이고, 어떤 위치에 부동산(집)이 있는지에 따라 가격이 달라질 것이다. 건축물이 지어진 땅은 그 건축물 말고 다른 건축물이 지어질 수 있는 기회 자체가 없어지는 것이기 때문이다.

서울의 집값은 지방의 집값보다 왜 비싼 것일까? 건축비는 서울이든 다른 지방이든 차이가 크지 않다. 결국은 서울 땅값이 지방 땅값보다 비싸기 때문에 집값에서 차이가 나는 것이다. 서울이라는 도시의 땅이 주는 효용 가치가 다른 도시의 효용 가치보다 높다는 것이다. 우리나라 인구의 대략 20%가 서울에서 살고 있다는 것이 서울의 효용 가치를 반증한다고 볼 수 있다.

집값이 장기적으로 우상향하는 이유

① 가치와 가격의 차이

가치는 본질적인 것이고 가격은 가치를 화폐라는 척도를 이용해 표현한 것이다. 본질적인 가치가 높은 것일수록 가격이 높은 것이 정상이다. 부동산의 가치가 상승한다면 가격도 올라가게 된다. 부동산의 위치는 바뀔 수가 없기 때문에 입지가 더욱 중요하다. 부동산의 가치가 상승하는 이유는 대부분 우리가 호재라고 부르는 개발 행위(교통망 신설, 산업단지 유치)에 의한 경우일 때가 많다. 다만 호재 중에 어떤 것이 내 부동산에 영향을 줄지를 판단해내는 눈을 키우는 것이 중요하다. 개발 행위로 가치가 증가한 부동산이 가격이 상승하는 것은 당연하다. 다만 가치와 가격은 다르기 때문에 항상 가격과 가치가 동일한 것은 아니다. 올라간 가치를 가격이 아직 따라가지 못했을 때, 즉 저평가되었을 때가 부동산 투자 시점이다. 부동산 투자를 한다면 이런 물건을 선별하기 위해 노력해야 한다.

② 통화량의 증가와 통화가치의 하락

부동산 가격이 지속적으로 상승한 이유 중 하나는 장기적으로 통화량이 증가해 화폐가치가 하락해서라고 볼 수 있다. 앞서 서울 집값

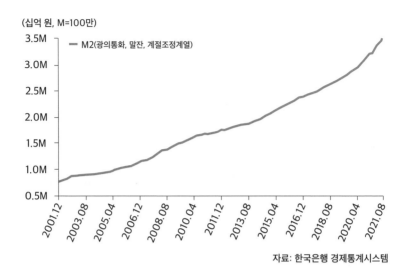

표2 | 통화량의 증가(2021년 11월 기준)

(십억 원, M=100만)

— M2(광의통화, 말잔, 계절조정계열)

자료: 한국은행 경제통계시스템

이 비싼 이유에서 희소성이 크면 가치가 높다는 것을 살펴봤다. 이를 거꾸로 생각해보면, 양이 많은 것은 가치가 낮다는 것으로 유추해볼 수 있다. 그러니 통화량이 증가했다는 것은 시중에 돈이 많이 풀렸다는 것이고 이 때문에 화폐가치가 하락하는 것이다.

표2는 광의 통화라고 불리는 M2의 지난 20년간 증가 추이다. 긴 기간 동안 돈(통화)이 풀리고 있는 것을 확인할 수 있다(2020년은 코로나19라는 특수한 상황을 맞이해 통화가 시중에 풀리는 양과 속도가 크게 증가한 해이기도 하다). 한 부동산의 가치가 200이라고 가정하고 이 것의 가격을 지폐 200으로 표시한다고 가정하자. 그런데 20년 후 통화량이 2배가 늘어났다고 하면, 통화의 가치는 1/2로 떨어진다. 부동산의 가치는 200으로 동일하더라도 통화의 가치가 절반이 되

면 지폐 400으로 부동산의 가격을 표시하게 된다. 부동산은 그냥 가만히 있었을 뿐인데 20년 후에 이 부동산을 사기 위해서는 지폐 400을 줘야 한다. 이렇게 화폐가 늘어남에 따라 화폐의 가치가 떨어져 물건을 살 때 지불해야 하는 화폐가 많아졌다는 것은 곧 물건의 가격이 올랐다는 이야기가 된다. 가치가 상승하지 않아도 장기적으로 화폐가치 하락분을 상쇄하기 위해 물건의 가격이 상승하는 것을 확인할 수 있는 사례다.

청약통장 활용을 위한 기본 지식

청약제도는 본인이 가입하고 있는 청약통장의 종류에 따라 여러 가지 고려할 사항들이 존재하고, 용어 자체도 헷갈리는 부분이 꽤 많다. 다만 요즘에는 전문 강의 및 각종 인터넷 카페에서 본인에게 해당되는 사항을 잘 확인할 수 있다. 그만큼 정보가 많이 오픈되어 있는 상황이므로 이를 챙겨보느냐 못 보느냐는 본인의 몫이다. 우리 부부가 청약에 특화되어 있는 전문가는 아니므로 청약제도의 세부 사항을 다 다룰 수는 없겠지만 청약제도와 관련된 기본 지식 정도라도 간략하게 언급해볼까 한다.

국민주택과 민영주택

국민주택은 민영주택과 달리 시행 주체, 청약 자격, 면적에 제한이 있다. 국민주택은 국가, 지방자치단체, 한국토지주택공사(LH), 지방공사가 직접 건설하거나, 국민주택기금으로부터 자금을 지원받아 건설·개량되는 주택이다. 무주택자(청약 자격)에게 저렴한 가격으로 분양하는 전용면적 85m² 이하인 주택(수도권을 제외한 도시 지역이 아닌 읍·면 지역의 경우 전용면적 100m² 이하인 주택)이 국민주택에 해당한다. 그중 경기주택도시공사에서 시행하는 국민주택에는 '자연앤'이라는 팻네임이 붙어 따로 구분하기가 편리하다. 흔히들 공공분양 방식으로 분양이 된 주택을 국민주택이라고 한다.

국민주택도 민영건설사 등에서 시공한 아파트는 민영건설사의 브랜드명이 병기되는 경우가 있다. 예를 들어 다산신도시 '자연앤 푸르지오'는 '다산신도시 내에 지어진(위치), 자연앤(경기주택도시공사 시행), 푸르지오(대우건설 컨소시엄 시공)'라는 의미를 가지고 있다. 국민주택 분양 계획은 마이홈 홈페이지(www.myhome.go.kr)에서 찾을 수 있다. 국민주택은 청약 경쟁률이 민영아파트 청약 경쟁률보다 일반적으로 높은 편이니 미리 찾아보고 준비해야 한다.

민영주택은 국민주택을 제외한 주택으로 대개 민간 건설회사에서 국민주택기금이 아닌 자기 자본 혹은 시행사의 자본을 투입해 지어 분양하는 주택이다.

TIP 시행사와 시공사

분양아파트의 공식 홈페이지의 사업 개요를 보면 사업 시행사가 어디인지를 확인할 수 있다. 시행사는 주택이 건설되는 땅의 소유자라고 이해하면 쉽다. 「주택공급에 관한 규칙」에서는 사업 주체라고 표현한다. 땅을 가지고 시공사에게 지어달라고 요구하고 건설 비용을 지불하게 될 주체인 것이다. 국민주택의 경우 국가, 지자체 등이고, 민영주택의 경우 아파트를 지을 건설사가 시행을 직접 할 수도 있지만 대개는 다른 시행사가 따로 존재한다. 하나자산신탁과 같은 부동산 신탁회사거나 주택재개발정비사업조합과 같은 각종 정비사업(재개발·재건축)의 조합이 시행사인 경우가 많다.

시공사는 주택을 건설하는 회사다. 각종 건설회사라고 이해하면 쉽다. 시행사가 주택을 건설하기 위해 주택이 지어질 땅의 소유권을 확보하고 건설을 위한 인허가 및 시공사를 관리·감독하는 주체라면, 시공사는 시행사의 땅 위에 시행사의 요구에 맞추어 주택 등 건물 건축을 하는 주체를 말한다. 시행사는 시공사에게 시공 계약에 따른 공사비를 지급해야 한다. 시행사는 갑의 지위에, 시공사는 을의 지위에 있다고 이해하면 된다. 완공된 아파트 자체의 하자(도배 불량 등)는 시공사에게 문의해야 하고, 보존등기 지연에 대한 불편사항 등은 시행사에게 문의해야 한다. 시행사에 문의해야 할 사항을 시공사에게 문의하고서 시행사나 시공사가 책임을 전가하려 한다는 등 불평하지 않도록 하자.

국민주택 청약 1순위 요건

국민주택 청약에 관한 자세한 사항은 마이홈 홈페이지에 가면 확인할 수 있다. 주택청약을 위해 방문하는 청약홈에도 수시로 변경되는

표3 | 국민주택 청약 1·2순위 요건

청약 순위	청약통장 (입주자저축)	순위별 조건	
		청약통장 가입 기간	납입금
1순위	주택청약 종합저축		매월 약정 납입일에 월 납입금을 연체 없이 다음의 지역별 납입 횟수 이상 납입한 분 • 투기과열지구 및 청약과열지역: 24회 • 위축지역: 1회 • 투기과열지구 및 청약과열지역, 위축지역 외 - 수도권 지역: 12회 - 수도권 외 지역: 6회 (다만, 필요한 경우 시·도 지사가 수도권은 24회, 수도권 외 지역은 12회까지 연장 가능) • 단, 월 납입금을 연체해 납입한 경우 「주택공급에 관한 규칙」 제10조 제3항에 따라 순위 발생일이 순연됨.
	청약저축	• 투기과열지구 및 청약과열지역: 가입 후 2년이 경과한 분 • 위축지역: 가입 후 1개월이 경과한 분 • 투기과열지구 및 청약과열지역, 위축지역 외 - 수도권 지역: 가입 후 1년이 경과한 분 - 수도권 외 지역: 가입 후 6개월이 경과한 분(다만, 필요한 경우 시·도 지사가 수도권은 24개월, 수도권 외 지역은 12개월까지 연장 가능)	
2순위(1순위 제한 자* 포함)	1순위에 해당하지 않는 분(청약통장 가입자만 청약 가능)		

* 1순위 제한 자
• 투기과열지구 또는 청약과열지역 내 국민주택에 청약하는 경우 청약통장이 1순위에 해당해도 2순위로 청약해야 함
(1) 세대주가 아닌 자
(2) 과거 5년 이내에 다른 주택에 당첨된 자가 속해 있는 무주택세대구성원

자료: 청약홈

부동산 규제 관련 사항들이 있으므로, 청약 시에 꼭 청약홈에 있는 자료를 확인해야 한다(마이홈과 청약홈은 서로 다른 인터넷 사이트다).

청약홈을 보고 확신이 서지 않는다면 청약을 할 단지의 입주자

모집공고를 살펴보면 된다. 입주자 모집공고를 보고도 어렵다면, 입주자 모집공고에 있는 문의전화로 상담원과 통화하는 것이 좋다. 다만 1순위 요건 및 청약 자격은 입주자 모집공고일까지 충족시켜야 하기 때문에, 입주자 모집공고일 전에는 해당 지역 내에서 직전에 나온 입주자 모집공고를 찾아서 살펴보는 편이 정확하다. 이때도 최근의 입주자 모집공고일부터 현재 시점 사이에 부동산 규제가 나왔는지 확인해서 차이점을 파악해야 한다.

국민주택 청약을 위해서는 청약종합저축이나 청약저축이 필요하다. 청약종합저축의 경우 국민주택과 민영주택 모두 청약이 가능하다. 청약저축을 청약종합저축으로 변경할 수는 없다. 청약저축을 청약예금으로 변경은 가능하나, 전환한 청약예금을 다시 청약저축으로 재전환하는 것은 불가능하다.

민영주택 청약 1순위 요건

청약 전에는 꼭 청약홈의 1순위 요건을 확인해봐야 한다. 현재 기준은 다음의 표4와 같지만 또 언제 정책이 바뀔지 알 수 없기 때문이다.

현재 규제지역의 민영주택 1순위는 세대주만 가능하다. 세대주가 아닌 세대원도 2순위 청약은 가능하니, 시간 여유가 있다면 2순위에 해당하는 세대원도 청약을 신청해서 연습해보길 바란다. 청약이라는 것이 복잡하기도 하고 살면서 자주 하는 것이 아니기 때문에 막상 청약을 하려면 잘 모르겠고 어렵다. 요즘같이 청약 경쟁률이

표4 | 민영주택 청약 1·2순위 요건

청약 순위	청약통장 (입주자저축)	순위별 조건	
		청약통장 가입 기간	납입금
1순위	주택청약 종합저축	• 투기과열지구 및 청약과열 지역: 가입 후 2년이 경과한 분 • 위축지역: 가입 후 1개월이 경과한 분 • 투기과열지구 및 청약과열 지역, 위축지역 외	납입인정금액이 지역별 예치금액 이상인 분
	청약예금		
	청약부금 (85m² 이하만 청약 가능)	- 수도권 지역: 가입 후 1년이 경과한 분 (다만, 필요한 경우 시·도지 사가 24개월까지 연장 가능) - 수도권 외 지역: 가입 후 6개월이 경과한 분(다만, 필요한 경우 시·도지 사가 12개월까지 연장 가능)	매월 약정 납입일에 납입한 납입인정금액이 지역별 예치금액 이상인 분
2순위(1순위 제한 자* 포함)	1순위에 해당하지 않는 분(청약통장 가입자만 청약 가능)		

* 1순위 제한 자
  청약주택별 다음 어느 하나에 해당하는 경우 청약통장이 1순위에 해당해도 2순위로 청약해야 함
  • 투기과열지구 또는 청약과열지역 내 민영주택에 청약하는 경우
    (1) 세대주가 아닌 자
    (2) 과거 5년 이내에 다른 주택에 당첨된 세대에 속한 자
    (3) 2주택 이상 소유한 세대에 속한 자
  • 주거전용 85m²를 초과 공공건설임대주택, 수도권에 지정된 공공주택지구에서 공급하는 민영주택에 청약하는 경우 2주택 이상 소유한 세대에 속한 자

자료: 청약홈

높은 때는 당첨 걱정은 말고 2순위를 이용해 연습 삼아 청약을 하는 것도 좋겠다. 국민주택과 마찬가지로 청약홈을 확인 후 확신이 서지 않는다면 입주자 모집공고와 해당 현장(모델하우스)을 개별적으로

표5 | 민영주택 지역 및 전용면적별 예치금액

(단위: 만 원)

구분	서울/부산	기타 광역시	기타 시/군
85m^2	300	250	200
102m^2	600	400	300
135m^2	1,000	700	400
모든 면적	1,500	1,000	500

자료: 청약홈

확인해보자. 다만 입주자 모집공고 이전에 청약 자격 및 1순위 자격을 갖추고 민영주택 예치금(표5)을 넣어놓아야 하니, 입주자 모집공고가 나오기 전에 청약하고자 하는 단지 직전에 분양한 인근의 다른 단지의 입주자 모집공고를 참고해 준비하자. 이때 직전에 분양한 다른 단지의 입주자 모집공고와 실제 나의 청약 시점 사이에 발표된 부동산 대책이 있었는지 여부도 확인해야 한다.

민영주택 청약 당첨자 선발 방법

가점제와 추첨제

서울을 비롯한 수도권 일대에서는 일반적으로 국민주택보다 민영주택 분양이 많다. 국민주택 청약을 할 수 있는 기회는 상대적으로 제한적이어서 청약을 할 수 있다고 하더라도 당첨 확률이 낮은 것이 사실이다.

　민영주택의 경우 가점이 높은 순으로 일정 비율을 먼저 뽑은 후 가점제에서 떨어진 낙첨자를 추첨해 가점제로 뽑힌 사람과 추첨제로 선정된 사람을 합쳐 최종 당첨자로 선정한다. 다음의 표6에 나와 있는 것과 같은 비율(가점제 40% 이하, 추첨제 60% 이상)로 무주택 기

표6 │ 동일 순위 내 입주자 선정 기준

청약 순위	주택종류	선정 방법	
1순위	국민주택	• 순차별 공급 • 순차 기준은 무주택 기간, 납입 횟수, 납입 총액 등	
	민영주택	85m² 이하	가점 및 추첨(40% 이하 : 60% 이상)으로 선정
		85m² 초과	추첨으로 선정
2순위		추첨으로 선정	

* 위의 민영주택의 선정 기준은 일반적인 민영주택(투기과열지구 및 청약과열지역, 수도권에
  지정된 공공주택지구, 85m² 초과 공공건설임대주택 제외)의 경우.

자료: 청약홈

간, 부양가족 수, 청약통장 가입 기간을 기준으로 해 산정한 점수가
높은 순으로 당첨자를 선정하는 제도를 가점제라고 한다. 이때 동일
순위 내 선정 방법은 표6의 방법에 따른다.

거주 지역에 따른 당첨자
는 아래의 기준에 따른다. 주
택이 건설되는 시군(해당 지
역)에 거주하는 청약 신청자
가 우선적으로 당첨되고, 미
달 시 잔여세대는 인근 지
역에 거주하는 청약 신청자
가 당첨된다. 이때 인근 지역
은 '①서울특별시, 인천광역
시 및 경기도 지역' '②대전

청약 당첨 시 나뉘는 인근 지역

광역시, 세종특별자치시 및 충청남도' '③충청북도' '④광주광역시 및 전라남도' '⑤전라북도' '⑥대구광역시 및 경상북도' '⑦부산광역시, 울산광역시 및 경상남도' '⑧강원도'로 나뉜다. 광역시 인접 '도'가 인근 지역에 포함된다고 볼 수 있겠다. 다만 세종특별자치시, 도청이전신도시, 혁신도시개발지구, 기업도시개발구역, 산업단지, 주한미군 이전지역, 위축지역에서 공급되는 주택은 해당지역 및 인근 지역에 거주하지 않는 사람도 청약할 수 있다.

가점제와 추첨제 선정 비율

가점제와 추첨제는 면적과 지역에 따라 비율이 다르다. 표7을 보면 가점이 낮은 사람은 투기과열지구의 전용면적 85m² 이하의 민영주택을 특별공급이 아닌 일반공급으로 당첨될 방법이 없다는 것을 알 수 있다. 투기과열지구 전용면적 85m² 이하의 민영주택의 일반공급은 가점제 100%로 당첨자를 선정하기 때문이다. 전용면적 85m² 이하의 투기지역 신축을 사기 위해서는 재개발·재건축, 청약 중 일반공급이 아닌 특별공급 또는 혹시라도 나올지 모르는 잔여세대 '줍줍(미계약분 추가세대 모집)'을 노리는 것 외에는 방법이 없다. 하지만 투기과열지구에서 예비당첨자를 주택형별 일반공급 세대수의 500%를 뽑기 때문에 줍줍 물량으로 당첨이 되는 것도 현실적으로 어렵다. 가점이 낮아도 예상 커트라인 근처인 청약자라면 줍줍보다는 차라리 당첨자의 500%를 뽑는 예비당첨을 노리고 청약을 하는 것도

표7 | 민영주택 가점제 추첨제 선정 비율

주거 전용 면적	투기 과열지구	청약 과열지역	수도권 내 공공주택지구	85m² 초과 공공건설 임대주택	그 외 주택
85m² 이하	가점제: 100% 추첨제: 0%	가점제: 75% 추첨제: 25%	가점제: 100% 추첨제: 0%	-	가점제: 40%(~0%) (시장 등이 40% 이하로 조정 가능) 추첨제: 60~100%
85m² 초과	가점제: 50% 추첨제: 50%	가점제: 30% 추첨제: 70%	가점제: 50%(~0%) (시장 등이 50% 이하로 조정 가능) 추첨제: 50%(~100%)	가점제: 100% 추첨제: 0%	가점제: 0% 추첨제: 100%

자료: 청약홈

방법이 될 수 있겠다.

자신의 가점은 청약홈의 '청약가점 계산하기'를 통해 계산해봐야 한다. 가점을 계산할 때는 청약홈의 '상세보기'를 꼼꼼하게 읽어서 실수가 없게 해야 한다. 가점 실수로 인한 책임은 본인에게 있으며, 청약가점 계산 실수로 인한 부적격에 해당될 경우 해당 물건의 당첨 은 취소되고, 당첨일로부터 최대 1년 동안(수도권, 투기과열지구, 청약 과열지구 1년, 비규제지역 6개월, 위축지역 3개월) 당첨자가 될 수 없다.

개인적으로는 당첨 가능성이 매우 희박한 예비당첨에 의지하는 것보다는 재개발·재건축의 조합원이 되는 것이 대안이 될 수 있다고 생각한다. 재개발·재건축은 입주 때까지 시간이 상당히 걸릴 수가 있으나, 그만큼 추가분담금에 들어갈 자금을 모을 시간적 여유가 있다고 생각할 수도 있다. 지금 당장 신축에 입주할 필요가 없다면 장래에 신축이 될 재개발·재건축에 투자하고 기다리는 것도 좋은 방법이다.

TIP
부적격 당첨자와 재당첨 제한

부적격 당첨자는 당첨자로 선정이 되었으나 해명 기간에 소명하지 못해 최종적으로 당첨이 취소된 사람을 말한다. 이 경우 최대 1년 동안 다른 분양주택의 입주자로 선정될 수 없다. 다만 당첨 제한 기간(3개월~1년) 이후에는 동일한 통장으로 다른 주택의 입주자로 선정될 수 있다(「주택공급에 관한 규칙」제7조, 제58조). 당첨자 공고만 보고 당첨이 된 줄 알고 청약통장을 벌써 해지했다 하더라도 당첨이 취소된 날로부터 1년 이내에 주택청약종합저축 납입금을 다시 납입하면 종전의 주택청약종합저축은 해지되지 않은 것으로 본다(「주택공급에 관한 규칙」제14조 제2호).

표8 | 재당첨 제한 기간

당첨된 주택의 구분	적용 기간(당첨일로부터)		
투기과열지구에서 공급되는 주택, 분양가상한제 적용 주택	10년간		
청약과열지역에서 공급되는 주택	7년간		
토지임대주택, 투기과열지구 내 정비조합	5년간		
이전기관종사자 특별공급 주택, 분양전환 공공임대주택, 기타 당첨자	과밀억제 권역	85m² 이하	5년
		85m² 초과	3년
	그 외	85m² 이하	3년
		85m² 초과	1년

자료: 찾기쉬운 생활법령정보

재당첨 제한이란 주택에 청약해 당첨된 자 및 그 세대에 속한 자(배우자는 분리 세대인 경우도 포함)에게 주택 종류 또는 지역별로 일정 기간 동안 다른 주택의 당첨을 제한하는 것을 말한다.

　　재당첨 제한 기간은 표8과 같다. 재당첨 제한은 당첨 이력이 있는 세대가 또 당첨이 되어 주택을 여러 채 소유하는 것을 막기 위한 제도로 짧으면 1년, 길게는 10년 동안 재당첨이 제한된다. 하지만 당첨된 적이 있다 하더라도 투기과열지구 및 청약과열지구가 아닌 지역에서 공급되는 민영주택은 재당첨 제한이 적용되지 않는다(「주택공급에 관한 규칙」 제54조 1). 본인의 재당첨 제한 여부와 제한 기한은 청약홈에서 공인인증서로 로그인하면 확인할 수 있다.

　　부적격 당첨과 재당첨 제한은 엄연히 다른 제도다. 부적격 당첨은 가점 계산 실수 등으로 인해 잘못 당첨된 자가 책임은 지지만 기간도 상대적으로 짧고, 부적격 당첨으로 취소된 청약통장도 다시 살릴 수 있다는 점에서 재당첨 제한에 비해 청약을 못하는 기간이 짧다.

청약통장의 종류

청약통장에는 청약저축, 청약부금, 청약예금, 주택청약종합저축, 청년우대형청약통장이 있다. 이 중 청약저축, 청약부금, 청약예금은 신규 가입이 중단되어 기존에 가지고 있던 사람만 이용해 청약을 할 수 있다. 신규 가입이 가능한 청약통장은 주택청약종합저축과 청년우대형청약통장 이 두 가지다. 둘 다 적금 상품과 달리 어느 은행에서 가입하든 이율이 동일하기에 은행 간 이율 비교를 할 필요는 없다. 다만 그때그때 한시적 이벤트가 열리니 가입 시기에 어떤 이벤트가 있는지 정도만 확인하면 된다. 예를 들어 하나은행은 2021년 3월 31일까지 청약종합저축 신규 가입자 선착순 2만 명에게 스타벅스 아메리카노 1잔을, 21명에게는 추첨을 통해 골드바(37.5g)를 주었다.

청약통장 가입 은행

청약통장은 우리은행(주택도시기금 간사 수탁은행), KB국민은행, IBK기업은행, NH농협은행, 신한은행(일반 수탁은행), 경남은행, 대구은행, 부산은행, KEB하나은행(청약저축 수탁은행) 총 9개 은행에서 개설이 가능하다. 위 은행들은 2023년 3월 31일까지 주택도시기금 전담 기관인 주택도시보증공사(HUG)의 위탁을 받아 청약통장에 관한 업무를 수행한다. 그 이후에는 변동될 가능성이 있지만 우선은 위 9개 은행이면 어느 은행에서 가입하든지 적용 이율은 아래 표9와 동일하다.

현재 청약저축을 2년 이상 가입하면 연 1.8%의 수익을 얻을 수 있다. 실질적으로 청약 당첨을 위해 청약통장을 2년 그 이상 가지고 있어야 한다고 했을 때 돈이 청약통장에 묶이게 되긴 하겠지만, 현재의 정기예금 상품들과 비교해보면 연 1.8%의 이율은 높은 편이다.

표9 | 청약통장 이율

구분	기간 및 금액	금리(연율, 세전)	비고
약정이율	1개월 이내	0.00%	변동금리로서 정부의 고시에 의해 변동될 수 있으며 금리 변경 시 변경일 기준으로 변경 후 금리 적용(변동금리)
	1개월 초과 1년 미만	1.00%	
	1년 이상 2년 미만	1.50%	
	2년 이상	1.80%	

자료: 우리은행

청약통장 가입 금액

주택청약종합저축의 경우 월 2만~50만 원까지 10원 단위로 납입 가능하다. 납부 총액이 1,500만 원 미만인 경우 1,500만 원이 될 때까지 50만 원을 초과해 일시 납입이 가능하다. 납부 총액이 1,500만 원 이상이 되어도 계속 2만~50만 원을 자유롭게 납입할 수 있다. 월 저축액을 약정 납입일보다 늦게 입금하면 연체 일수가 발생하며 국민주택 청약 시 순위가 발생되는 시기가 지연될 수 있다. 연체한 날만큼 지연된 납입 인정일이 입주자 모집공고일 이전이어야 청약을 할 수 있으므로 청약 시에는 연체된 날이 없는지 미리 확인하고 연체된 날만큼 입주자 모집공고일 이전에 연체 금액을 납입해야 한다.

「주택공급에 관한 규칙」 제10조 제5항에 따라 월 납입금액이 10만 원을 초과하더라도 월 납입금액을 10만 원으로 산정하기 때문에 청약통장에는 매월 10만 원을 납입하는 것이 가장 효과적이라고 할 수 있겠다. 다만 청약통장은 청약 당첨 시까지 일부 해지가 불가능하기에 목돈이 묶여 있을 위험이 있으므로, 개인의 사정에 따라 월 10만 원이 무리가 된다면 2만 원에서 10만 원 사이의 금액을 납입하면 되겠다.

국민주택 청약의 경우 납입 회차가 중요하고, 민영주택 청약의 경우 납부금액이 중요하다. 국민주택을 청약할지, 민영주택을 청약할지 미정이라면 일단 분할 납부해 납입 회차를 늘리는 것이 좋다. 민영주택의 경우 일시납도 가능하기 때문에 민영주택으로 청약하기로 결정한 후에 청약할 평형의 금액을 일시납하면 된다. 월 50만 원까지 납입 능력이 있는 사람도 일단 매월 10만 원만 납입해 납입 회차를 늘리고, 40만 원은 별도의 적금 상품을 이용해 모아둔 후 적금 만기 시 혹은 청약(입주자 모집공고일) 전에 일시납을 하는 것이 좋다고 생각한다.

납입 회차 확인 방법

월별로 분할 납부한 내 청약통장의 회차는 청약통장 가입 은행의 홈페이지에서 별도로 확인할 수 있다. 자신도 모르는 사이에 연체 및 미납을 이유로 회차가 적을 수도 있기 때문에 청약 전에는 '입주자 모집공고일+연체일수' 이전에 '청약저축 납입 인정 회차'를 미리 확인해야 한다. 연체 이후 해당 금액을 뒤늦게나마 납입한다고 해서 즉시 청약저축 납입 회차로 인정되는 것이 아니라는 것 역시 유념해야 한다.

자녀 청약통장

청약통장은 내국인뿐만 아니라 재외국민, 외국 국적 동포를 포함한 외국인 거주자도 가입이 가능하다. 미성년자도 청약통장 가입이 가능하나, 실제 청약을 위해서는 납입 횟수 24회, 납입 기간 2년만 인정되기 때문에 만 17세 생일에 가입하는 것이 효율적이긴 하다. 다만 현실적으로 만 17세는 대개 고등학교 2학년이고 학생도 부모님도 한창 바쁠 때라 잊어버리고 놓칠 수 있기 때문에 부담되지 않는 선의 금액을 미리 만 17세 이전부터 자동이체해두는 것도 나쁘지 않다. 2년(24회차) 이상 납입한다고 해서 불이익은 없다. 물론 가장 좋은 것은 고2 생일부터 월 10만 원씩 청약통장에 불입해주는 방법이다.

청약통장은 미성년인 자녀가 성인이 되어 청약에 당첨된 후 해약을 하는 것이 이상적이다. 미성년인 자녀는 청약통장에 가입한 뒤 청약통장을 보유할 수는 있다. 그러나 실체 청약 신청과 당첨은 불가능하다.

TIP **자녀의 청약통장에 부모가 넣어주는 돈은 증여세를 내야 할까?**

미성년자인 자녀에게는 10년마다 2,000만 원 한도 내에서 증여세 없이 증여를 할 수 있다. 증여세를 내지 않더라도 증여신고를 하는 것이 원칙이다. 매월 10만 원씩 2년간 자녀의 청약통장에 부모가 불입을 해준다고 하면 총 240만 원이므로, 그 외 다른 적금이나 현금 등 증여가 전혀 없다면 증여신고만 하면 되고 증여세는 걱정하지 않아도 될 것이다. 혹시 모르니 어린이 적금 등 다른 증여 금액도 있는지 확인해보는 것도 좋겠다. 물론 각자의 상황에 맞는 자세한 세금 문의는 전문가에게 별도의 상담을 받는 것이 바람직하다.

가족 모두 청약통장에 가입해야 하는 이유

주택청약종합저축은 명의 변경이 불가능하고 1인당 1계좌만 개설과 보유가 가능하다. 어느 은행에서 가입했는지는 무관하다. 그래서 처음 가입할 때 타 은행에 청약통장이 없는지 확인한 후 가입해야 한다. 세대주가 아니고 세대원이어도 청약통장 가입이 가능하다. 나와 배우자는 물론이고, 만 17세 이상의 자녀와 부모님도 청약통장에 가입하게 해두자. 청약통장의 가입 자격과 청약 자격은 별개다.

주택청약종합저축은 명의 변경은 불가능하지만 상속은 가능하다. 부모님이 오래오래 사셨으면 좋겠지만 나보다는 일찍 돌아가실 확률이 높으니, 부모님이 돌아가신 후 부모님의 청약통장이 내 통장보다 청약에 유리하다면 상속받아 청약 신청을 하면 된다. 다만 청약통장을 상속받게 되면 기존에 가지고 있던 자신의 청약통장은 해지해야 한다.

부모님과 별개의 장소에서 생활하고 있다면 부모님과 본인이 각각 세대주이기 때문에 같이 청약을 신청할 수 있다. 추첨제에서 청약통장 1개로 청약에 도전하는 사람들보다는 청약 확률을 높이는 전략이다. 물론 각자 당첨될 경우 취득 자금에 대한 소명 및 조달이 개별적으로 가능하다는 전제가 있어야 한다.

현재 조정대상지역 내에서는 세대주에게만 청약 자격이 있으나 규제지역으로 지정되기 전인 몇 년 전만 하더라도 청약통장이 있는 세대원도 청약이 가능했다. 지금은 청약에 사람들이 많이 몰려들기 때문에, 세대원 모두에게 청약 자격이 올 날은 요원해 보인다. 그러나 언젠가 부동산 경기가 냉각되기 시작하면 세대원의 청약 자격이 부활할 것이다. 그때 허겁지겁 청약통장 개설해서 1순위 기간 지나고 청약통장 가입 기간 등의 가점을 취득하고 해서 청약하는 것은 늦다. 월 10만 원으로 미리 그때를 대비해두자.

연체 후 다시 납입할 때 유의점

주택청약종합저축의 경우 연체한 납입분에 대해 추후에도 납입이 가능하다. 다만 「주택공급에 관한 규칙」 제10조 제3항에서 규정하는 아래의 산식에 의해 연체 총 일수에 따라 납입 인정일이 지연되어 인정된다.

지연일자 계산식

$$회차별\ 납입\ 인정일 = 약정\ 납입일 + \frac{연체\ 총\ 일수 - 선납\ 총\ 일수}{납입\ 횟수}$$

청약통장 가입 은행마다 약간의 차이는 있지만 이때 납입 횟수를 따로 입력해서 입금해야 한다. 일반 예금통장에 이체하듯 입금하면 1회납으로 처리될 수 있으니 주의해야 한다. 한 번 입금된 금액과 회차는 다시 정정될 수 없다. 주택청약종합저축은 24회분 선납도 가능하다. 납입 지연, 연체의 위험을 막기 위해서는 매월 약정일(신규 가입일)에 자동이체를 설정해두는 것이 가장 안전하다.

청약통장 가입 현황

청약통장(주택청약종합저축, 청약저축, 청약부금, 청약예금)은 지난 2019년 6월 처음 2,500만 좌가 개설된 이래 꾸준히 늘어 2021년 4월 말 기준 2,781만 6,995좌에 달하고 있다.

표10에서 볼 수 있듯이, 청약통장 가입자 수는 점점 늘어나고 있다. 이는 정부가 신규 주택을 가격이 상승한 기존 주택보다 낮은 가격에 분양한다고 홍보하고, 신규 주택에 당첨되면 상당한 차익을 볼 수 있을 거라는 기대감이 더욱 커지고 있는 상황과도 무관하지 않다.

양질의 신규 공급이 늘어나지 않고 있는 이 시점에 청약 당첨을

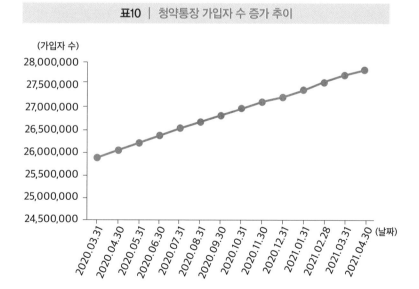

표10 | 청약통장 가입자 수 증가 추이

자료: 청약홈

기대하는 사람은 점점 늘어나고 있고, 청약통장이 없던 사람들도 청약 당첨을 기대하면서 청약통장에 가입하고 있는 상황이다. 이 때문에 정부에서 서울 도심에 양질의 신규 공급을 획기적으로 늘린다고 해도 상당한 시간이 흐른 뒤에야 청약 당첨의 기대감이 좀 가라앉게 될 것으로 예상한다. 정부에서 양질의 신규 공급을 늘린다고 계획 및 인허가를 한다고 해도, 계획된 주택이 완공된 주택으로 시장에 풀리는 것은 상당한 시간이 소요된 후일 수밖에 없다.

어려워지고 있는 청약 당첨

청약 당첨이 어려운 이유는 단순히 청약통장 가입자가 늘어나서 경쟁자가 많아졌기 때문만은 아니다. 청약제도상의 한계로 인해 청약 당첨이 점점 어려워지고 있기도 하다. 청약은 기본적으로 가점제로 먼저 당첨자를 뽑고, 가점제의 낙첨자와 추첨제 대상을 합쳐서 추첨제 당첨자를 선정한다. 자신의 당첨 유무를 가늠해볼 수 있는 쉽고 정확한 척도는 가점인데, 자신의 가점을 보고 안정적인 곳에 청약을 해서 당첨이 되는 것이 가장 이상적이다.

하지만 부동산 전문 리서치업체 리얼투데이에 따르면 서울의 경우 2020년 상반기 서울 당첨자의 커트라인 평균은 61.4점이었다. 이를 역산해보면 최소 '무주택 가점 32점+통장 가입 기간 17점+부양가족 13점' 이상이 필요한 점수다. 무주택가점 32점을 만족시키려면 만 30세부터 15년 이상 청약통장을 유지해야 한다. 이는 31세부터 15년 동안 무주택이어야 하고 청약하는 본인 외에 입주자 모집일 기준 세대원 모두 무주택자여야 한다는 뜻이다. 배우자의 경우 주민등록등본상 분리 세대로 되어 있어도 세대원으로 보기 때문에 유의해야 한다. 통장 가입 기간 17점을 만족시키려면 가입 시점부터 통장을 15년 이상 유지해야 한다. 만 20세, 즉 21세에 청약통장을 만들었다 하더라도 36세가 되어야 비로소 통장 가입 기간 가점의 만점인 17점을 받을 수 있게 된다. 부양가족 13점 이상을 얻기 위해서는 청약자 본인을 제외한 가족이 2명이어야 가능하다. 이때 자녀가 만 19세 이상 성년자라면 결혼을 하지 않은 경우에만 부양가족으로 인정이 가능하다.

게다가 서울은 2020년 5월부터 2021년 4월까지 청약 경쟁률 평균이 100 대 1에 육박하는 94.1 대 1이었다. 이는 가점제가 아닌 추첨제로 당첨이 되는 것도 쉽지 않다는 것을 보여준다. 같은 기간 서울이 아닌 전국 아파트 1순위 평균 청약 경쟁률도 24.6대 1에 달했다. 한마디로 요약하면 어지간히 높은 점수가 아니라면 청약에 당첨될 확률이 극히 미미하다는 것이다. 10년 넘게 불입했기 때문에 본인이 높은 점수라고 생각한다면, 본인이 청약하고자 하는 지역의 최근 청약 경쟁률 및 커트라인이 어느 수준이었는지를 청약홈을 통해 꼭 확인해보고 자신이 당첨 커트라인이 되려면 몇 점이 더 필요한지, 그 점수를 얻으려면 몇 년이 지나야 하는지를 역으로 계산해보기 바란다.

청약을 바라는 상당수의 사람이 간과하고 있는 사실이 하나 있다. 몇 년이 지나 나의 가점이 높아지면 지금의 커트라인 점수에 도달할 것이라는 점이다. 그러나 내가 지금의 커트라인에 해당되는 가점에 도달했을 때, 지금의 나보다 청약 가점이 높은 사람들 역시 같이 가점이 높아진다는 사실을 잊으면 안 된다. 나보다 현재 가점이 높은 사람들도 나와 같은 이유로 청약에 도전하고 있을 것이다. 현재 청약제도는 매우 복잡하고 다양해졌다. 당첨이 어렵지만 준비해서 도전하고자 한다면 본인에게 가장 성공할 가능성이 높은 청약제도는 무엇일지 잘 연구해봐야 한다.

청년우대형 청약통장

가입 조건

청년우대형청약통장은 저소득 무주택 청년의 주택 구매 및 임차자금 마련 지원을 위해 재형 기능을 강화한 청약통장이다. 만 19세 이상~만 34세 이하로 현재 연령에서 병역 이행 기간(최대 6년)을 빼고 계산한 연령이 만 34세 이하인 사람까지 포함된다. 병역 기간은 병역증명서로 병역 이행 기간을 증명할 수 있어야 한다. 만 40세 이하의 남성은 자신의 병역 기간을 고려해서 대상이 되는지 한번 따져보는 것이 좋다. 물론 만 34세 이하의 여성도 수입, 주택 소유 여부 가입 요건을 고려해 가입 대상이 되는지 확인해보는 것이 좋다. 무주

택 세대원도 가입이 가능하므로 가입 요건은 여러모로 잘 확인해야
한다.

우대이율

청년우대형청약통장은 2년 이상 통장 유지 시 최대 3.3% 이율이 적
용된다. 기존 주택청약종합저축의 이율보다 +1.5%p의 우대이율이
적용되는 것이다. 가입 기간이 2년 미만이더라도 「주택공급에 관한
규칙」에 따라 주택공급에 청약해 당첨된 자가 당첨을 사유로 청약통

표11 | 청년우대형청약통장 이율

구분	저축 기간				
	1개월 이내	1개월 초과 ~1년 미만	1년 이상 ~2년 미만	2년 이상 ~10년 이내	10년 초과 시부터
주택청약종합저축 이자율	무이자	연 1.0%	연 1.5%	연 1.8%	연 1.8%
청년우대형 주택청약종합저축 이자율	무이자	연 1.0%	연 1.5%	연 3.3%	연 1.8%

* 변동금리로서 정부 고시에 의해 변경될 수 있으며, 이율이 변경되는 경우 변경일 기준
으로 변경 후 이자율 적용.
* '청년우대형 주택청약종합저축' 우대이율은 가입 기간 2년 이상일 경우 무주택 기간에
한해 적용(가입일로부터 10년 내의 기간), 단 가입 기간 2년 미만이더라도 「주택공급에
관한 규칙」에 따라 주택공급에 청약해 당첨된 자가 당첨을 사유로 해지하는 경우 우대
이율 적용.

자료: 주택도시기금

장을 해지하는 경우에는 예외적으로 우대이율 적용이 가능하다. 총 원금은 5,000만 원까지 납입 가능하고 무주택 기간으로 최대 10년까지 우대이율 적용이 가능하다. 가입일부터 10년을 초과해 해지하는 경우 10년을 초과하는 날부터는 우대금리가 적용되지 않고 일반 주택청약종합저축과 동일한 이자율이 적용된다.

가입 기간

가입 기간은 본래 2021년 12월 31일까지였으나 기간이 연장되어 2023년 말까지 가능하다. 국민에게 실질적으로 도움이 되는 제도는 한시적으로만 적용이 된다는 말이 있다. 역으로 청년우대형청약통장 역시 도움이 되는 제도이기 때문에 한시적으로 가입이 가능하다는 것으로 볼 수 있다. 자신이 가입 대상에 해당된다면 놓치지 않고 가입하기 바란다.

이미 주택청약종합저축에 가입한 사람도 청년우대형청약통장 가입 요건을 충족하면 청년우대형청약통장으로 전환이 가능한데, 기존의 청약통장을 청년우대형청약통장으로 전환할 때 변경되는 사항들이 있다. 이를 꼼꼼하게 비교해 전환 시 불이익이 없도록 해야 한다. 온라인 신청은 불가능하고 꼭 우리은행, KB국민은행, 신한은행, NH농협은행, IBK기업은행, KEB하나은행, 대구은행, 부산은행, 경남은행의 지점을 내방해야 한다. 전환 시에도 청년우대형청약통장 가입에 필요한 증빙서류가 필요하다. 가입 대상자의 연령이 잠시 은행 갈 시간도 눈치 봐야 하는 사회초년생이고 인터넷, 모바일이 익숙한 청년층인데 지점 방문만 가능하다는 점은 제도상 안타까움으로 남는다.

가입 조건 및 혜택에 대해서는 청년우대형청약저축을 취급하는 9개 은행 및 주택도시기금 홈페이지를 찾아보면 자세히 확인할 수 있다.

집 살 돈이 없어도
지금 청약통장에 가입해야 하는 이유

청약 당첨 후 잔금 납부 스케줄

청약에 당첨된다고 해서 그 아파트를 바로 소유할 수 있는 것은 아니다. 계약을 할 수 있는 자격이 주어질 뿐이다. 일반 주택(부동산) 매매와 똑같이 계약금, 중도금, 잔금을 지급해야 소유권을 취득할 수 있다. 계약은 대체로 당첨자 발표가 난 뒤 2주 정도 후에 이루어지고 전체 분양가의 10~20% 정도를 납입하게 된다. 계약금도 1차, 2차에 걸쳐 나누어 납부하기도 하고 한 번에 납부하기도 하는데, 납부 일정과 금액은 분양 단지별로 다르고 각 단지의 입주자 모집공고에 명시되어 있으니 확인해봐야 한다. 중도금은 대개 분양가의 60%

표12 | 잔금 납부까지의 일정

약 500세대	2주	3개월	4개월	4개월	3개월	3개월	3개월	3개월
	당첨자 발표	중도금 1차		3차		5차		잔금
		계약	2차		4차		6차	

약 2,000세대	2주	5개월	6개월	6개월	6개월	4개월	4개월	4개월
	당첨자 발표	중도금 1차		3차		5차		잔금
		계약	2차		4차		6차	

를 10%씩 6회차로 나누어 납입하는 것이 일반적이나, 단지마다 차이가 있을 수 있다. 이 역시 입주자 모집공고에 명시되어 있다. 잔금은 분양가의 20~30%를 입주 시에 납부하는 것이다. 위의 표12는 그 대략적인 스케줄을 나타낸 것이다. 절대적인 것은 아니니 참고 정도만 하면 된다.

2021년 10월 기준 서울 아파트 평균가는 12억 1,639만 원이었다. 이 평균가로만 어림잡아도 청약이 당첨되면 2주 내에 10~20%에 해당하는 약 1억 2,000만~2억 4,000만 원 정도를 납입해야 아파트를 계약할 수 있다. 주변 시세보다 낮은 분양가라고 한들 계약금부터 적지 않은 금액이다. 중도금과 잔금은 납부 기일까지 모아가면서 차차 낸다 하더라도 지금 사는 집을 팔고 한창 공사 중인 새집으로 당장 이사를 갈 수도 없는 상황에서 모아놓은 현금으로만 지불하기엔 상당히 큰 금액이다.

시간이 흐를수록 유리한 청약제도

표13의 가점 기준표를 보면 '입주자저축 가입 기간'이라고 하는 청약통장 가입 기간이 총 17점 만점이라는 것을 알 수 있다. 1순위가 되는 것이 중요한 것이 아니라 당첨이 목표라면 1점이라도 가점을 높게 받아야 한다. 가입 기간은 가입해서 아무것도 안 하고 시간만 흘러주면 얻을 수 있는 가점이기 때문에 하루라도 빨리 가입하는 것이 유리하다.

다른 가점 항목과 비교해보면 입주자저축 가입 기간이 얼마나 소중한지 더 쉽게 알 수 있다. 청약통장 가입 기간은 가입만 해두고 1년이 지날 때마다 1점씩 높아진다. 무주택 기간 가점도 1년이 지날 때마다 1점씩 높아지긴 하지만, 무주택으로 사는 것이 생각만큼 녹녹하지 않은 것이 현실이다. 전세 혹은 월세로 거주하고 있을 경우 만기마다 연장 계약도 해야 하고, 만기 연장 시 또 얼마나 임대료가 올라갈지 긴장과 공포에 떨어야 한다.

부양가족 수를 늘리는 것은 더더욱 쉽지 않다. 자녀를 1명 더 낳든지 부모님을 한 분 더 모셔야 하는데, 부양가족이 많을수록 부양을 위한 노력은 몇 배로 커지는 것이 현실이다. 그래서 부양가족은 1명이 늘어날 때마다 5점씩 가산을 해주는 것이기도 하다.

결국 1점이 소중한 가점제에 대비하기 위해서는 지금 당장 집을 살 돈이 없더라도 청약통장만큼은 꼭 만들어두는 게 좋다.

표13 | 가점제 적용 기준

가점 항목	가점 상한	가점 구분	점수	가점 구분	점수
① 무주택 기간	32	1년 미만	2	8년 이상~9년 미만	18
		1년 이상~2년 미만	4	9년 이상~10년 미만	20
		2년 이상~3년 미만	6	10년 이상~11년 미만	22
		3년 이상~4년 미만	8	11년 이상~12년 미만	24
		4년 이상~5년 미만	10	12년 이상~13년 미만	26
		5년 이상~6년 미만	12	13년 이상~14년 미만	28
		6년 이상~7년 미만	14	14년 이상~15년 미만	30
		7년 이상~8년 미만	16	15년 이상	32
② 부양가족 수	35	0명	5	4명	25
		1명	10	5명	30
		2명	15	6명 이상	35
		3명	20		
③ 입주자 저축 가입 기간	17	6개월 미만	1	8년 이상~9년 미만	10
		6개월 이상~1년 미만	2	9년 이상~10년 미만	11
		1년 이상~2년 미만	3	10년 이상~11년 미만	12
		2년 이상~3년 미만	4	11년 이상~12년 미만	13
		3년 이상~4년 미만	5	12년 이상~13년 미만	14
		4년 이상~5년 미만	6	13년 이상~14년 미만	15
		5년 이상~6년 미만	7	14년 이상~15년 미만	16
		6년 이상~7년 미만	8	15년 이상	17
		7년 이상~8년 미만	9		

자료: 국토교통부

청약제도를
마무리하며

청약제도가 자주 바뀌는 이유

청약제도는 무주택자의 내 집 마련을 위한 제도다. 청약제도의 핵심 내용 자체가 국토교통부령인 「주택공급에 관한 규칙」에 규정되어 있다. 국회가 정하는 법률로 규정하는 세금과 달리 국토교통부장관의 명령으로 「주택공급에 관한 규칙」을 규정하기 때문에 정부가 마음만 먹으면 바꿀 수 있는 것이 청약제도다.

2021년 11월에 발표된 통계청의 주택소유통계를 보면 2020년 전국 2,092만 7,000가구 중 무주택 가구는 919만 7,000가구로 전국의 가구 중 약 43.9%가 무주택 가구에 속한다. 즉 국민의 약

43.9%에게 직접적으로 영향을 주기에 청약제도의 파급력은 즉각적이고 크다. 정부로서는 집권 세력의 정치 성향과 무관하게 부동산 시장을 움직이고자 할 때 가장 쉽고 빠른 방법 중 하나가 청약제도일 수밖에 없다. 과열된 부동산 시장을 안정화하기에도, 침체된 부동산 시장을 활성화하기에도 청약제도를 손보는 것이 가장 쉬운 방법인 것이다. 따라서 청약제도는 언제든 바뀔 수 있다. 우리는 바뀌는 내용을 꾸준히 따라가면서 관심을 가져야 한다.

청약통장을 해지하지 말자

청약통장의 원금과 이자는 해지할 때 한꺼번에 지급한다. 그리고 가입 1개월 이내 해지 시 이자를 지급하지 않는다(「주택공급에 관한 규칙」 제13조 3호). 청약통장은 시간과의 싸움이다. 민영주택 청약에 있어서 예치금은 입주자 모집공고일 당일까지 어떻게든 넣으면 해결 방법이 존재하지만, 청약통장 가입 기간은 시간을 돌릴 수 없기 때문에 해결 방법이 없다. 청약통장 가입 기간은 가입 6개월 이후부터는 1년이 지날 때마다 점수가 1점씩 올라간다. 아무런 노력 없이 시간만 흐르면 얻을 수 있는 가점이니 굳이 해약해서 받을 수 있는 가점을 잃지 말자. 경우에 따라서 돈이 필요하다 하더라도 가장 마지막에 해지해야 하는 통장이 청약통장이 되어야 한다. 청약통장도 다른 통장과 같이 예금담보대출이 가능하다. 예금담보대출을 이용할지언정 청약통장 해지는 하지 말자.

그리고 가족들의 청약통장 가입 여부를 확인해서 가족 명의로 청약통장을 모두 만들어두자(세대주 포함, 세대원 모두). 앞서 말했듯 언제 청약제도가 바뀔지 알 수 없으나 시간이 흐르면 흐를수록 가점은 높아지므로 미리 만들어서 미래를 대비하자. 미성년 자녀의 경우 회차 인정이 2년만 되어 만 17세 생일에 만들어주는 것이 가장 좋긴 하겠으나, 경제적인 여유가 있다면 몇 년 미리 생각났을 때(이 책을 읽었을 때) 청약통장을 만들어주는 것도 나쁘지 않은 선택이다.

입주자 모집공고의 중요성

실제 청약을 할 때 가장 주의해야 할 것은 모델하우스도 아니고, 현장 조사를 하는 임장도 아니고 입주자 모집공고다. 모델하우스는 아직 지어지지 않은 아파트의 샘플만을 보여주는 것이고, 현장 조사도 사실 가보면 펜스로 쳐진 공터만 있을 뿐이다. 물론 이 두 가지가 중요하지 않다는 것은 아니나 청약에 있어서는 입주자 모집공고가 매우 중요하다. 입주자 모집공고일은 청약을 위한 각종 자격을 갖추어

표14 | 입주자 모집공고일 전 할 일

구분	내용
입주자 모집공고일 전일	청약통장 종류 및 청약 면적 변경, 예치금 추가 납입 등
입주자 모집공고일 당일	주민등록 이전 등

야 하는 기준일이 되기 때문이다.

청약저축의 납입 인정 금액(납입금에서 연체, 선납 등을 감안해 산정된 금액)이 지역별 청약예금 예치금액 이상인 계좌의 경우, 해당 주택 규모의 청약예금으로 전환할 수 있다. 청약저축을 청약예금으로 전환한 경우, 민영주택 청약은 바로 가능하다. 다만 표14의 내용에서 보다시피 청약하고자 하는 주택의 '최초 입주자 모집공고일 전일'까지는 청약통장 종류를 변경해야 한다. 청약저축을 청약예금으로 전환 시 다시 청약저축으로 재전환은 불가하다. 또한 청약통장 가입 후 다른 지역으로 이사하는 경우에는 거주 지역을 변경해야 한다. 이때 주민등록 이전을 '최초 입주자 모집공고일 당일'까지 해야 한다. 주택청약종합저축 가입자가 민영주택에 청약 신청을 하는 경우, '최초 입주자 모집공고일'까지 주민등록지에 해당하는 예치금액으로 변경해야 한다.

대개 입주자 모집공고 전일 또는 당일까지 일을 처리하면 된다고 미루다 보면 이미 입주자 모집공고가 나와 있는 경우가 많다. 보통 입주자 모집공고가 난 이후에 모델하우스가 오픈되는 경우가 많기 때문에 특정 단지에 청약할 마음이 있다면 입주자 모집공고 이전에 미리미리 전입신고, 세대주 변경, 청약예치금 금액 변경을 해두어야 한다. 모델하우스에서 상담을 받고 그때 전입신고를 하려고 하면 이미 그 단지는 청약을 할 수 없는 것이다.

입주자 모집공고에는 해당 주택이 민영주택인지, 국민주택인지, 어떠한 규제지역에 속해 있는지, 청약을 위해 필요한 자격은 어떠한지, 재당첨 제한, 청약 일정 및 방법, 분양가, 분양면적(공급면적), 타입별 세대수 등이 자세하게 나와 있으니 청약 전에 반드시 꼼꼼하게 읽어봐야 한다. 내용이 너무 많아 부담스럽다면 앞부분(공급내역 및 공급금액 이전)과 뒷부분(계약 체결 조건 및 유의사항) 정도는 최소한 읽어야 한다. 평형 및 세대수가 표시되어 있는 공급내역과 분양가격, 그리고 일정은 입주자 모집공고를 제외한 각종 홍보물에도 적혀 있어서 입주자 모집공고에서 굳이 안 읽어도 정보를 얻을 수 있다. 그러나 입주자 모집공고 앞부분과 뒷부분 내용은 입주자 모집공고 외에서는 접하기 어려우니 꼭 챙겨서 읽어봐야 한다.

청약을 처음 하는 사람들이 가장 흔하게 하는 실수는 입주자 모집공고일 전에 갖추어야 하는 청약통장 변경, 청약예치금 준비를 안 해놓은 채 모델하우스에 왔다가 자신이 청약 자격이 없다는 사실을 알고 힘없이 돌아가는 일이다. 대개 모델하우스는 입주자 모집공고 후에 오픈한다. 그 사실을 모른 채 모델하우스가 문을 연 것을 보고 '어? 저기 청약하네? 넣어볼까?' 하고 안으로 들어와서는 결국 헛걸음만 하는 경우가 허다한 것이다. 설사 이런 일을 겪었다 하더라도 너무 풀죽지 말고 예습했다고 생각한 뒤 그다음 청약을 위해 청약통장 변경이나 예치금 입금 등을 미리 준비해놓는 것이 좋다.

모델하우스 내 모형도의 중요성

일반적으로 모델하우스에 방문하게 되면 당장 눈앞에 보이는 유니트 전시관을 둘러보고 나서 상담원에게 상담을 받은 후에 집으로 돌아오는 코스를 밟게 된다. 그러나 모델하우스에 방문해서 해야 할 중요한 일 중 하나는 중앙에 전시되어 있는 아파트 모형도를 꼼꼼하게 살펴보는 것이다. 아파트 모형도는 실제 건축될 아파트를 그대로 축소시켜 놓은 것이다. 따라서 어느 동의 어느 호가 이런 배치와 구조 속에 있겠구나 하는 점을 파악하기가 용이하다. 경우에 따라서는 분양가 대비 가성비가 좋은 동과 호를 발견할 수도 있으며, 소위 말하는 로열동과 로열층을 미리 파악해보기에도 편리하다.

청약 당첨을 기대하는 것과 청약통장을 활용하는 것은 다르다

우리 부부 주변에도 간혹 청약 가점은 턱없이 낮은데 괜찮은 입지의 신축 아파트를 얻고 싶어 하는 분들이 있다. 이러한 분들은 확실하게 신축 아파트를 얻을 수 있는 재개발·재건축 사업의 조합원이 되는 것이 여러 방면에서 훨씬 빠르고 좋은 선택이 될 수 있다. 이를 위해서는 프리미엄을 지불하고 조합원입주권을 하루라도 빨리 매수하는 편이 청약의 불확실성보다는 확실한 방법이라고 생각된다. 청약은 남들이 거의 관심을 두지 않는 시기에 해야 당첨 확률이 여러 면에서 높아진다.

청약제도의 여러 사항을 따져봐도 본인이 당첨될 처지가 아니라면 청약에 대한 미련을 너무 갖지 말도록 하자. 청약 당첨을 기대하는 것과 청약통장을 만들어 유지하고 비조정지역 등에 투자를 위해 활용하는 것은 별개의 사안임을 다시 한번 강조하고 싶다.

분양가 상한제 살펴보기

분양가 상한제란 건축 자재비용과 노무비용을 포함한 건축비인 '기본형 건축비+건축비 가산비용'에 택지비(땅값)를 합한 가격을 정부에서 정해두고 그 가격 이하로만 아파트를 분양하게 하는 정책이다. 주택도시보증공사(HUG)의 분양보증의 방법에 따라 분양가를 제한하던 기존의 방식에서 더욱 강화된 방식이다. 기존의 분양보증은 분양가가 주변 아파트 시세보다 일정 비율 이상 넘어가면 분양 허가를 내주지 않는 방식이라, 주변 아파트들의 시세를 반영해 분양가를 산정할 수 있었던 비율제였다. 하지만 분양가 상한제는 일정 가격 이하로만 분양을 하게 하는 정액제라고 이해할 수 있다. 건축비는 국토부가 정하고, 택지비는 감정원의 심의를 거쳐 확정되기 때문에 분양가 통제가 강화될 전망이다. 2021년 9월 국토교통부 장관이 분양가 상한제 개선 필요성을 검토하겠다고 밝힌 바 있었지만 2021년 11월 기준 후속 조치에 대한 소식은 없다.

분양가 상한제에 가장 큰 타격을 입는 것은 재개발·재건축 조합이다. 기존에 계획했던 것보다 낮은 가격으로 일반분양을 하게 되면 사업성이 악화될 우려가 있기 때문에 사업성이 낮은 시기에는 조합이 사업을 빨리 진행하지 않을 수 있다. 재개발·재건축 사업이 지연되면 일반공급 물량이 줄어들어 공급 부족이 심해질 우려가 있다. 재개발·재건축 사업지는 이미 사람이 많이 살고 있고, 입지가 좋은 곳이 많다. 신도시와 원도심을 비교하면 이해가 쉬운데, 신도시는 조성된 기간이 짧기 때문에 원도심에 비해 기반시설이 덜 갖춰질 수밖에 없다. 단순히 입지가 좋은 원도심의 재개발·재건축 사업지의 일반분양 물량이 양적인 측면에서 감소하는 게 문제가 아니라, 많은 사람이 원하는 양질의 주거지 공급을 감소시킨다는 데에 분양

표15 | 분양가 상한제 적용 지역(2021년 11월 기준)

구분			지정
집값 상승 선도지역	서울		강남, 서초, 송파, 강동, 영등포, 마포, 성동, 동작, 양천, 용산, 중구, 광진, 서대문
	경기	광명(4개 동)	광명, 소하, 철산, 하안
		하남(4개 동)	창우, 신장. 덕풍, 풍산
		과천(5개 동)	별양, 부림, 원문, 주암, 중앙
정비사업 등 이슈 지역	서울	강서(5개 동)	방화, 공항, 마곡, 등촌, 화곡
		노원(4개 동)	상계, 월계, 중계, 하계
		동대문(8개 동)	이문, 휘경, 제기, 용두, 청량리, 답십리, 회기, 전농
		성북(13개 동)	성북, 정릉, 장위, 돈암, 길음, 동소문동2·3가, 보문동1가, 안암동3가, 동선동4가, 삼선동1·2·3가
		은평(7개 동)	불광, 갈현, 수색, 신사, 증산, 대조, 역촌

자료: 국토교통부

가 상한제의 문제점이 있다. 물론 물가 상승 등으로 각종 비용 자체가 인상되었기 때문에 분양가 상한제를 적용한다고 해서 낮은 분양가가 책정된다고 볼 수도 없다.

분양가 상한제로 많은 사람이 원하는 양질의 신축 아파트가 줄어들면 어떻게 될까? 단편적으로 일반분양은 낮은 분양가로 책정할 수 있을지언정 적당히 신축이면서 분양가 상한제의 규제를 피할 수 있는 준신축(입주 5년 차 이내)과 이미 분양을 마친 분양권 물건의 몸값이 더욱 상승할 가능

그림1 | 분양가 상한제 적용 지역(2021년 11월 기준)

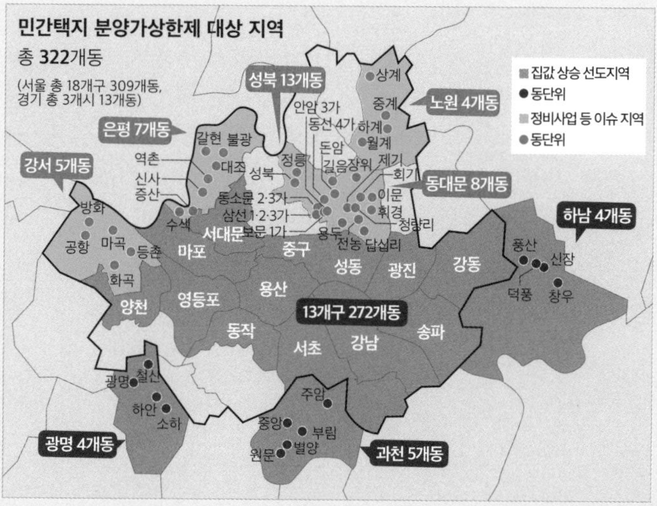

민간택지 분양가상한제 대상 지역
총 **322개동**
(서울 총 18개구 309개동,
경기 총 3개시 13개동)

성북 13개동
은평 7개동
강서 5개동
노원 4개동
동대문 8개동
하남 4개동
13개구 272개동
광명 4개동
과천 5개동

■집값 상승 선도지역
●동단위
■정비사업 등 이슈 지역
●동단위

상계
안암 3가
동선4가 하계
중계
돈암 월계
정릉 길음장위 제기
대조 성북 회기
역촌 불광 이문
신사 동소문 2·3가 휘경
증산 삼선 1·2·3가 정릉리
방화 수색 서대문 문1가 용두
공항 마곡 등촌 마포 중구 전농 답십리 용산 신장
화곡 영등포 용산 성동 광진 강동 덕풍 창우
양천 동작 서초 강남 송파
광명 철산 주암
하안 소하 중앙 부림
원문 별양

자료: 국토교통부, 연합뉴스

성이 있다.

　민간택지 분양가 상한제는 2019년 10월에 국무회의에서 의결되었으나 2020년 4월까지 조건부 유예되었고, 코로나19로 유예 기간이 3개월 추가 연장되어 2020년 7월 29일까지로 시행 시기가 늦춰졌었다. 그리고 시행의 대상이 되는 민간택지 역시 보다 확대해(서울 18개 구, 309개 동, 경기 3개 시, 13개 동) 적용되고 있는 중이다. 그림1에 표시되어 있는 지역 안에서 민간택지의 분양가를 산정할 때는 정부에서 정하는 기준 금액 이하로만 분양가 책정이 가능하다는 얘기다. 현재 시세보다 낮은 금액에 당첨될 수 있지만, 당첨 후 특정 기간 동안 거주해야 하는 의무도 생긴다.

4장

도전!
실전 부동산 투자

부동산 투자 초기에 피해야 할 것

우리 부부가 생각하기에 부동산 투자 초기에 피해야 할 것으로는 다음의 네 가지가 있다.

신도시 분양상가

'상가는 분양할 때가 제일 비싸다.'라는 말이 있다. 물론 상가는 수익형 부동산이기 때문에 시세 상승만을 바라고 사는 상품은 아니다. 하지만 상가라고 해서 투자의 기본인 '싸게 사서 비싸게 팔아라.'를 잊으면 안 된다. 굳이 제일 비쌀 때 구입할 필요가 없다는 것이다. 분양사무실에서는 대개 미래의 장밋빛 수익률을 보여주지만, 미래의 수익률을 계산하기에는 변수가 많다. 인근 점포에 누가 입점할지, 옆 호실의 월세는 얼마인지, 상가가 다 지어질 무렵 금리는 어느 정도일지, 상가가 완성되는 시점에 해당 상가의 입지가 어떻게 될지 등 도무지 알 수 없는 변수가 많기 때문이다.

특히 '신도시'의 분양상가는 분양 당시 아직 아무도 살고 있지 않은 신도시의 특성 때문에 그 불확실성이 더 높아진다. 신도시의 상권은 대략 입주부터 약 10년 후에 안정된다고 한다. 그전까지는 상가 매매대금과 임대료가 변동되어 수익률도 오르락내리락하기 마련이다.

물론 성공적인 투자 사례도 있겠지만 신도시 분양상가 투자를 시작하는 대부분이 상가 투자와 주택 투자의 차이점을 모르는 상태에서 계약을 하는 경우가 많다. 다만 투자의 관점에서 그렇다는 이야기이고, 신도시 상가를 분양받는 다른 특별한 목적이 있다면 이는 부동산 투자의 관점에서만 바라볼 일은 아닐 것이다.

지역주택조합

지역주택조합(이하 지주택)은 일정 지역의 땅을 시행사(조합)가 땅 주인에게 매입한 후, 그 위에 주택(아파트)을 지어 조합원 및 일반인에게 분양하는 형태로 진행되는 사업이다. 재건축·재개발 조합과 달리 조합원이 확정된 후 사업을 진행하는 것이 아니라, 사업을 진행하면서 조합원을 모집하고 토지를 매입한다. 해당 사업지 토지 전부를 매입하지 않으면 착공을 할 수 없는 것이다. 흔히 지주택의 홍보 문구 중에 '대상 토지 90% 매입 완료'라는 말이 있는데 100%가 아니면 의미가 없다. 마지막 10%가 언제 매입될지 기약이 없기 때문에 사업 속도가 느리고, 속도가 느리면 수익성이 나빠질 우려가 있다. 게다가 조합원 탈퇴를 원한다고 해도 탈퇴가 쉽지 않다.

지주택은 조합원에 가입할 때 가입금, 계약금 등의 형태로 일정 금액(적게는 수천만 원에서 많게는 수억 원)을 납입해야 하고, 탈퇴가 거의 불가능에 가깝다. 설사 탈퇴한다 해도 가입금과 계약금을 돌려받기가 매우 어렵다. 지주택 전문 변호사가 있을 정도로 탈퇴 및 계약금 반환에 애를 먹는 투자자들이 많다. 조합이 사업을 잘해서 착공 및 입주의 단계로 간다 해도 오랜 사업 기간 탓에 많은 추가분담금을 납부해야 할 가능성도 존재한다. 아이돌 연예인이 많이 거주한다고 알려진 성수동의 T아파트 역시 처음에는 지주택으로 사업을 시작했으나, 100% 토지 매입에 끝내 실패했다. 조합은 부도가 나고 다른 시행사가 사업을 맡았지만 이도 여의치 않아 사실상 D기업의 자체 사업으로 바뀌어 진행되었다. 입지가 좋고 사업성이 좋은 곳이라고 해도 끝까지 사업이 완료되기가 어려운 것이 지주택이다.

지주택의 성공 사례가 없는 것은 아니다. 하지만 지주택의 사업 방식, 해당 사업지의 사업성, 토지매입 현황을 정확하게 분석할 능력을 키우기 전에 섣불리 지주택 투자에 뛰어드는 것은 위험하다고 생각된다. 부동산 투자 초기에 굳이 큰 리스크를 감수하는 것은 좋지 않다.

무리한 빚

자신의 소득 대비 무리한 대출을 받아 투자하는 것은 좋지 않다. 대출을 받으면 원금뿐만 아니라 대출을 해준 금융기관에 이자를 납부해야 한다. 투자를 위해 자신이 갚기 어려운 금액을 대출받으면 이자 때문에 생활이 피폐해진다. 결혼 혹은 사회생활 초기에 최대한 절약해서 종잣돈을 모아보고, 얼마 동안 돈을 얼마나 모았는지 기간과 금액을 기록해두어 그 기간과 금액을 기준으로 내가 대출받아도 될 금액을 가늠해보는 것이 좋다.

시간이 흐르면서 점점 결혼 초기 혹은 사회생활 초기보다 종잣돈 모으기도 헤이해지고, 이런저런 핑계로 씀씀이도 커질 것이다. 하지만 이런 것은 최대한 임금 상승분 내에서 조절한다 생각하고 처음과 같은 마음가짐으로 예전에 종잣돈을 모았던 금액 이하로만 대출을 받는 것이 현명하다. 예를 들어 우리 부부처럼 4년간 3억 원가량을 저축했다면 한 달에 625만 원 정도는 모았던 셈이다. 이런 경우라면 한 달에 이자와 원리금 상환에 지출해야 할 금액이 625만 원을 넘으면 무리한 대출을 받은 것이다. 한 달에 저축 가능한 수준의 금액 내에서 원리금 상환이 이뤄지도록 대출을 받는 것을 추천한다. 그러기 위해서는 저축 가능액을 철저히 따져 계산해봐야 한다. 굳이 길게 설명하지 않더라도 '갚을 수 있는 범위 내에서 빚을 내야 한다.'라는 말에 공감하지 않는 사람은 없을 것이다.

수익형 호텔 분양

수익형 호텔 분양도 처음에 말한 신도시 상가 분양과 비슷한 맥락에서 투자 초기에 피해야 할 상품이다. 시행사에서는 분양을 받으면 일정 수익이 날 것이라고 이야기하면서 만약 예상보다 수익이 적게 날 경우 수익을 보전해줄 것이라고 설득하기도 한다. 하지만 상가 분양과 마찬가지로 호텔도 다 세워져서 운영을 해봐야 어느 정도 수익이 날지 결정이 난다. 빈 땅에 얼마만큼의 수익이 날지 분양하는 회사도 알 수 없다. 분양 광고에 나오는 모든 숫자는 그저 예상치일 뿐이다. 확정 수익을 보장해준다고는 하지만 그 회사가 손해를 보면서 분양자들의 수익을 보전해줄지는 잘 생각해봐야 한다. 그리고 분양하는 회사(시행사)와 호텔을 운영하는 회사는 별개의 회사다. 분양받는 자와 분양을 하는 회사, 호텔을 운영하는 회사 모두 별개의 회사인 것이다.

수익형 호텔 분양 계약의 당사자는 분양받는 자와 분양하는 시행사 이 둘일 뿐, 호텔을 운영하는 회사는 분양 계약의 당사자가 아니다. 그 때문에 실제로 호텔 운영 도중 운영사가 다른 회사로 바뀌기도 한다. 처음 운영사는 고액의 수익을 보장해줬을지 몰라도 수익이 잘 나오지 않으면 비용이 적게 드는 운영사로 회사가 바뀌기도 하는 것이다. 비용이 적게 드는 운영사라고 함은 해당 운영사가 고수익을 위해 노력하지 않을 가능성이 있다는 것을 의미한다. 예상보다 적은 수익이 날 수도 있다는 뜻이다.

적은 수익을 내는 운영사로 바뀌어 처음 약정한 수익보다 수익이

표1 │ 분양형 호텔의 사업 구조

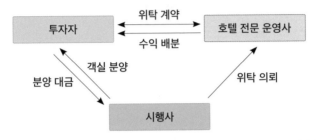

자료: 한국문화관광연구원

줄어들어도 수분양자는 이를 문제 삼을 수가 없다. 애초에 운영사는 분양 계약의 당사자가 아니었기 때문이다. 혹여 수분양자가 운영사를 상대로 해 승소한다고 할지라도 운영사는 영세한 경우가 많아 수익을 받아올 수 없을지 모른다.

초보자도 할 수 있는
입지 분석

입지 분석은 부동산 투자에서 필수적이다. 부동산은 움직이지 않기 때문에 입지가 절대적이다. 개발 호재 등으로 입지의 장단점이 유동적일 수는 있으나, 처음 투자할 때 물건을 잘 선정하면 내가 투자한 지역 중심으로 정보만 잘 업데이트하면 된다. 게다가 입지 분석은 토지, 상가, 주택(아파트), 오피스텔, 심지어 에어비앤비 같은 부동산 기반의 사업에 이르기까지 종류에 따라 우선순위는 있지만 공통적으로 적용해볼 수 있다. 알아두면 쓸모가 많은 부분이니 잘 정리해 실전에 참고하면 좋을 것이다.

우리 부부가 생각하는 입지 분석 시 따져봐야 할 요소로는 '교통, 학군, 브랜드파워, 신축, 편의시설, 직주근접, 환경, 대단지'의 여덟 가지가 있다. 입지 분석이라는 거창한 용어에 겁먹지 말고 부동산 투자 시 고려해야 할 사항 정도로 생각해보자. 또한 아래에 기술되는 입지 분석 8요소는 중요도 순으로 나열된 것이 아님을 미리 밝혀두니, 독자분들의 오해가 없길 바란다.

요소 1: 교통

① 역세권

지하철역과 가까울수록 대중교통을 이용하기가 편하다. 역세권이라 해도 단일 호선이 지나는 역세권보다 2개 이상의 호선이 지나가는 '더블역세권'이 더 의미가 있다. 여기서 더블역세권은 곧 환승역을 뜻한다. 예를 들어 이수역과 같이 환승역으로서 4호선과 7호선을 동시에 이용 가능한 역 근처를 더블역세권이라 한다. 어떤 홍보물의 경우 '3호선 불광역과 연신내역을 모두 이용할 수 있는 더블역세권'

아파텔 분양 홍보물 일부분

이라고 홍보하기도 하는데, 이는 사실 같은 3호선 라인의 역 두 곳을 이용할 수 있다는 뜻이다. 실제 위치를 살펴보면 매물이 두 역의 중간 지점에 있어서 불광역도 멀고, 연신내역도 멀 확률이 있으니 주의해야 한다.

왼쪽의 사진은 실제 아파텔 분양 홍보물의 일부분이다. 이런 경우가 방금 말한 경우와 같다. '공덕역, 애오개역 더블역세권'이라는 문구를 사용하고 있으나, 공덕역과 애오개역 모두 동일한 5호선에 해당하는 역이다. 환승역이 아닌 더블역세권이라고 홍보하고 있는데 실제로 보면 공덕역, 애오개역 중간에 위치해 둘 중 어느 역도 가깝지 않다. 이런 경우 하나의 역만 가까운 '역세권'에 비해 오히려 선호도가 떨어질 가능성도 있다.

② 지하철 연장 및 신설

지하철이 연장되거나 신설되면 호재다. 다만 모든 노선이 호재로서 동일한 힘을 가지고 있는 것은 아니다. 부동산 가격에 보다 강력한 영향을 주는 힘을 가진 호선은 강남권을 지나는 호선인 2·3·7·9호선, 분당선, 신분당선이다. 그 이유는 '닭이 먼저냐 달걀이 먼저냐'와 비슷한 논리이긴 한데 '강남에 지하철 수요가 많아져서 지하철이 생기고, 지하철이 생겨 살기 편해지니까 인구가 많아져 직장이 생기고, 양질의 직장이 생기니까 다시 인구가 많아지고, 다시 지하철이 신설되는 선순환'이 일어나게 되기 때문이다. 여러모로 편리한 강남으로 이동하고자 하는 수요가 늘어나니 강남구로 이동하기 쉬운 곳에 살기를 희망하는 수요 역시 늘어나게 되고, 그렇게 강남구로 가는 지하철 노선이 집값에 영향을 주게 되는 것이다.

③ 버스보다는 지하철

지하철역이 없는 곳이라면 버스 노선이라도 생기면 좋겠지만, 버스

정류장보다는 지하철역이 집값에 영향을 더 많이 준다.

④ GTX

GTX 역시 단순히 GTX가 신설되는 곳보다는 복합적인 역할을 할 수 있는 더블역세권, 즉 환승역과 더불어 별다른 지하철 노선이 없다가 GTX가 신설되는 일부 지역에 영향을 크게 미칠 것이다.

⑤ 복합환승센터

「국가통합교통체계효율화법」 제2조 15호에 따르면 복합환승센터란 열차·항공기·선박·지하철·버스·택시·승용차 등 교통수단 간의 원활한 연계교통 및 환승활동과 상업·업무 등 사회경제적 활동을 복합적으로 지원하기 위해 환승시설 및 환승지원시설이 상호 연계성을 가지고 한 장소에 모여 있는 시설을 말한다. 단순히 지하철만의 환승역이 아니라 열차와 버스 등 다른 교통수단과의 환승을 용이하게 하고 지원 기능까지 더해진 곳으로 유동인구 증가와 상권의 활성화가 담보된 곳이자 이를 정부에서 지원해주겠다는 곳이다. 더 나아가 광역복합환승센터는 주로 권역 내의 환승교통 처리와 상업·문화·주거·숙박 등 지원 기능을 복합적으로 수행하기 위해 시도지사가 국가교통부 장관의 승인을 받아 지정된 복합환승센터를 의미한다.

　삼성역~봉은사역 사이에 강남권 광역복합환승센터가 첫 '광역복합환승센터'로 계획되어 추진되고 있다. 앞으로 어느 지역이든 광역복합환승센터뿐만 아니라 복합환승센터가 새로 생긴다는 소식은 호재이니 주의 깊게 살펴볼 필요가 있다. '일반' 복합환승센터도 버스,

지하철, 철도 등 여러 교통수단 간에 환승시설 및 환승지원시설(상업·문화·주거·숙박시설)이 상호 연계성을 가지고 한 장소에 모여 있는 시설이다. 교통 호재로 큰 가치가 있다.

복합환승센터가 개발 호재이긴 하나 교통망 신설과 같이 계획과 착공 사이에 사업 지연 및 포기 우려 또한 있으므로 투자 시 유의해야 한다. 실제로 국토교통부의 제1차 복합환승센터 개발 기본계획에 속해 있던 시범사업 8곳 중 남춘천역 복합환승센터는 사업 포기를 한 상태다.

대개 교통망 신설로 인한 부동산 가격은 계획 수립 때와 착공할 때, 개통할 때 총 3번 오른다고 하는 말이 있다. 매수, 매도 타이밍을 정확히 잡지 못하더라도 기회가 좀 더 남아 있기 때문에 장기적인 안목에서 기회를 엿볼 수 있는 것이다. 다만 계획 수립과 착공 사이의 기간이 상당히 길어질 우려가 있다는 점은 주의해야 한다. 우리 부부도 파주 운정신도시 아파트에 투자할 때 3호선 연장과 GTX-A 노선의 신설 소식을 고려해 투자를 결정했으나, 2년이 넘게 보유하는 동안 착공조차 하지 않아 손해를 감수하고 매도해야 했다. 물론 몇 년 더 있다가 매도했다면 손실은 보지 않았겠지만 보유 기간에 비해 이익도 크지 않았을 것이다. GTX-B 역시 제2차 국가철도망 구축계획에 따라 2011년에 계획이 수립되었으나 2021년 하반기까지도 아직 착공을 하고 있지 못한 상태다. 2021년 1월 15일 도시뉴스 기사에 따르면 인천시가 2022년 하반기 조기 착공을 목표로 행정력을 집중하고 있다고 한다. 사업이 진행되느냐와 얼마나 신속하게 사업이 진행되느냐는 별개의 문제다.

요소 2: 학군

① 초품아

초품아는 '초'등학교를 '품'은 '아'파트의 줄임말로 단지 내에 초등학교가 있는 아파트를 의미한다. 어린 학생들의 경우 큰길을 건너지 않고 집에서 단지 안으로만 이동해서 등하교를 하면 더 안전할 수 있기 때문에 선호되는 편이다. 여기에 지상에 '차 없는 단지'가 더해진다면 더욱 큰 시너지를 낼 수 있다. 중·고등학교가 단지 내에 있는 아파트도 좋지만, 초등학교가 단지 내에 있는 것이 훨씬 좋다. 중·고등학교의 경우 남중이나 남고에 비해 여중이나 여고가 단지 내에 있으면 선호도가 더 높은 편이다.

② 학원가

중·고등학생은 초등학생들에 비해서 집에서 근접한 학원가의 유무가 생활에 미치는 영향이 크다. 학원가도 도보로 이동할 수 있는 위치인지, 버스를 타야 하는지, 지하철을 갈아타고 가야 하는지, 학원 셔틀이 운행되는지에 따라 선호도에 차이가 있다. 서울의 3대 학원가로는 전통적으로 대치동(한티역 인근, 대치역과 도곡역 사이, 대치현대아파트~도곡초등학교~롯데백화점 강남점 일대), 목동(한가람고등학교~파리공원, 오목교역~목동역), 중계동(은행사거리 중심으로 청구아파트와 중계주공5단지 사이, 신안동진아파트와 청구건영3차 사이)을 꼽을 수 있다.

그림1·2·3에서 짙은 색으로 표시되어 있는 부분은 해당 지도에서 중심 학원가에 해당된다는 의미로 조금씩 확장 및 변화될 수 있

그림1 │ 학군 학원가: 대치동

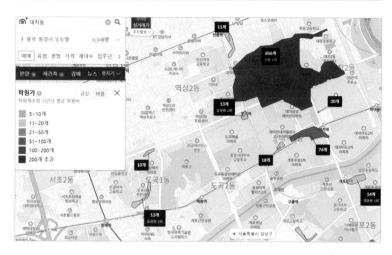

자료: 호갱노노

그림2 │ 학군 학원가: 목동

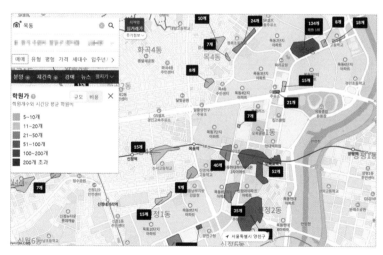

자료: 호갱노노

그림3 | 학군 학원가: 중계동

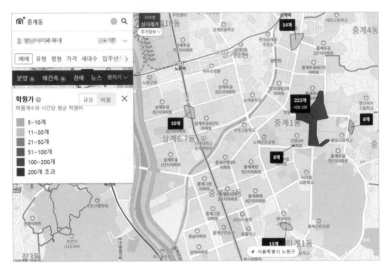

자료: 호갱노노

다. 대치동, 목동, 중계동 외에 서울의 학원가는 반포(구반포역과 세화고등학교 사이, 반포미도2차와 반포래미안아이파크 사이의 서초중앙로), 마포(공덕역~대흥역, 신촌역~이대역~아현역의 신촌로) 등이 있다. 수도권의 경우 평촌(귀인중학교와 신기초등학교 사이의 평촌대로), 분당(수내1동 주민센터 인근), 일산(후곡 4단지와 9단지 사이) 등이 있고, 지방의 경우 천안의 불당동(불당아이파크 주변), 광주의 봉선동(봉선2동 행정복지센터 주변), 대구(수성구 범어네거리 주변, 달서구 신월성지주 CGV대구월성 부근) 등이 있다.

학원가를 보고 투자할 때는 학원가와 인접해 있으면서 초품아인 곳을 선택하면 좋다. 학군에 관심이 많은 수요자가 여러 요인을 고려해서 가장 선호하는 곳이 될 가능성이 크기 때문이다. 더불어 학군을 중심으로 투자할 경우 전세가가 높은 경우가 있어 갭투자를 하기 용이할 수 있다. 우리나라 정서상 집이 낡아도 자녀 교육을 위해 부모가 참고 견디려는 경향이 있어서다. 이는 학원가 인근의 구축이 다른 곳에 비해 전세가가 크게 떨어지지 않는 이유이기도 하다.

③ 자립형사립고등학교와 외국어고등학교 폐지

자립형사립고등학교(이하 자사고)는 과거 입시 위주의 교육에서 탈피해 공교육으로도 일반 학생들이 양질의 다양한 교육을 받게 하려는 목적에서 설립되었다. 하지만 외국어고등학교(이하 외고)와 같은 특수목적고등학교와 함께 고교 서열화를 증폭시키고 있다는 비난을 받게 되었다. 이에 문재인 정부는 교육 개혁 일환으로 자사고와 외고의 단계적 폐지 내용을 발표한 바 있다.

자사고와 외고 폐지는 학원가와 떨어져 거주하던 사람들까지도 사교육을 받기 위해 학원가 인근 주거지를 찾게 하고, 공교육만으로 양질의 교육을 받을 수 있을 것이라는 기대감도 사라지게 만들고 있다. 즉 학원가로의 쏠림 현상을 되레 심화시키는 측면이 존재한다.

요소 3: 브랜드파워

부동산114, 부동산인포, 닥터아파트 등 부동산 포털 회사들은 매년 아파트 브랜드파워 순위를 발표한다. 이는 설문조사에 의해 집계된

순위로 대략 사람들이 어떠한 아파트 브랜드를 선호하는지에 대한 참고 자료로 삼으면 좋다.

표2는 2019년 말에 부동산인포에서 발표한 아파트 브랜드파워 순위다. 그러나 순위 결과를 보고 섣불리 2위 힐스테이트가 1위 자이에 비해 브랜드파워가 떨어진다고 단정적으로 말하긴 어렵다. 다만 1위에서 5위 사이의 자이, 힐스테이트, e편한세상, 래미안, 푸르지오가 브랜드파워가 강해 인지도가 높고, 6위 이후의 더샵, 롯데캐슬, 아크로, 디에이치, 아이파크가 그다음으로 인지도가 높은 그룹이라고 묶어서 판단하면 될 것이다. 또한 상위 브랜드파워 순위에 포함되어 있지 않은 아크로, 디에이치는 각 건설사들이 고급화 단지에 붙여주는 프리미엄 브랜드여서 상대적으로 대중적인 인지도가 떨어지는 것으로 이해하는 것이 좋겠다. 그만큼 소수의 단지에만 붙는 이름이라는 뜻이다.

앞에서도 말했지만 이 조사 결과는 단적으로 받아들이기보다는 참고 정도만 하는 게 좋다. 브랜드파워 순위가 설문조사 방식으로 이루어지기 때문에 설문조사를 진행할 당시에 가격이 폭등해 많이 회자된 단지의 브랜드가 선호도가 높게 나타나는 경향이 있다. 마찬가지로 시공 하자 등의 문제점이 기사화된 아파트 브랜드는 선호하지 않게 되는 등 설문조사 당시의 부동산 시장에 어떤 이슈가 있는지가 브랜드 순위에 영향을 주게 된다. 2018년 닥터아파트에서 발표한 브랜드 순위에서 6위였던 힐스테이트가 2019년 부동산인포의 순위에서 2위를 차지했다고 해서 힐스테이트가 1년 만에 브랜드파워가 강해졌다고 속단할 수도 없다. 다만 '1년 동안 현대건설에서 브

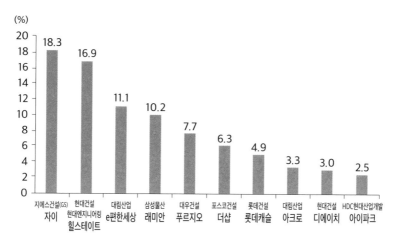

표2 | 가장 선호하는 아파트 브랜드

(%)

18.3	16.9	11.1	10.2	7.7	6.3	4.9	3.3	3.0	2.5
지에스건설(GS) 자이	현대건설 현대엔지니어링 힐스테이트	대림산업 e편한세상	삼성물산 래미안	대우건설 푸르지오	포스코건설 더샵	롯데건설 롯데캐슬	대림산업 아크로	현대건설 디에이치	HDC현대산업개발 아이파크

• 부동산인포 아파트 브랜드 설문조사(2019년 11월 5일~10일)
• 2018년 시공능력평가 50위권 내, 1~2년 내 자체 브랜드로 분양한 주요 건설사 대상

자료: 부동산인포

랜드 이미지 관리에 힘을 좀 더 썼나 보다.' 정도의 의미로 해석하는 것이 좋겠다. 해마다 순위가 조금 바뀐다고 브랜드파워가 갑자기 달라지진 않는다.

브랜드파워는 수도권보다 지방에서 더 큰 의미가 있다. 지방에는 지방에 거점을 두고 있으면서 상대적으로 규모가 작은 건설사가 공급하는 아파트가 수도권보다 많아서 브랜드파워가 우수한 아파트가 상대적으로 드물다. 브랜드파워가 높은 아파트는 사람들에게 좀 더 인정을 받는 경향이 있다.

한편 건설사의 브랜드는 계속 바뀌고 새로 생긴다. 2019년 한화건설은 아파트 브랜드를 '꿈에그린'에서 '포레나'로 변경했다. 한화

건설처럼 브랜드를 대체하는 경우도 있고, 하이엔드(프리미엄) 브랜드를 추가로 런칭해 병행해 사용하는 경우도 있다. DL(구 대림산업)의 e편한세상과 아크로, 현대건설의 힐스테이트와 디에이치, 대우건설의 푸르지오와 써밋을 그 예로 들 수 있다.

아파트를 선택할 때 브랜드파워가 곧 품질을 의미하지는 않는다는 점은 유의해야 한다. 브랜드파워가 강한 아파트라 할지라도 건축 과정 중 하자 등이 발생해 입주민들이 고통받는 경우가 종종 발생하기도 한다.

요소 4: 신축

신축은 브랜드파워와 마찬가지로 엄밀한 의미의 '입지'를 결정하는 요소라고 하기는 어렵다. 다만 구축이 신축으로 바뀌어 신축이 많은 지역은 노후한 주택이 신축으로 탈바꿈한 동네로서 새로운 이미지를 얻게 된다.

① 신축의 장점
신축아파트는 구축아파트의 불편한 점을 보완해 지어진 데다 새로운 공법, 자재, 기술이 적용된 아파트이기에 살기 편하다는 장점이 있다. 지하주차장까지 엘리베이터가 연결되고, 총 세대수 대비 주차 대수도 비교적 넉넉하고, 주차 공간 역시 구축아파트보다 넓어서 문콕이 발생할 위험이 줄어드는 특징 등이 있다. 또한 요즘의 신축아파트는 지상에 차가 다니지 않게 하거나, 외부인 통제 등을 통해 단지에 거주하는 입주민의 안전에 더 신경을 쓰고 있다. 이러한 특징 외에도 구축아파트에 비해 깨끗하고 배관 문제가 없는 편이어서 실거주 시 구축보다 선호된다. 또 다른 장점으로는 다양한 커뮤니티 시설이 있다. 요즘은 어린이집, 경로당 외에도 독서실, 실내 골프연습장, 헬스장, 휴게 공간, 암벽등반장, 실내 필라테스, 실내 수영장까지 다양한 커뮤니티 시설이 같이 지어지고 있다. 단지 내에서 여가 생활을 비롯한 대부분의 생활을 다 해결할 수 있도록 하는 것이 현재 지어지고 있는 하이엔드(프리미엄) 브랜드 아파트의 특징이라고 볼 수 있다.

투자를 염두에 두더라도 실거주할 임차인이 선호하는 아파트가 보다 매력이 있는 아파트인 것은 당연하다. 앞에서 전술한 바 있지만 누구나 살고 싶어 하는 곳이어야 임대도 잘 나가고 투자 매력도 높아진다.

TIP **준공 직후 임대 불가**

예전에는 청약에 당첨되어 분양받은 아파트가 준공되었을 때, 소유자가 거주를 하든지 임대를 놓든지 자유로웠다. 그러나 현재는 집주인의 거주를 의무화하는 법(「주택법」 제57조의2)이 시행되었다. 이 법은 최초 입주 가능일부터 거주 의무 기간 동안 계속 소유자가 거주해야 한다는 것을 의미한다. 따라서 소유자는 곧바로 전세, 월세 등 임대를 하는 것이 불가능해졌다. 세대원 전체의 해외 거주 등의 예외적인 사항에 있어서만 거주한 것으로 간주한다.

이 규제가 모든 주택에 해당하는 것은 아니고, 수도권 분양가 상한제 적용 대상 주택과 행정중심 복합도시 내의 투기과열지구 주택이 규제 대상에 해당한다. 해당 지역의 주택청약 시 입주자 모집공고 상단에서 해당 여부를 확인할 수 있다. 해당 지역에서 청약 당첨 후 전세금으로 잔금의 일부를 납입하는 자금 조달 계획이 불가능해진 것이다.

표3을 보면 서울 신축의 가격이 준신축, 구축과 비교했을 때 높게 형성되고 있는 것을 알 수 있다. 잇단 부동산 규제로 신축 공급이 어려워지면서 당분간 신축의 인기는 지속될 것으로 보인다. 언제까지일까? 주변에서 신축을 찾아보기 쉬워질 때까지 계속될 것이라고 본다.

표3 | 서울 아파트 연식별, 가구당 평균 가격

(천 원)

	신축 (1~5년)	준신축 (6~7년)	구축 (10년 초과)	전체 평균
	13억 8,743만 원	11억 7,997만 원	9억 1,642만 원	9억 6,698만 원

* 2020년 5월 말 매매시세 조사 기준
** 연식: 입주 시점 기준

자료: 부동산114

② 분양권

분양권은 분양을 받은 후부터 준공이 나기 전의 아파트를 소유할 수 있는 권리로 「주택법」 제64조에서는 '입주자로 선정되어 그 주택에 입주할 수 있는 권리·자격·지위'라고 정의한다. 분양권 거래는 '전매'라는 용어를 사용하며, 분양권 전매제한 기간이 초과한 분양권만 거래 및 소유권 이전이 가능하다. 분양권은 아직 아파트로 완성되지 않았으나 이미 착공은 한 상태의 권리이기 때문에 현재 시점에서 가장 신축의 상태인 아파트라는 데 의미가 있다. 또한 분양권 거래는 아직 주택이라는 실체가 없는 권리를 거래하는 것이기 때문에 완공이 되어 주택의 실체가 눈에 보이게 되면 가격이 오르는 편이어서 투자 방법으로도 사용된다. 그러나 정부가 2017년 6월 19일에 발표한 부동산 대책으로 인해 현재 서울에 전매 가능한 분양권은 없다. 서울에서 전매 가능한 마지막 단지는 목동센트럴아이파크위브(구 신정뉴타운아이파크위브)였으나 이미 2020년에 완공되어 분양권이 아닌 주택의 형태로 거래되고 있다.

TIP 분양권 불법 전매

분양권 불법 전매는 통상 전매제한 기한 내에 매매계약만 하고 전매제한 기간이 끝나는 시점에 명의 이전을 하기로 하는 형태로 이루어진다. 아직 P(프리미엄)가 덜 붙었다고 판단되는, 더 오를 것이라고 보는 분양권에 불법 전매가 성행한다. 중개업소에서 매수인에게는 전매제한 기한이 지나고 나면 P를 더 주고 사야 한다 말하고, 매도인에게는 양도소득세를 더 내야 한다고 하면서 유혹하는 경우가 있다. 하지만 「주택법」 제64조, 제101조에서는 불법으로 분양권을 전매하거나 이를 알선한 자(매수인, 매도인, 중개업자)의 수익이 1,000만 원을 초과하면 3년 이하의 징역 또는 그 이익의 3배에 해당하는 금액 이하의 벌금에 처하도록 하고 있다. 분양권 불법 전매는 하지도, 권하지도 말아야 한다.

요소 5: 편의시설

편의시설은 다른 입지 분석 요인보다 사회·경제의 영향을 받아 트렌디하게 변화한다. 예전에는 백화점, 대형마트, 재래시장 등의 편의시설이 근처에 있는 주거지역이 인기였지만 점차 쇼핑하면서 여가 시간도 보낼 수 있는 스타필드, 이케아 등의 복합몰이 각광받는 추세에 있는 것으로 보인다. 최근에는 코로나19로 인해 언택트 경제가 강조됨에 따라 직접 가서 물건을 소비해야 하는 편의시설의 매력은 이전에 비해 조금 감소했다고 볼 수 있다.

우리 사회가 점점 고령화되면서 병원의 중요성도 커지고 있다. 여기서 말하는 병원이란 아파트 상가에 들어오는 소규모 병원이 아니라 입원 병상이 있는 상급종합병원을 뜻한다. 고령화된 환자들이 골든타임에 병원에 도착하느냐 마느냐에 따라 예후가 달라질 수 있기 때문에 대형병원 근처의 주거지는 매력도가 높다. 소위 서울의 '빅5 병원'인 서울아산병원(송파구 풍납동), 삼성서울병원(강남구 일원동), 서울성모병원(서초구 반포동), 서울대학교병원(종로구 연건동), 세브란스병원(서대문구 신촌동)이 대표적이다. 여기서 서울아산병원, 삼성서울병원, 서울성모병원 인근의 주거지역인 잠실, 개포, 반포 일대의 집값보다 세브란스병원 근처의 주거지역인 마포, 서대문의 집값이 저렴한 이유는 집값이 편의시설, 그것도 병원 하나의 요소로만 정해지는 것이 아니기 때문이다. 또 서울대학교병원은 세계문화유산 중 하나인 창덕궁과 종묘와 붙어 있어 주거지역 개발이 까다로운 곳에 위치해 있으니 예외적인 경우라 하겠다.

　환자의 입장에서만 대형병원이 중요한 것은 아니다. 고령화와 의술의 발달로 장기간 입원을 해야 하는 경우가 생기고, 이럴 때 가족이 편하게 지낼 수 있는 집의 위치도 중요하게 된다. 한 지인 역시

그림4 ｜ 서울의 빅5 병원 위치

자료: 네이버 지도

간 이식을 준비하는 부모님을 위해 대형병원 근처 아파트를 매수한 경우가 있었다. 간이식 수술을 하게 되면 사전 검사도 많이 받아야 하고 수술 후에도 잦은 검진을 받아야 해서 통원이 용이한 근처 아파트를 매수했었다. 또한 대형병원의 의료진 및 직원도 직장 근처에 주거지를 잡기 원하기 때문에 환자와 환자의 가족, 그리고 의료진도 대형병원 근처 주거지의 수요층이 되겠다.

요소 6: 직주근접

대부분의 사람들은 직장이 가까운 곳을 주거지로 선호하게 된다. 하루에 1시간이 넘게 출퇴근을 해본 사람이라면 이 말에 대해 크게 공감할 것이다. 이는 길 위에서 하루 왕복 2시간 이상을 허비하게 된다는 뜻으로 야근이라도 하는 날이면 회사와 차 안에서 하루를 다 보내게 된다. 빨리 가서 쉬고 싶은 마음이 간절한 직장인에게 직주근접은 필수 요소다.

① 양질의 일자리

주변에 양질의 일자리가 많은 지역의 집값이 오른다. 여기서 양질의 일자리란 통상 이름을 듣고 어떤 기업인지 바로 알 수 있을 정도의 기업을 말한다. 보통은 대기업이다. 이런 대기업이 많은 지역은 그 기업에 고용된 사람이 많고, 그 회사의 종업원이 회사 근처에 거주하기 원하기 때문에 집값을 상승시킬 수 있는 수요로 작용한다.

서울 강서구의 마곡지구를 예로 들어보겠다. 마곡지구는 서울시에서 2005년에 '2020 도시기본계획(서남권 전략적 육성중심지 설정)'을 세우고 마곡지구 조성계획을 발표, 2007년에 구역 지정 후 개발계획을 발표해 2009년 단지조성공사 착공을 한 R&D 산업단지다. 2020년 기준으로 LG(2017년 10월 입주 시작), 코오롱(2018년 4월 입주 시작), 롯데(2017년 6월 입주 시작), 이랜드(2022년 입주 예정), 에스오일(일부 2017년 9월 입주, 2021년 추가 입주 예정) 등 대기업이 입주 혹은 입주 예정이다. 이런 양질의 일자리가 집값에 어떻게 영향을 미치는지 마곡지구 인근 가양동의 강서한강자이를 예로 들어본다.

강서한강자이의 경우 2011년에 84A 타입을 5억 2,000만~6억 2,000만 원의 분양가로 분양했으나 미분양이 발생해 할인분양까지 실시할 정도였다. 그러나 2013년 9월 준공 직후에는 84A 타입

표4 | 강서한강자이 시세

자료: 직방

이 5층 5억 9,928만 원, 입주 1년 만인 2014년 9월에는 10층이 6억 420만 원으로 처음 6억 원을 넘어섰다. 그 후 입주 2년 차 2015년 9월에는 6억 3,500만 원, LG사이언스파크 입주가 시작된 2017년 10월에는 7억 5,900만 원, 2018년 7월에는 9억 원으로, 결국 9억 원대 거래의 문을 열었다. 그리고 2019년 12월에는 대망의 10억 원대 거래가 이뤄졌다(사례로 든 강서한강자이의 가격에 영향을 미친 요소가 꼭 양질의 일자리에 국한된다고 할 수 없겠지만, 직주근접이 중요하게 영향을 미친 요소라는 점은 틀림없다).

대개 청약 당첨자 발표 2주 후에 분양계약이 진행되는데, 이때 계약이 되고 남은 물량을 잔여세대라고 부른다. 잔여세대 청약 및 계약 후에도 계약되지 않은 물건이 있다면 이를 미분양이라고 한다. 미분양은 준공 전후를 기준으로 '준공 전 미분양'과 '준공 후 미분양'으로 나뉜다. 준공 후 미분양은 '악성 미분양'이라고도 한다. 명칭에서도 알 수 있듯이 팔려고 했으나 아파트를 다 지었을 때까지도 안 팔리고 남아 있는 미분양을 지칭한다. 준공 후 미분양 물량은 해당 지역의 집값의 변곡점을 예측할 수 있는 선행지표로서의 역할도 한다. 준공 후 미분양이 줄어든다는 것은 해당 지역의 매수세가 살아난다는 신호로, 준공이 다 될 때까지 안 팔리고 남아 있던 미분양까지도 팔리기 시작한다는 의미다. 즉 비선호 평형 및 비선호 층까지도 거래가 되면서 집값 상승이 시작된다는 것을 알려준다.

앞서 말했듯 준공 후 미분양은 악성 미분양으로 불리며 거래가 잘 안 되는 경우가 많다. 강서한강자이도 (준공 전) 미분양이 준공 후 미분양으로 넘어가기 전 할인분양을 통해서라도 남아 있는 미분양 물건을 줄이려 했었다. 그러나 할인분양이라는 시련까지 겪었음에도 부동산 시장 상승기에 입지가 주는 장점(직주근접)으로 인해 10년이 지나자 강서한강자이는 분양가 대비 약 2배라는 시세가 형성되었다. 모든 할인분양이 이런 행복한 결말을 가져오지는 않으니 할인분양을 한다고, 즉 값이 싸다고 성급하게 매수하지는 말자.

② 통근 시간

직장 가까이에 살면 통근 시간이 감소한다. 출퇴근 시 대중교통을 이용하든 자차로 이동하든 긴 통근 시간은 직장인이라면 누구나 힘들다. 통근 시간과 퇴근 후 삶의 질은 반비례하게 된다. 그래서 주거지를 직장 가까이로 잡고자 하는 사람이 많은 것이다. 직장 가까이로 이사하려는 수요는 해당 지역 인구의 증가를 의미하고, 인구의 증가는 편의시설 및 교통망 확충의 필요성을 낳게 된다. 이런 선순환 구조는 양질의 일자리가 모여 있는 곳에서 더욱 두드러지게 나타나고, 그곳의 집값이 상승하는 요인으로 작용하게 된다.

2020년 4월에 국토교통부에서 발표한 '교통카드 데이터 기반 대중교통 이용실태 분석'에 따르면 수도권에서 대중교통을 이용해 출근하는 경우 출발지(집)에서 목적지(회사)까지 평균 1시간 27분이 걸리는 것으로 나타났다. 세부적으로 '인천→서울' 1시간 30분, '경기→서울' 1시간 24분인 것으로 분석되었으며, 지역 내에서는 서울 47분, 인천 50분, 경기 1시간 36분이 걸렸다. 이 자료를 보면 경기, 인천에서 서울로 출근하는 것보다 서울 내에서 출퇴근하는 것이 압도적으로 시간이 적게 걸린다는 것을 알 수 있다. 서울에 사는 사람일수록 일자리가 많은 3도심(4대문 안 한양도성, 영등포·여의도, 강남)으로의 통근 시간이 짧아지므로, 다들 일자리가 많이 있는 서울 혹은 서울 근처에 살고 싶어 하기에 서울의 집값은 상승하게 된다. 판교의 집값이 비싸지는 이유도 회사가 많이 생기면서 회사와 가까이에서 출퇴근하고 싶은 사람이 많아졌기 때문이다. 이에 따라 생활 인프라가 속속 들어서는 것이 영향을 많이 미친다고 볼 수 있다.

요소 7: 환경

미세먼지 등 환경 문제가 이슈가 되면서 숲이나 공원을 이용하기 좋은 숲세권에 대한 선호도도 높아지고 있다. 이는 개포래미안포레스트, 산성역포레스티아, 강남더샵포레스트, 송도포레스트카운티(e편한세상송도) 등 아파트 단지에 포레스트(숲)가 들어간 펫네임이 많이 생긴 것으로도 알 수 있다.

조망권 역시 입지 분석 시 놓치지 않고 따져봐야 하는 요소다. 같은 아파트 같은 동에서도 한강 조망이 가능한 집과 아닌 집의 가격이 서로 다르다. 우리나라에서는 산 조망권보다는 한강, 호수 등 물 조망권을 선호하는 경향이 있다고 한다. 다산신도시의 왕숙천과 동탄2신도시, 한강신도시 등의 호수공원 등 새로 개발하는 신도시에 천 혹은 호수공원이 존재하는 걸 보면 알 수 있다. 최근에는 조망뿐 아니라 직접 이용이 가능한 환경 요소를 선호하는 추세도 나타나고 있다. 한강과 호수 등을 조망할 수만 있는 아파트와 한강시민공원,

호수공원처럼 공원이 존재해 주변의 자연 환경을 이용할 수 있는 아파트는 선호도 차이가 있다. 조망이 가능해도 공원 조성이 미비하거나 출입구가 멀어서 공원을 이용하기 어려운 경우도 있다.

요소 8: 대단지

세대가 많은 대단지일수록 소단지에 비해 선호도가 높다. 이는 관리비가 절감된다는 측면도 있지만, 대단지의 구매력이 강해 근처에 신규 시설 입점이 용이하다는 장점이 있기 때문이다. 또한 소단지에 비해 매매가 잘될 수 있다는 장점도 있다. 대단지는 소단지에 비해 같은 평형, 같은 타입의 매매가 빈번하게 이루어진다. 반면 소단지는 매물 수량에 한계가 있어 활발한 매매가 일어나기 힘들다. 소단지는 지금 협의하고 있는 가격이 시세에 적합한 매매가인지 매수인, 매도인 양자가 쉽게 합의에 이르기가 어려울 수 있다.

예를 들어 A아파트는 총 200세대로 그중 30평대는 50개가 있고 B아파트는 총 2,000세대로 그중 30평대는 500개가 있다고 가정해보자. 30평대를 사고 싶은 매수자가 A아파트 혹은 B아파트를 구매하려고 알아볼 때 B아파트의 30평대가 A아파트의 30평대보다 최근에 거래되었을 확률이 높다. 대개 직전에 거래된 물건을 기준으로 해당 물건의 가격도 형성되는데, 소단지 A아파트의 직전 거래가 6개월 전이고 대단지 B아파트의 거래가 1개월 전이라면 B아파트의 직전 거래 가격이 시세의 기준이 된다. 이 경우 매도인, 매수인도 협의하기가 쉬워진다(아파트 시세는 계속 변하기 때문에 보통 매수인은 좀 더 가격을 깎으려 하고 매도인은 좀 더 높여 받으려는 기싸움이 일어나 협의가 쉽지 않다). 하지만 소단지인 A아파트의 경우 6개월 전의 거래가 직전 거래라면 매도인, 매수인 모두 그 아파트의 거래 가격을 현재 시세라고 인정하지 않아 가격 협의에 어려움을 겪곤 한다.

TIP **나홀로(소단지) 아파트 매도**

우리 부부 역시 약 5년간 거주하던 용산의 소단지 아파트를 매도할 때 부동산 상승기임에도 불구하고 중개업소에서 터무니없이 낮은 가격으로 매도를 권해서 난감한 적이 있다. 최근 거래되었던 로열층 물건보다 우리 물건의 층이 좋지 않기 때문에, 6개월 전에 거래된 같은 층 물건 금액이 우리 부부가 소유한 아파트의 시세라고 하는 것이 중개업소의 논리였다. 규모가 작은 소단지여서 거래가 잘 이루어지지 않기 때문에 이러한 주장이 가능한 것이다. 나홀로 아파트, 소단지 아파트의 경우, 부동산 상승기에는 같이 시세가 오르고 거래도 평소보다 잘 이뤄지는 경향이 있으나 하락기에는 거래가 이루어지기 더 힘들다는 단점도 있다.

또한 나홀로 아파트는 아파트의 장점 중 하나인 환금성이 떨어질 수 있다. 일반적으로 아파트는 부동산 하락기, 냉각기에도 토지나 상가 등 다른 부동산에 비해 매매가 잘 된다고 한다. 나홀로 아파트의 경우 하락기 혹은 냉각기에 거래 자체가 멈출 수가 있으므로 매도할 거라면 상승기에 약간 가격을 조정해 매도하는 것이 좋다. 우리가 보유하던 물건은 비로열층이었지만 운 좋게 당시 신고가를 찍고 매도할 수 있었다. 가격이 한참 상승하는 시기였기 때문에 가능한 일이다.

정리

교통, 학군, 브랜드, 신축, 편의시설, 직주근접, 환경, 대단지 등 입지 분석에 필요한 여덟 가지 요소를 간략하게 살펴보았다. 입지 분석은 내 집 마련, 투자, 매매, 전세 등 어떠한 형태의 주택 거래를 할 때 모두 공통적으로 사용할 수 있으니 잘 알아두면 활용도가 높다. 다만 여덟 가지 요소를 다 갖춘 곳은 가격이 비쌀 수밖에 없으니 자신의 상황에 맞게 우선순위를 두고 가중치를 넣어 판단해야 한다.

이때 자신의 상황에 맞춘다고 해서 주관적인 시각으로 판단하기 보다 객관적인 시각으로 나 말고 다른 대다수의 사람들이 좋아하는 곳을 선택하는 것이 중요하다. 지인 중 남들보다 출근과 퇴근이 꽤 나 빠른 직장에 다니는 이가 있었다. 그는 직장과 집이 가까워야 삶의 질이 높다는 것을 잘 받아들이지 못했는데, 평소 출퇴근 시간이 남들과 달라 '지옥철'과 같은 교통체증을 잘 겪지 못했기 때문이다. 물건을 고를 때는 지인의 사례처럼 나의 주관적인 경험이 우선되어야 하는 것이 아니라, 대다수의 사람들이 무엇을 좋아하는지를 생각하고 판단하면 보다 나은 선택을 하는 데 도움이 될 것이다.

실제 투자에 이용한 입지 분석 사례

영등포 A아파트 투자

해당 아파트는 우리 부부의 첫 인(in)서울 투자였다. 당시 투자금이 그리 많지 않은 상태여서 매수 후 전세 계약을 하고 매매 잔금의 일부를 전세금으로 충당하는 소위 갭투자를 했다.

① 교통과 직주근접

A아파트는 도보로 2·5·9호선을 이용할 수 있는 지역에 위치한 아파트로 지하철을 이용하기가 용이했다. 특히 서울시가 〈2030서울플랜〉에서 밝힌 3대 업무지구인 강남(2·9호선), 한양도성(5호선), 여의

도(5·9호선)를 모두 이용할 수 있어서 교통과 직주근접에 있어서 입지가 좋은 아파트였다.

② 학군

초품아도 아니고, 학원가로의 이동이 좋지 않은 단점이 있다. 다만 소형 평형이라 학군보다는 신혼부부를 위한 교통과 직주근접이 더 중요한 요소가 될 것이라는 판단 아래 학군 요소를 중요하게 고려하지 않았다.

③ 편의시설

도보로 이동이 가능한 인근에 유명 대형마트가 위치하고 있었다.

④ 브랜드, 신축, 환경, 대단지

상위권 브랜드가 아닌 연식이 꽤 오래된 구축아파트였고, 주거지역이 아닌 곳에 있는 나홀로 아파트라 환경과 대단지라는 요소로 평가하면 좋은 점수는 줄 수 없었다.

　우리 부부는 입지 분석의 여러 요소 중에 교통과 직주근접을 가장 중요하게 판단했다. 나머지 요소들이 만족스럽지는 않았지만 그 당시 투자금액을 고려했을 때 입지 분석 요소 중 소형 평형(신혼부부 타깃)대에 중점을 두고 A아파트를 선택했던 것이었다. 결국 우리 부부는 실투자금 4,000만 원으로 2년 보유 후 세후 131%의 수익을 얻을 수 있었다.

운정신도시 B아파트

① 교통

B아파트는 GTX 개통과 3호선 연장에 따른 수혜를 받을 것으로 예상해 투자했으나 신도시 내부의 공급 물량 분석 실패로 손실을 본 물건이다. 교통망 신설의 호재를 이용한 투자를 할 때는 착공 및 개통이 현실화된 시점에 진입해야 한다는 교훈을 남겨주었다. 실투자금 3,000만 원으로 2년 보유 후 약 7%의 손실을 보았다.

본 사례처럼 손실이 발생하는 물건이 생기면 다른 물건에서 난 양도차익과 통산해 양도소득세를 절감하는 방법이 있다. 매도를 한 후에 설사 손해가 났다고 해 낙담하지 말고 통산하는 방법을 이용해 손해를 최소화하도록 해야 한다.

② 학군

길 건너에 초등학교와 중학교가 있긴 하나, 초품아도 아니고 학원 밀집 지역도 아니었다.

③ 편의시설

신도시 내에서는 상권이 형성된 곳이나, 아직 상권이 자리를 잡아가고 있는 중이었다.

④ 브랜드, 환경, 대단지

중소건설사 아파트였고, 신도시라 쾌적하긴 했으나 근처 다른 아파트에 비해 우월하지는 않았다. 1,000세대 대단지였으나 인근 아파트들도 그 정도 세대수를 형성하고 있었다.

우리 부부는 운정신도시 아파트를 매수할 때까지만 해도 투자 방식에 체계가 없고 단순히 보유 자금에 맞는 아파트를 찾아 투자하는 정도였다. 지금 입지 분석을 하면서 복기해보니, 이 아파트를 대체 왜 샀나 싶다. 돌이켜보면 우리는 적금 만기만 되면 입지 분석보다는 해당 금액에 맞는 아파트를 찾아 계약하려고 했던 것 같다. 지금도 그 당시에도 이 선택이 좋은 것인지 같이 의논할 사람은 우리 부부 서로 외에는 없었다. 투자할 때 좀 더 다른 시각에서 진심으로 의논할 누군가가 있었다면 좋았겠지만 그런 사람을 찾는 것이 쉬운 일이 아닌 것도 사실이다.

다만 책을 쓰면서 아파트 시세 및 실거래가 추이를 보니 손해를 보더라도 팔고 이후 다른 추가 투자를 진행한 것은 잘한 선택이었다.

분당 C아파트

이 시기에 분당의 C아파트 30평대와 방배동 Y아파트 20평대의 투자금이 거의 비슷해서 우리 부부는 둘 중 어느 곳에 투자할지 크게 고민했었다.

분당 C아파트의 경우는 신분당선 미금역 추가 개통 예정이라는 교통 호재가 있었다. 또한 근방에서 네이버, 두산그룹, 현대중공업 등 대기업 사옥 신축(직주근접)이 진행되고 있었으며 초품아는 아니지만 도보 2분 거리에 초등학교가 있어 학군도 나쁘지 않았다.

방배동 Y아파트의 경우는 더블역세권의 우수한 대중교통과 서리풀터널 개통 예정이라는 교통 호재가 있었고 여중, 여고가 인근에 있어 선호되는 학군이 인근에 위치하고 있었다. 다만 투자금이 그때 당시 가용한 금액보다 약간 더 많이 들어갈 것 같아서 포기하고 분당 C아파트의 RR(로열동 로열층) 물건에 투자하게 되었다. 분당 C아파트는 현재도 계속 보유 중이며 2021년 상반기 거래된 국토부 실거래가 기준으로 매입가 대비 가격이 약 2.5배를 넘어서고 있다. 물론 절대 금액으로 따져보면 방배동 Y아파트가 좀 더 많이 올랐지만, 과거의 선택은 돌아보고 교훈으로 삼을 수 있으면 된다고 생각한다.

갭투자라 불리는 전세 레버리지 투자는 전세가격이 상승하는 시기에는 전세를 연장하거나 혹은 갱신할 때(대개 2년)마다 전세금 인상분을 추가로 확보할 수 있는 구조다. 갭투자라는 방식이 최근에 생겨난 유별난 방식이 아니다. 오래 전부터 이미 전세를 끼고 미리 집을 사놓는 매수 형태는 흔하게 있어왔다. 주택가격의 상승세가 돋보이는 요 근래에 와서야 갭투자로 불리면서 이목을 끄는 것이다. 현재는 임대차 3법 시행으로 약 4년마다 임차인 변경이 가능해 과거와 비교하면 약간의 차이는 있지만 기본 구조가 달라진 것은 아니다. 우리처럼 애초에 주택임대사업자로 등록을 해놓으면 전세금 인상율이 5%로 제한을 받기는 하지만 적은 투자금액으로 시세차익을 얻기에는 충분하다. 또한 임대차 3법 시행 이후에 나왔던 전세가격의 급등으로 인해 우리가 보유하고 있는 물건의 전세가격은 주변 시세 대비 3억 원가량 저렴한 편이기도 하다. 상대적으로 저렴한 전세가격으로 인해 입주하고자 하는 임차인이 곧바로 생긴다. 임대인에게 가장 큰 리스크는 그 무엇도 아닌 공실 위험이다. 현재는 공실과 관련된 위험은 거의 없다고 봐도 되는 수준이다.

TIP 저렴한 전셋집 구하기

시세보다 저렴한 전셋집을 구하려면 '렌트홈' 홈페이지를 이용해보자. 렌트홈에서는 주택임대사업자로 등록한 물건을 검색할 수 있다. 대략 이사를 가고 싶은 아파트가 정해지면 그 아파트의 주택임대사업자 등록 물건을 검색해보면 된다. 만기와 금액이 정확하게 나와 있지 않지만, 아파트 인근 중개업소에 원하는 아파트의 주택임대사업자 물건이 언제 만기고 금액은 얼마인지 문의해서 매물을 잡을 수 있다. 주택임대사업자 물건은 저렴하기 때문에 흔히 사용하는 네이버 부동산 등 중개플랫폼에 등록할 필요가 없고, 중개업소에 문의해 대기해온 사람이 먼저 차지하게 되어 있다.

우리 부부가 보유하던 물건 역시 수개월 전부터 미리 중개업소에 대기를 해놓았던 부부가 있었다. 덕분에 우리 부부는 네이버 매물에 물건을 등록할 필요조차 없이 기존 임차인이 퇴거하는 날에 맞춰서 바로 새 임차인을 받았다. 거래가 쉽게 되는 이유는 간단하다. 좋은 입지에, 매물 자체의 괜찮은 컨디션에, 무엇보다도 너무나 저렴한 가격을 갖추고 있기 때문이다.

월별 현금 흐름을 만드는 월세 투자의 장점

시세차익에 대한 부담이 없다

월세 수익을 목표로 하는 투자는 앞서 살펴본 시세차익을 위한 투자 혹은 분양권 투자와 달리 부동산 시세가 올라야 한다는 부담감이 없다. 미래의 시세가 어떻게 변할지는 처음 투자할 때부터 알 수 있는 것은 아니다. 다만 지금보다 가치가 더 오를 물건을 찾기 위해 입지 분석, 부동산 공부 등을 할 뿐이다.

　매매할 때부터 이 물건의 시세가 얼마나 오르거나 떨어질지는 정확하게 알 수가 없다. 그러나 월세 투자를 하는 물건은 다르다. 임대 (월세)계약을 할 때부터 이 물건에서 매월 얼마의 월세(수익)가 나올지 어느 정도 예상을 하고 들어갈 수 있기 때문이다. 시세차익을 위한 투자 혹은 분양권 투자보다 현금 흐름에 대한 불확실성이 적다는 장점이 있다. 처음부터 매달 월세를 받는 것을 목표로 했으니 월세만 받아도 충분한 것이다. 물론 시세가 올라가주면 좋겠지만 그것은 내가 계획했던 목표가 아니니 시세차익이 발생했을 때는 덤으로 주어진 것이라고 생각하면 마음이 편하다. 그렇기 때문에 처음 부동산 투자를 접하는 사람이 실행하기에 부담이 크지 않을 수 있다고 본다. 물론 매매 수요가 꾸준해 원금 손실 위험이 낮은 물건을 찾도록 해야 한다.

풍요로운 은퇴를 위한 첫걸음

은퇴 이후 사라지는 노동소득을 대체할 수 있는 수입은 자산소득이다. 부동산이라는 자산을 가지고 임대계약을 맺은 후에 받을 수 있는 월세가 자산소득의 대표적인 예다. 은퇴 이전에 좀 더 여유로운 삶을 위해서뿐만 아니라 은퇴 이후 풍요로운 삶을 살기 위해서라도 자산소득은 필수적이다. 부동산을 매입하고 임대계약을 한 후 매월 임대료를 받는 과정은 크고 작은 노하우들이 필요하다. 월세를 놓고 임대료를 받는 과정은 생각만큼 꽃길이 아닐 수 있다. 임차인과의 관계를 잘 형성하고, 임차인과 나, 그리고 다음 매수인까지 3자가 얽힌 문제를 풀어나가기 위해서는 노하우가 필요하다. 이 노하우를 알고 있는 사람과 그렇지 못한 사람 간에는 문제를 풀어나가는 과정부터 문제가 잘 안 풀릴 때 받는 스트레스까지 그 차이가 크다. 일찍 시작한 사람은 늦게 시작한 사람보다 하나라도 더 많은 노하우를 쌓을 수 있다. 적은 금액으로 일찍 시작해 월세를 조금씩이라도 받아본다면 은퇴 이후 마음 편하게 월세받는 삶을 살 수 있을 것이다.

'착한 대출'을 활용할 수 있다

받는 임대료가 담보대출이자보다 커서 이자를 내고도 남는 구조일 때, 우리 부부는 이런 담보대출을 착한 대출이라고 한다. 내 집 마련 혹은 부동산 투자를 처음 하는 사람들 중 대출 자체에 대해 거부감이 있는 사람들이 종종 있다. 대출을 받는 것을 무조건 좋아할 사람이 얼마나 있겠는가. 하지만 '임대료〉이자'라면 그리 주저할 이유가 없지 않을까? 대출이자보다 임대료 수익이 클 때 그 대출은 나의 발목을 잡는 빚이 아니다.

한 가지 주의할 점은 착한 대출을 이용해서 첫 투자 물건으로 주택을 구입하려고 할 때는 무주택 요건이 깨지는 것에 대한 리스크를 생각해봐야 한다는 것이다. 청약 등에 있어서 무주택자가 받을 수 있는 혜택을 못 받을 수 있기 때문에 당장의 월세가 중요한지, 특별공급 혹은 국민주택 청약을 통해 내 집 마련을 먼저 할지는 개인의 상황에 따라 잘 판단해야 한다. 무주택자라면 내 집 마련을 먼저 한 후에 주택으로 월세 투자를 하든 주택이 아닌 다른 물건으로 월세 투자를 하든 결정을 하고 투자를 시작해야 한다.

수익률 계산법

월세 투자를 결정하기 전 수익률을 계산해봐야 한다. 수익률은 이익을 순투자비용으로 나눈 비율이다. 수익은 나에게 들어온 모든 돈의 합이고 비용은 내가 지출한 모든 돈의 합이다. 이익은 수익에서 비용을 뺀 금액이 된다. 취득가액은 매수금액을 의미하고, 순투자비용은 매수금액에서 대출금을 제외한 금액을 뜻한다.

수익률 = 이익 / 순투자비용

이익 = 수익 − 비용

수익의 예로는 양도가액(매도한 금액), 임대 기간 동안 받은 월세가 있겠고, 비용의 예로는 취득가액(매수한 금액), 수리비용, 대출이자, 대출금 중도상환수수료, 법무비용, 중개수수료, 양도소득세 등이 있겠다.

연습문제

4,750만 원짜리 주택을 3,150만 원의 대출을 이용해서 구입하고 월 30만 원의 월세를 18번 받은 후 5,250만 원에 팔았다고 하자. 이때 인테리어 비용으로 230만 원, 법무비와 중개수수료로 150만 원, 18개월 동안 대출이자로 180만 원, 대출 중도상환수수료로 18만 원, 양도소득세 7만 원, 임차인이 살면서 수리 요청한 비용 30만 원을 지출했다고 하자.

풀이

여기서 수익은 양도가액(5,250만 원)+월세(30만 원×18회)=5,790만 원
이다. 비용은 취득가액(4,750만 원)+인테리어 비용(230만 원)+대출이
자(180만 원)+대출 중도상환수수료(18만 원)+법무비(취득세 포함) 및
중개수수료(150만 원)+양도소득세(7만 원)+수리비(30만 원)=5,365만
원이다.

이익은 수익(5,790만 원)−비용(5,365만 원)=425만 원이고 순투
자비용은 취득가액(4,750만 원)−대출금(3,150만 원)=1,600만 원이

표5 | 수익률 계산법 예제

(단위: 원)

수익	양도가액	52,500,000
	월세(18회)	5,400,000
	합계	57,900,000
비용	취득가액	47,500,000
	수리비용	2,300,000
	대출이자	1,800,000
	대출중도상환료	180,000
	법무비 및 중개수수료	1,500,000
	양도소득세	70,000
	기타잡비	300,000
	합계	53,650,000
이익		4,250,000
순투자비용		16,000,000
최종수익률		26.56%

다. 18개월간의 수익률은 이익(425만 원)/순투자비용(1,600만 원)=약 27%가 나온다. 쉽게 말하면 내 돈 1,600만 원을 들여서 18개월 동안 425만 원을 벌고 원금은 회수했다는 뜻이다.

처음 매수 고려 단계에서는 위와 같은 비용 모두를 계산할 수 없으므로 대략적으로 아는 것만 계산해서 넣으면 마찬가지로 대략적인 수익률이 나온다. 대략적인 수익률이라 해도 투자 결정에 큰 어려움은 없다. 인테리어 비용 혹은 취득세 등의 대략적인 금액은 부동산 중개업소에 문의하면 알려주기도 한다.

참고로 위의 예제로 든 곳은 실제 지방에 있는 모 주택의 투자 사례다.

TIP 엘리베이터 없는 아파트와 빌라의 로열층

필자가 첫 월세 투자를 했던 곳은 엘리베이터가 없는 5층짜리 아파트였다. 이런 경우 로열층은 2~3층이 된다. 단열과 방음에 취약한 구축일 경우 더욱 2~3층인 로열층에 대한 선호가 높다. 1층은 계단을 오르내리는 사람의 소리가 자주 들리고 프라이버시 침해 우려가 있다(해당 라인에 방문하는 모든 사람이 1층을 지나가기 때문). 이를 약간이나마 피할 수 있는 것이 2층이다. 생수 같이 무거운 택배의 경우 2층까지만 배달해주는 경우도 있다. 한 층 높은 3층도 나쁘지 않다. 다만 탑층은 옥상의 열기가 집 안까지 전해져 여름에 더욱 더운 경향이 있다. 무거운 짐을 들고 4층을 올라가보면 4층이 왜 로열층이 아닌지 알 수 있다.

투자 물건의 종류별
장점과 단점

월세 수익을 얻을 수 있는 물건으로 대표적인 것은 상가와 에어비앤
비, 쉐어하우스, 오피스텔 등을 들 수 있다. 물론 아파트와 빌라를 포
함한 주택도 가능하다. 대개 상가와 오피스텔 등을 수익형 부동산이
라는 용어로 묶어 홍보하곤 한다.

  각종 홍보물과 분양 업체, 공인중개사들을 통해 위 물건들의 장
점은 쉽게 접할 수 있으니 이번 챕터에서는 장점에 비중을 두기보다
는 어디서 쉽게 들을 수 없는 단점 위주로 서술하고자 한다. 장점을
파악하는 것도 중요하지만 단점을 사소한 것 하나라도 더 알고 있는
것이 투자를 판단할 때 큰 도움이 된다.

상가

상가는 일반적으로 주택(아파트, 빌라)보다 월세 수익률이 높은 편이다. 다만 주택보다는 공실이 지속될 위험이 크다. 공실인 상가의 경우 그 상가가 장사가 잘 안 되는 자리라고 여겨 임차인 유치가 어려울 수 있다. 경기가 좋지 않아 임차인의 장사가 잘 되지 않을 때는 임대료를 감액해달라는 요청이 있을 수 있고, 임대료 입금이 늦어지는 경우도 종종 있다. 우리나라 사람들의 정서상 장사가 안 된다고 거주하는 집의 월세를 낮춰달라는 경우는 드물지만 상가의 경우는 다르다. 장사를 하고 있는 상가의 월세를 감액해달라고 하든지 연체를 하는 경우가 종종 있다. 대부분 상가 투자로 인해서 수익이 나지 않는 이유는 해당 상권과 물건의 입지에 대한 분석이 충분하지 않은 채로 매수했기 때문이다. 또한 상가는 주택에 비해 환금성이 떨어진다는 단점이 있다. 팔려고 매물로 내놓아도 사려고 하는 사람이 많지 않다. 당연하게도 상가를 매수하려는 수요는 주택을 매수하려는 수요보다 훨씬 적다. 이 때문에 내가 현금이 필요할 때 현금화에 시간이 오래 걸릴 수 있다. 이것은 체감해야만 느낄 수 있는 단점 중 하나다. 그래서 상가는 매도 시점을 잘 판단해야 한다.

에어비앤비

에어비앤비는 자신의 집 전체 혹은 일부를 다른 필요한 사람에게 숙박비를 받고 제공하는 플랫폼이다. 최근의 코로나19 상황으로 인해 해외 여행이 어려워지자 국내 관광지역에서 예기치 못한 성수기를 누리고 있는 업종 중 하나가 에어비앤비다. 현재 일본과 호주의 시드니 등에서는 합법화되어 있고, 우리나라에서는 허가를 얻으면 합법이긴 하나 허가를 받는 것이 매우 까다롭다. 허가를 받는다 해도 도시민박업의 경우 내국인의 숙박에는 제한이 많다. 관광경찰 등의 단속도 심심치 않게 이루어지고 있기 때문에 에어비앤비 운영을 염두에 둔다면 제도에 대한 이해를 철저하게 해야 한다.

쉐어하우스

쉐어하우스는 한 집에 여러 명의 임차인이 들어와서 거실, 주방 등을 공유하면서 사용하는 임대 공간이다. 최근 빌라 혹은 하숙집, 모텔, 고시원 등을 개조해 임대를 하고 있는 방식이 많아졌다. 임차인은 낮은 보증금으로 원룸에서 살 때 느끼는 외로움을 달랠 수 있고 월세 부담이 다소 낮아진다는 장점이 있지만 드라마처럼 모두가 오손도손 사는 주거 분위기가 잘 잡히지 않을 수 있다는 리스크가 존재한다. 특히 집주인이 같이 거주하지 않을 때 그런 위험은 더 커진다. 부지불식간의 사람들과 같이 살면서 발생하는 크고 작은 문제를 관리하는 일이 그리 쉬워 보이지는 않는다. 하지만 2층 정도의 단독주택을 개조해 한 층은 주인 세대가 거주하고 나머지 한 층은 쉐어하우스로 운영한다면 괜찮은 월세 수익 모델이 될 수 있을 것이다.

오피스텔

오피스텔은 상가처럼 주택보다는 수익률이 높은 편이다. 대개 빌트인되어 있는 가전, 가구들을 7년 정도 주기로 교체해주어야 하는 등 유지 보수 비용이 다소 있고, 아파트 대비 공실율이 높다는 단점이 있다. 오피스텔의 경우 분양 이후 시세가 점점 떨어지기도 해서 매입 후에는 매매 시세가 어떻게 되고 있는지 계속 살펴보는 편이 좋다. 물론 모든 오피스텔이 매매가가 계속 하락하는 것은 아니고, 오피스텔이 위치하고 있는 지역의 개발 현황 혹은 투자 수요의 이동 등으로 인해 매매가격이 상승하는 오피스텔도 있다. 요즘은 규제가 심해지는 아파트 대신에 이를 대체하려는 투자 수요가 오피스텔 매매 쪽으로 기울어지는 트렌드가 있기도 하다.

주택 월세 투자
5 Steps

Step 1: 인근 일자리(산업단지) 현황 조사

월세 목적으로 지방 아파트 투자를 고려하고 있다면 입지 분석 시 직주근접을 가장 눈여겨봐야 한다. 월세 투자는 시세차익보다 월별로 들어오는 수입이 주된 목적이기 때문에 월세를 잘 낼 수 있는, 즉 직장인이 모여 있는 곳 인근을 중심으로 찾는 것이 안전하다. 보통 여러 산업체를 한데 모아놓은 산업단지 내의 근로자가 주된 수요층이 될 단지를 찾아 투자하는 것이 좋다. 한국산업단지공단 홈페이지를 보면 전국 산업단지 현황지도를 열람할 수 있다. 지역별 현황지도를 통해 산업단지를 특정한 후 그 인근 아파트를 검색해 투자할 만한 아파트를 추리면 된다. 여기서 산업단지란 형태를 불문하고 일자리가 밀집되어 있는 지역을 의미한다.

Step 2: 지역 선정

내가 사는 거주지 인근이 가장 좋지만 여건이 안 된다면 친한 지인의 거주지도 좋다. 내가 직접 인터넷으로 확인하지 못하는 동네 소식 등을 지인을 통해 알 수 있기 때문이다. 게다가 셀프 인테리어 등을 하다 보면 일이 늦게 끝나는 경우가 있는데 이럴 때 하루 신세를 질 수 있을 정도로 가까운 지인이면 더 좋다. 또한 현장 조사를 끝내고 집까지 올 때 운전까지 하면 정말 피곤하기 때문에 KTX역, 터미널 인근이라면 금상첨화다.

Step 3: 산업단지 및 아파트 단지 선정

지역을 선정하면 해당 지역에 다수의 산업단지가 있을 수 있다. 그중에서는 근처에 있는 아파트 가격을 '국토교통부 실거래가 공개 시스템' 사이트 등으로 살펴보면서 종잣돈에 적합한 물건을 추리면 된다.

Step 4: 매물 선정

먼저 임장 및 인터넷 매물 조사(네이버 부동산, 호갱노노 등)를 통해 매물을 2~3개 정도 특정해야 한다. 지방 아파트에 투자할 때는 자주 내려가기가 어렵기 때문에 임장과 매물 확인을 내려간 김에 동시에 해야 한다. 부동산 중개업소에 미리 이야기를 해서 매물 보는 약속을 정해두고 그 시간보다 좀 더 빨리 가서 따로 임장을 어느 정도 해두는 것이 좋다. 가능하면 해당 아파트 단지의 인테리어 업체 정보라도 알아오면 나중에 인테리어를 할 때 도움이 된다.

Step 5: 매매 및 임대 계약

매매 계약 이후 셀프 인테리어, 셀프 등기 등을 하고 임대를 놓는 과정 역시 품이 많이 들어가는 일이다. 적당한 선에서 자신과 타협하면서 나에게 적합한 방법을 찾는 것이 좋다. 주택담보대출을 받게 되는 경우 셀프 등기는 사실상 어렵다는 것을 기억하자.

　지방 아파트 월세 투자 시 주의할 점은 임대 계약을 한 후에도 주변 시세를 계속 살펴봐야 한다는 것이다. 지방의 산업단지는 대개 같은 산업군이 같이 모여 있는 경우가 많다. 그래서 해당 산업군이 어려워지는 경우 그 지방의 경기, 부동산 시장이 어려워질 우려가 있다.

TIP 셀프 등기

대개 부동산을 매입한 후 법무사를 통해 소유권이전등기를 한다. 매매 비용을 절감하고자 직접 소유권이전등기를 해보는 방식이며 이를 셀프 등기라고 한다. 하지만 모든 경우에 셀프 등기가 가능한 것은 아니고 셀프 등기를 할 수 없는 경우가 있다.

첫째는 대출을 받아 매매를 할 때다. 이럴 때는 대출을 받는 은행에서 원활한 근저당 설정을 위해 은행에서 선임한 법무사를 통한 소유권이전등기가 이뤄지는 것을 원한다. 사실상 셀프로 소유권이전등기를 할 수 없는 상황이 되는 것이다. 둘째, 전 소유자가 등기권리증을 잃어버린 경우다. 등기권리증을 받아야만 셀프 등기를 할 수 있는데, 매도인이 등기권리증을 잃어버린 경우 재발행은 매도자 혹은 법무사만 가능하다. 셀프 등기를 위해서 매도자에게 동행해달라고 할 수는 있겠지만 현실적으로 쉽지 않을 것이고, 이럴 때는 법무사에게 등기권리증 재발행과 소유권이전등기를 동시에 의뢰하는 것이 보통이다. 위의 두 가지 상황이 아니라면 셀프 등기를 통해서 법무사 수수료를 절감할 수 있다.

예를 들어 조선업이 주된 산업인 거제의 경우 조선업 불황이 심해지자 조선업체 근로자들이 거제를 떠나기 시작했다. 따라서 집에 거주할 사람이 줄어드니 표6과 같이 주택가격 역시 떨어지게 되었다. 다행히 시간이 지나면서 조금 회복되는 기미를 보이는 것 같다.

특정 업종에 산업이 편중된 도시에 투자할 때는 해당 업종의 흐름을 면밀히 살펴볼 필요가 있다. 이를 위해 경제신문을 보는 것과 그 지역에 있는 업체 중에 가장 규모가 큰, 즉 파급효과가 클 것으로

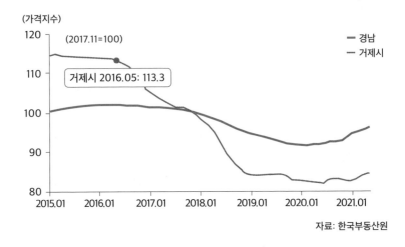

표6 | 종합주택 매매가격지수(거제)

(가격지수)

120

(2017.11=100)

110

거제시 2016.05: 113.3

100

90

80

2015.01   2016.01   2017.01   2018.01   2019.01   2020.01   2021.01

— 경남
— 거제시

자료: 한국부동산원

예상할 수 있는 업체의 주가도 살펴보면 도움이 될 수 있다. 거제라면 거제에 위치해 있는 삼성중공업의 주가를 살펴볼 수 있다. 주가는 해당 업체 혹은 산업의 이익, 위험을 선반영하는 경우가 많기 때문이다. 주가의 흐름을 살펴보면 주택 매매가격이 하락할 위험을 대비하는 데 도움이 될 수 있을 것이다.

또한 본인이 투자한 단지 인근에 경쟁 상대가 될 만한 대체 수단들이 생겨나고 있지는 않은지도 면밀하게 살펴봐야 한다. 우리 부부가 처음 월세 투자를 했던 해당 단지의 경우 2년 정도 경과하는 시점에 살펴보니 신축 오피스텔 공사가 주변 곳곳에서 진행되고 있음을 확인할 수 있었다. 월세 수입을 올리는 데 상당한 위협 요소로 작용할 것이라는 판단 아래 얼마 지나지 않아 해당 물건은 매도했다.

지방 투자에 관한 내용은 지방에 거주하거나 수도권에 살면서 지방에 투자하고 싶은 이들을 위해 우리 부부의 경험을 정리한 것이라는 점을 분명히 해둔다. 우리의 경험에 대한 서술일 뿐 앞서 얘기한 내용들이 불변의 원리 원칙이 아니라는 뜻이다.

분양권 투자 및
청약 사례

분양권 투자 5 Steps

Step 1: 가족 구성원 청약통장 가입 여부 확인

나뿐만 아니라 우리 가족 모두(형제자매, 양가 부모님)의 청약통장 가입 여부를 확인해 청약통장 개설이 필요한 인원을 확정하자.

Step 2: 청약통장 가입하기

청약통장 없는 사람은 청약통장을 만들어서 월 10만 원 정도씩 자동이체를 설정해놓는 것이 좋다.

Step 3: 모델하우스 오픈 일정 확인 및 방문

모델하우스 오픈 일정은 리얼캐스트, 부동산114에서 분양 일정을 보면 확인하기 편하다. 청약 전에 입주자 모집공고를 꼼꼼히 보면 가장 좋지만 읽다가 모르는 부분이 생기면 모델하우스 상담사에게 질의하자. 대부분 답을 얻을 수 있다.

호갱노노 애플리케이션은 분양 예정 단지 알림을 설정할 수 있는 서비스를 제공한다. 특정 단지 혹은 지역에 관심이 있다면 호갱노노에서 알림을 설정해두는 것이 편하다. 호갱노노뿐만 아니라 분양 홈페이지에 관심고객 등록을 해두면 문자로 진행 사항에 대한 연락을 받을 수 있다.

Step 4: 현장 조사

청약을 할 때는 모델하우스를, 분양권 매매를 할 때는 중개사무소 방문을 꼭 해야 한다. 이외에 해당 단지가 건설될 혹은 건설 중인 현장을 방문해 주변의 여러 가지 여건(앞에서 살펴본 입지 분석 요소 참고)을 꼼꼼하게 확인하고 기록하는 것이 좋다.

Step 5: 청약

청약은 청약홈(PC, 애플리케이션)에서 신청할 수 있다. 실제 청약을 하기 전에 청약홈에 있는 '청약 연습하기'와 '청약가점 계산기'를 통해 꼭 청약 신청을 미리 연습해보고 실제 청약을 해야 당일에 실수를 줄일 수 있다. 청약은 오전 8시부터 오후 5시 30분까지 가능하지만 인기 단지의 경우 서버가 느려지거나 버벅댈 수 있고, 당일에 갑

자기 예상치 못한 바쁜 일이 생길 수도 있으니 청약 단지가 정해지면 충분히 연습을 해두어야 예상치 못한 일에 대비할 수 있다.

분양권 투자 사례

실제 청약 사례를 통해 청약을 결정한 이유와 당첨된 방법을 간략하게 기술해보겠다. 왜 이곳을 선택했는지, 어떤 전략을 써서 투자했는지 참고하기 바란다. 물론 청약 당첨이 단 몇 번의 시도만에 되었던 것은 아니다. 셀 수도 없을 만큼의 시도 끝에 이뤄진 것이었다.

경기도 D아파트

무주택자였던 지인이 경기도 공공주택지구 내 D아파트에 당첨되었다. 공공주택지구란 국가 또는 지방자치단체의 재정이나 국민주택기금을 지원받아 건설 또는 매입해 공급하는 주택으로 임대를 목적으로 하는 주택 혹은 분양을 목적으로 하는 전용면적 $84m^2$ 이하 주택이 전체 주택 중 절반 이상이 되는 지구를 말한다.

공공주택지구 내에도 무주택자만 청약할 수 있는 국민주택과 주택 소유 여부에 관계없는 민영주택이 둘 다 존재한다. 국민주택이든 민영주택이든 공공주택지구의 땅 작업(소유권 취득 작업)을 공공기관이 하기 때문에 다른 택지개발지구의 분양가보다 공공주택지구의 분양가는 상대적으로 저렴하다. 투자라는 것은 저렴한 가격에 사서 그보다 높은 가격에 파는 것이기 때문에 공공주택지구 내의 민영주택은 그만큼 투자가치가 높다고 볼 수 있다. 게다가 이 경기도 D아파트는 해당 공공주택지구 분양 초기에 분양했던 단지였다.

주택지구에는 순차적으로 공급이 일어나는데, 공급 과잉 수준이 아닌 한 대개 나중에 분양하는 단지들은 '앞서 분양한 단지의 분양가+프리미엄'을 분양가 산정의 기준으로 삼는다. n번째 분양한 아파트의 분양가는 '(n-1)번째 아파트 분양가+프리미엄'이 분양가 산정의 기준이 되고, 나중에 분양할수록 분양가는 더욱 상승하는 경향이 있다. 따라서 초기에 분양한 단지들은 택지지구 내 마지막 분양한 단지의 분양가 정도로 시세가 상승하는 것이 보통이다. 물론 이는 경향이지 전국의 모든 택지지구에 해당되는 사항은 아닐 수 있다. 이를 두고 택지지구 초기 투자를 '장화 신고 들어가서 벤츠 타고 나온다.'고 빗대어 말하기도 한다.

D아파트는 공공주택지구 끝부분에 위치해 있었다. 끝부분이기 때문에 공공주택지구의 중심가와 멀어서 좋은 위치가 아니라고 생각할 수도 있다. 하지만 새로운 주택지구를 만들어서 분양을 하고 그 지역이 생활하는 데 불편함이 없을 정도로 상권이 안정되는 데는 약 10여 년의 시간이 걸린다. 이 아파트의 경우 공공주택지구 중심가와는 거리가 있지만 공공주택지구 옆의 구도심과 붙어 있어서 이미 조성되어 있는 생활 인프라를 이용하기에 용이했다.

또한 D아파트는 분양 당시 지하철이 없었으나 도보 10분 정도 거리에 지하철 역사가 개통될 예정이었다. 아직 개통이 안 된 지하철역이 있다는 점도 매력적이라고 판단했다. 게다가 인근에 대규모 인원이 근무할 수 있는 첨단산업지구까지 조성될 예정이어서 집값 상승이 예견되어 있다고 판단했다. 이에 적극적으로 청약을 권했고 결국 지인은 당첨이 되었다. 그 당시 경기도 청약에 관심 있는 이들이 많지 않아서 경쟁률은 높지 않은 편이었다. 지하철 개통 및 대규모 일자리 조성 등은 공공주택지구를 활성화하기 위해 정부가 계획하고 수행하는 것이다. 정부의 의지 및 우선순위에 따라 완공까지 시간이 다소 걸릴 수 있으나 일단 완공되면 투자가치 상승에 큰 도움이 된다.

강남구 오피스텔

뒤에서도 언급하겠지만 상가 혹은 오피스텔 '분양'은 초보자들이 하기에 적합하지는 않은 물건이라고 생각한다. 다만 오피스텔은 청약통장이 필요 없고 아파트보다는 저렴하다는 장점이 있다. 우리 부부는 다른 것보다 우선 청약통장을 쓰지 않고 할 수 있는 투자 방법이라는 점에서 오피스텔 청약에 매력을 느꼈다.

　게다가 해당 오피스텔은 강남구에 위치한 더블역세권(환승역)에서 도보 5분 이내에 있었고, 강남구 소재의 큰 공원도 걸어서 5분 안에 갈 수 있는 위치였다. 여기까지 읽고 분명 '어디지? 괜찮아 보이는데?'라고 생각한 독자들이 있을 것이다. 이처럼 우리는 이 오피스텔을 분양받더라도 사고 싶어 하는 사람이 있을 것이라고 확신했다. 애매하거나 위험한 물건, 혹은 남들이 사지 말라고 하는 물건을 투자할 때는 그 물건이 잘 팔릴 수 있을지를 생각해야 한다. 부동산 투자의 경우 주식보다 상대적으로 큰 금액이 들어가기 때문에 잘못 투자하면 오랜 기간 자금이 묶일 염려가 있으므로 잘 팔릴 물건을 사는 것이 그만큼 중요하다. 이 오피스텔은 청약에 당첨되었고 이후에 다행히 예상처럼 우리의 물건을 사고 싶어 하는 사람이 있어서 수익을 남기고 매매할 수 있었다.

서울 시내 E아파트

서울의 E아파트는 2호선 초역세권에 위치해 있는 브랜드의 대단지 아파트였다. 청약했을 당시 지금만큼의 높은 경쟁률은 아니어도 청약 경쟁률이 나름 높을 것으로 예상해서 인기 타입보다는 비인기 타입을 공략했다. 좋은 단지의 경우 타입별로 금액 및 수익률의 차이는 있지만 결국 비선호 타입도 시세가 동반해 상승한다. 청약 전략으로 이 점을 노렸던 것이다. 덧붙여 이 E아파트 청약 직전에 규제책이 발표되어 해당 아파트의 청약을 머뭇거리는 사람들이 꽤 있었다. 우리는 발표된 규제책이 E아파트의 시세 상승에 영향이 거의 없을 것이라고 판단해 오직 당첨만을 노리고 비인기 타입에 청약을 신청했다. 그 후 청약에 당첨되지는 않았지만 당첨자 중에 미계약자가 있을 때 남은 물건에 대해 계약할 자격이 주어지는 예비당첨자로 선정되었다. 이후 예비당첨 순번이 매우 앞 번호도 아니었음에도 추첨에 참여할 수 있었다. 우리와 인연이 있었던 물건이 비로열층이기는 했지만 '가는 놈은 간다.'라는 투자계의 속설을 떠올리며 계약을 진행했다. 이 아파트는 당시 예비당첨이 끝나고도 일부 미계약분이 '내집마련 추첨' 단계로 넘어갔었다. 내집마련 추첨에 대해서는 바로 뒤의 사례에서 설명하겠다.

서울 시내 F아파트

해당 아파트는 인근에 존재하지 않았던 상당한 규모의 대단지 아파트지만 분양 당시 태생적인 단점 한 가지가 매우 강조되었던 단지였다. 그 단점이 단기간에 해결될 수 없다는 것을 우리도 알고 있었으나 인근에 신축 아파트가 매우 부족한 상황이었고 주변 환경이 개선될 여지가 크다고 판단했다. 무엇보다 부각되는 단점으로 인해 분양가가 저렴한 것은 오히려 큰 장점이기도 했다. 그렇게 F아파트에 청약을 했으나 당첨이 되진 않았다. 다만 세대수가 많았기 때문에 당첨된 이들이 계약을 하지 않은 미계약분 역시 많았고 예비당첨에서도 미계약분이 모두 소진되지 않아 내집마련 추첨 단계까지 상당한 잔여 물량이 넘어왔다.

내집마련 추첨은 청약통장을 사용하지 않고 분양 물건을 잡을 수 있는 방법이다. 심지어 이 F아파트는 내집마련 추첨에 참여한 사람 전원이 당첨되었을 정도로 미계약 물량이 많았다. 이 아파트의 내집마련 추첨 당일은 주말이었고 더운 날씨가 시작되었던 때이기도 했다. 대단지에다 저렴한 분양가 등의 장점에도 불구하고 환경적인 단점이 크게 부각되어 많은 사람이 내집마련 추첨에 참여하지 않았던 듯했다. 현재 이 아파트는 분양가 대비 약 2.5배가 넘는 가격에 거래되고 있다. 당시 인터넷의 부동산 카페에서는 이 아파트의 단점을 꼬집으며 흉보기에 바빴지만, 그 말을 뒤로하고 내집마련 당첨에 참여한 사람들은 분양가만큼의 수익을 낼 수 있었다.

부동산 카페에서는 늘 정보와 입담이 넘친다. 이 정보 중에는 양질의 정보도 있지만 그렇지 않은 정보도 존재한다. 평소 부동산에 관심을 가지면서 현장에 많이 다녀봐야만 정보의 좋고 나쁨을 선별할 수 있는 힘이 생기고 확신을 가지고 행동할 수 있는 용기가 생긴다.

우리도 분양권 투자를 하면서 미래에 가격이 지금보다는 꽤 상승할 것이라는 생각은 있었지만 상승의 폭이 어떻게 될 것이라는 점까지는 예측하지 못했다. 하지만 오를 것이라는 확실한 주관이 있었기 때문에 과감하게 움직일 수 있었다. 내집마련 추첨 당일, 주말 근무를 했던 터라 일이 끝나자마자 점심도 거르고 직장 근처 버거킹에서 너겟을 사서 약 2시간 동안 지하철을 타고 모델하우스로 갔던 기억이 아직도 생생하다.

지금까지 여러 방법으로 청약에 당첨된 사례와 청약을 신청했던 이유를 살펴봤다. 우리 부부가 모든 것을 스스로 판단해 당첨된 것처럼 생각하시는 분들도 있겠으나, 분양권 투자를 고려하던 당시 우리는 청약에 대해서 매우 세세하게는 잘 알지 못했다. 그리하여 청약을 전문으로 하는 강의를 듣고 나서 본격적으로 투자를 시작했다. 우리 부부가 도움을 받은 강의, 도서, 카페 등은 책 말미의 부록에 한꺼번에 정리해놓았다.

에어비앤비의
장단점과 현재 상황

우리 부부는 에어비앤비 호스트를 하면서 모두가 바라는 슈퍼호스트가 되어 1년간 30%가 넘는 높은 수익률을 얻을 수 있었다. 에어비앤비 호스트를 시작한 계기는 부동산을 구입하지 않고도 월별 현금 수익을 창출할 수 있다는 점에서 큰 매력을 느꼈기 때문이었다.

에어비앤비는 거주지에서 남는 방을 투숙객에게 임대해서 숙박을 제공하고 숙박비를 받는 개념이다. 현재 우리나라에서는 도시민박업 허가를 받는 것이 매우 까다롭다(아파트의 경우 해당 라인에 거주하는 사람과 옆집의 동의를 얻어야만 한다. 지자체에 따라 단지 내 주민 전체 상당 비율의 동의를 요구하는 곳도 있다). 무허가 운영이라면 관광경찰의 단속을 받는다. 우리는 초창기에 운영해서 1년에 30%의 수익률을 거두었지만 현재는 에어비앤비를 운영하는 호스트가 늘어나서 수익률이 예전 같지 않은 것으로 알고 있다. 한때 홍대 인근에만 4,000개가 넘는 숙소가 생겼다는 이야기가 있었다.

규제 상황

에어비앤비는 월세에 비해 수익률이 높고 빈집 혹은 빈 공간을 사용해 수익을 창출할 수 있다는 큰 장점이 있다. 다만 우리나라는 강한 규제 때문에 호스트의 활동에 제약이 많은 것이 현실이다.

특히 내국인 숙박에 큰 제약이 있는데, 에어비앤비 본사에서 우리나라 정부에 규제 완화를 꾸준히 요구하고 있다고 한다. 정부에서는 「관광진흥법」 개정을 통해 내국인의 숙박을 허용해준다고 하고 있으나 아직 개정은 요원한 상태다. 2021년 4월 국회 소관위원회 심사까지 올려졌으나 2021년 11월 기준 진척이 없다. 에어비앤비로 대표되는 공유숙박업은 기존 숙박업인 호텔 등과 이해관계가 맞물려 있어 법률 개정이 쉽지는 않아 보인다. 그리고 코로나19의 장기화로 관광업 전체가 어려워진 상황에서 대규모 호텔에 비해 소규모 에어비앤비 숙소 등의 타격은 더 클 것으로 보인다.

우리 부부도 메르스가 유행했을 때 에어비앤비를 운영해서 전염병이 숙박업에 얼마나 큰 영향을 주는지 경험했다. 다행히 관광을 위해 방문하려던 예약자들의 예약 취소는 있었지만, 일 때문에 출장을 오는 숙박객들은 취소가 거의 없었다. 그래서 그들을 위해 메르

표7 | 에어비앤비 규제(2019년 기준)

해외·한국 숙박공유 규제 비교

분류	한국	미국	중국	일본	프랑스
내국인 사용 가능 여부	✕ (전 세계 유일)	○	○	○	○
빈집 활용 가능 여부	✕	○	○	○	○
이웃 동의 확보 여부	○ (아파트 기준)	✕	✕	✕ (사전 통보)	✕

한국에서 허용되는 도심 숙박 공유

등록증 종류	외국인 관광 도시민박업	공유민박업 (정부 개정안)
내국인 투숙 여부	불가 ✕	허용 ○
외국인 투숙 여부	허용 ○	허용 ○
운영 기간	1년 내내	연중 180일

※ 개정안은 국회 계류 중, 통과 후엔 집주인은
   도시민박업이나 공유민박업 중 택일해야 함.

에어비앤비 현황

- 191개국 10만 개 도시에서 사업중
- 전 세계 숙소 700만 개 이상 보유
- 누적 이용자 5억 명
- 하룻밤 평균 이용자 200만 명

자료: 에어비앤비, 〈조선비즈〉

스 안전 수칙과 손소독제 등을 비치해두었었다.

「도시민박업」에 대한 인허가 관련 절차는 다음의 내용을 참고로
해 진행할 수 있다.

외국인관광 도시민박업(이하 도시민박업) 인허가 등록 방법

① **건축물 대장 확인:** 위반건축물 여부, 연면적 230㎡ 미만, 건축물의 용도

확인(업무용 시설, 근린생활시설 불가)

② **자치구 관광부서에 도시민박업 신청 서류 제출:** 관광사업등록신청서(구청에 비치), 사업계획서, 부동산 소유권 또는 사용권 증명서류(등기부등본 혹은 임대차계약서, 임차인의 경우 소유자의 동의서 추가), 시설배치도(평면도, 사진), 인근 주민 동의서(사전에 구청 담당자에게 문의), 기본증명서(성명, 주민등록번호, 등록기준지를 기재한 서류), 신분증

③ **서류 검토**

④ **현장 조사:** 소화기, 화재경보기, 비상용 랜턴, 비상구 표시, 비상 대피로 등 확인

⑤ **등록증 발급**

⑥ **등록면허세 납부(6만 7,500원):** 최초 등록 시와 매년 1월 추가 납부

⑦ **관할세무서 사업자 등록 및 사업자등록증 발급**

장점

에어비앤비의 가장 큰 장점은 부수입이다. 대략 같은 공간을 월세로 받는 것보다 약 1.5~2배 정도의 수익이 더 나온다. 관리비, 전기세, 수도세를 제하더라도 월세를 받는 것보다 수입이 좋기 때문에 에어비앤비에 도전하는 사람들이 있는 것이다. 또한 자신의 숙소가 좋은 후기를 많이 받아 얼마나 공실이 최소화되는지에 따라서도 수익률이 변한다. 그리고 방을 처음 세팅할 때 안내문과 매뉴얼 작성을 잘 만들어두면 이후에 의외로 시간을 많이 뺏기지도 않는다.

초기에 매뉴얼 만들기를 귀찮아 하지 말고 최대한 자세히 준비

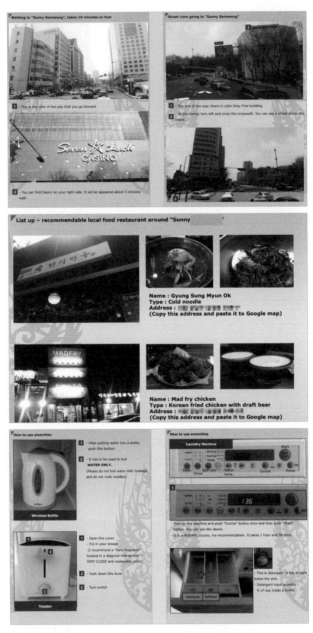

우리 부부의 에어비앤비 매뉴얼: 오시는 길(위), 식당(중간), 가전(아래)

해두자. 매뉴얼이 상세할수록 문의 연락 등의 불필요한 시간 소비를 줄일 수 있다. 신경 쓸 일도 예상보다 없다.

에어비앤비는 호텔과는 다른 틈새시장을 찾을 수 있다는 강점도 있다. 예를 들어 성인 3인 이상의 여행객 혹은 아이가 있는 여행객의 경우 호텔보다는 본인들에게 특화된 에어비앤비 숙소를 찾을 수 있어 유리하다. 성인 3인 이상이 호텔에 묵으려면 2인실을 2개 이상 빌리거나 매우 비싼 스위트룸을 빌리거나 불편한 엑스트라 베드를 요청해야 하는 반면, 에어비앤비는 아예 침대가 3개 이상 있는 숙소를 찾으면 된다. 걸음마가 서툴러서 잘 부딪히는 아이와 함께하는 여행객이라면 가구 모서리에 안전장치가 설치된 에어비앤비 숙소를 찾으면 된다. 이처럼 호텔과는 다른 특화된 서비스를 제공할 수 있는 에어비앤비 호스트라면 강점을 충분히 어필할 수 있다.

단점

에어비앤비의 가장 큰 단점은 규제다. 정부가 규제 완화책으로 제시하고 있는 「관광진흥법」이 개정된다 하더라도 내국인에 대해서는 최대 180일밖에 영업을 할 수 없고, 도시민박업과 공유민박업 허가를 받는 것 자체도 쉽지 않을 것으로 보인다.

한편 예비 호스트 중 상당수는 영어를 써야 한다는 부분에 두려움을 갖는 경우가 많다. 그러나 영어는 생각보다 큰 걸림돌이 되지 않는다. 게스트 중에는 우리처럼 영어를 잘 못하는 게스트도 있어

서로 번역 애플리케이션을 이용하는 경우도 있다. 영어권 게스트라면 천천히 띄엄띄엄 말을 해도 잘 알아듣는다. 우리말을 서툴게 하는 외국인을 생각해보면 상황을 이해하기 쉽다. 그들이 서툴게 우리말을 한다고 해도 대략의 뜻을 알 수 있듯이 반대의 경우도 마찬가지다. 물론 영어를 잘하면 호스트의 만족도는 높겠지만 그 정도의 실력이 꼭 필수는 아니다.

규제의 어려움이 있지만 에어비앤비를 하기 적합한 상황이 있다. 자녀의 입대 혹은 결혼 등으로 자신의 거주지(소유 여부 무관)에 방 하나가 남는다거나, 빈번한 출장으로 집이 종종 비어 있는 경우는 에어비앤비 허가를 받기가 용이하다. 간혹 단속에 걸릴 확률이 적다고 등록을 무시하고 호스트에 도전해보라고 하는 칼럼과 강의 등이 있는데 우리 부부의 생각은 그렇지 않다. 단속에 걸리는 일이 드문 일이긴 하지만 전과 기록이 남는 벌금형을 받는 경우도 보았다. 벌금형은 행정벌인 과태료와는 다르다. 아무리 자본주의 사회에서 돈이 중요하긴 하지만 전과자가 될 위험을 감수할 만큼 에어비앤비가 매력적이라고 생각되지는 않는다. 그러나 위의 경우에 해당된다면 허가를 받고 도전해볼 만하다. 도시민박업 등록을 할 수 있다면 호텔과는 다른 특화된 서비스를 제공함으로써 승산이 있다고 본다. 위의 장점에서 언급한 바와 같이 성인 다수 여행객, 영유아 여행객을 타깃으로 해 커플 여행객을 타깃으로 하는 호텔과 경쟁하는 것을 추천한다.

5장

부부가 함께하는
미국주식 투자

주식 투자 워밍업

주식이란?

증권과 주식

먼저 증권은 재산 권리를 약속하는 증서로, 크게 주식과 채권으로 나뉜다. 주주들은 주식을 매도해서 수익을 얻거나 회사 이익의 일부를 정해진 시기마다 배당금으로 받을 수 있다. 이런 식으로 매도차익과 배당금을 얻기 위해 주식 투자를 하는 것이다.

매도차익은 간단하게 주식을 일정 금액에 산 다음(매수) 해당 주식의 가격이 오른 후 파는 과정(매도)을 반복해 얻게 된다. 배당금은 대체로 주주총회에서 결의된 배당률대로 일정 세금(배당소득세)을 제하고 정해진 날짜에 입금된다. 우리나라 회사 중 다수를 차지하는 12월 결산법인의 경우, '12월 결산 – 3월 주주총회 – 4월 배당금 입금'의 스케줄을 따르게 된다. 12월 결산이 아닌 3·6·9월에 결산을 하는 법인도 있지만 아예 다른 월에 결산하는 경우도 있다(예를 들어 현대약품은 11월 결산법인이다).

보통주와 우선주

주식은 주주총회에서 의결권을 행사할 수 있느냐 없느냐에 따라 보통주와 우선주로 나뉜다. 주식을 소유하고 있는 사람을 주주라고 부르고, 보통주를 가지고 있는 주주는 주주총회에 참석해 주식의 비율대로 회사 경영에 참여할 수 있다. 예를 들면 '삼성전자'처럼 주식 거래 시 통상 이용하는 HTS(Home Trading System)와 MTS(Mobile Trading System)의 거래창 종목명에 아무 표시 없이 회사 이름만 나와 있으면 보통주다. 주식 중에 우선주는 의결권이 없어 회사 경영에 참여할 수 없는 대신 배당률이 높다. 예를 들면 '삼성전자우'처럼 HTS의 거래창 종목명에 '우'라는 글자가 회사명 뒤에 들어가면 우선주다.

증권의 일종인 채권

채권(회사채)은 적금처럼 만기가 정해져 있다. 만기까지 유지한다면 처음 매수할 때 확정된 금리만큼 수익이 발생한다. 일반적으로 주식보다는 위험이 낮지만 매입에 필요한 금액이 주식과 비교할 때 현저히 커서 개인이 직접 투자를 위해서 접근하기가 쉽지 않다.

주식 투자의 장단점

주식 투자는 부동산 투자보다 초기 투자금이 적게 들어간다는 장점이 있다. 부동산의 경우 소액 투자라고 해도 최소 몇 천만 원이 필요한 반면 주식은 1만 원 이하로도 투자가 가능하다. 또한 대부분의 주식은 환금성이 뛰어나다. 부동산 중에서 환금성이 뛰어나다고 하는 아파트의 경우에도 계약을 한 후 잔금까지 빨라도 1개월 정도의 기간이 걸리는 반면, 주식 투자는 체결일(주식을 매매한 날)과 결제일이 영업일 기준으로 2일(국내주식)밖에 소요되지 않아 환금성에 있어 부동산보다 유리하다. 또 주식은 부동산에 비해 세금이 적다. 부동산은 매수할 때 취등록세, 보유하고 있는 동안 보유세(재산세, 종합부동산세 등), 매도할 때 양도소득세 등을 납부해야 한다. 반면 주식은 양도소득세를 납부하는 예외적인 경우(대주주의 양도, 소액주주의 증권시장 외에서 양도, 비상장법인의 주식을 양도하는 경우)만 제외하면 매도할 때 증권거래세, 그리고 배당금을 받을 때 배당소득세를 낼 뿐이다. 다만 2023년부터는 주식 매매차익을 포함해 특정 금액을 초과하는 금융 투자 소득에 대해서는 과세가 이뤄질 예정이긴 하다.

주식 투자의 단점이라면 아무래도 상장폐지의 위험이 있다는 것이다. 상장폐지란 흔히 '주식이 휴지 조각이 되는 것'이라는 비유를 많이 하는데, 주식 거래소에 거래 가능한 주식 리스트에서 해당 회사의 주식이 빠지는 것을 의미한다. 주주로서의 권리는 가지고 있지만 주식을 사고파는 것이 어려운 상태에 이르는 것이다. 한 회사의 주식이 상장폐지까지 이르는 데는 여러 이유가 있지만 거래할 만한 가치가 없어졌기 때문에 상장폐지가 되는 것이 일반적이다.

관리종목 지정 사유 중에 가장 많은 비율을 차지 하는 것은 '감사의견 비적정'이다. 최근 5년간 상장폐지된 43개의 기업 중 36개가 '감사의견 비적정'을 사유로 상장폐지되었다. 감사보고서에는 '적정 – 한정 – 부적정 – 의견거절' 중 한 가지의 감사의견이 표시되어 있다. 감사보고서는 매년 3월 말 즈음에 전자공시시스템(dart.fss.or.kr)에 공시가 된다. 우리나라 법인의 대부분이 12월 결산 법인이라 3월 말이라고 이야기했으나, 결산 날짜가 다르면 감사보고서 제출 시기에도 차이가 있다. 자신이 보유하고 있는 회사의 주식의 감사의견을 비롯한 주요 공시사항 정도는 확인하는 것이 상장폐지 주식을 피하는 최소한의 공부라고 생각한다. 게다가 정리매매 시에는 가격제한폭이 정해져 있지 않아 주식의 가격이 곤두박질칠 수도 있다.

주식 투자의 또 다른 위험은 주식 가격이 매 순간 심하게 변동한다는 것이다. 이는 거래하는 사람의 심리와 관계가 있다. 끊임없이

표1 | 상장폐지 절차

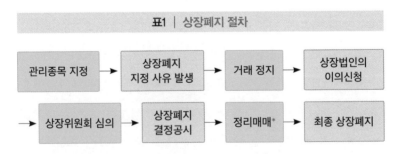

* 정리매매 기간은 영업일 기준 7일로, 이때는 주식의 가격제한폭이 없음을 유의해야 한다. 일반 주식은 가격제한폭이 상하한 30%로 제한되어 있다.

자료: 한국기업지배구조원

변화하는 호가창을 보며 실시간으로 대응하기 위해서는 흔들리지 않는 굳건한 멘탈과 자신만의 매매 원칙을 가지고 있어야 한다. 우리 부부는 생업이 있어서 주가를 계속 확인하면서 있을 수도 없었고, 멘탈 측면에서도 주식 호가창을 들여다보면서 초단타 매매(스캘핑)를 하는 것이 어울리지도 않았다. 이렇듯 우리의 경우 스캘핑이 맞지 않아서 하지 않지만 독자 모두에게 스캘핑을 하지 말라고 하는 것은 아니다. 재테크는 사람마다 어울리는 적합한 방법이 모두 다르기 때문에 강한 멘탈을 가지고 있고 순간적인 판단력이 뛰어난 분들은 시도해보는 것도 나쁘지 않다. 다만 항상 강조하듯이 모든 투자 결과에 대한 책임은 본인이 지는 것이다.

또한 주식은 개인투자자(개미)가 취득할 수 있는 정보가 상대적으로 빈약할 수밖에 없다는 단점이 있다. 모든 투자는 싸게 사서 비싸게 파는 것이 핵심이다. 우리나라 주식 시장의 큰손으로는 외국인과 기관이 있는데, 외국인과 기관은 일반 개인에 비해 얻을 수 있는 정보의 질과 양이 다르다. 대표적으로 각 기업에서 하는 IR(Investor Relations, 기업설명회)을 예로 들어볼 수 있겠다. IR은 기업에서 투자 유치를 위해 하는 활동을 말한다. 기업에 대한 홍보를 적극적으로 하는 자리다. 기업설명회에서 개인투자자의 출입을 막지는 않지만 실질적으로는 대부분 운용하는 금액이 큰 외국인과 기관 투자자 중심으로 설명회가 진행된다. 물론 개인투자자도 적극적으로 임한다면 취득할 수 있는 정보의 질과 양이 다르지 않을 것이지만, 재테크의 일환으로 주식에 투자하는 개인투자자와 주식 투자가 본업인 외국인과 기관을 비교하면 현실적으로 차이가 날 수밖에 없다.

국내주식과 미국주식 비교

국내주식의 경우 첫째로 미국주식에 비해 비교적 정보를 얻기가 쉽다. 정보의 질은 논외로 하더라도 뉴스 혹은 지인이 다니는 회사의 소식 등을 통해 정보 자체를 얻는 것은 어렵지 않다. 정보의 질은 그 소식을 통해 자신이 투자할 종목을 어떻게 판단하거나 예측하느냐에 달렸다. 지인이 다니는 회사가 수주를 해서 앞으로 회사가 좋아질 것이라고 주식을 샀는데 주가는 도리어 떨어지는 경우도 있다. 이와 같은 경우는 이미 회사가 좋아질 것이라는 기대감이 선반영되어 주가가 올라 있는 상태에서 뒤늦게 내가 진입했을 확률이 높다. 즉 한창 주가가 꼭지인 시기에 주식을 산 것이다.

둘째, 국내주식은 시장이 일과 중(오전 9시~오후 3시 30분)에 열리기 때문에 실시간으로 대응이 가능하다. 그러나 실시간 대응이 가능하다는 것 또한 장점이 될 수도 있고 단점이 될 수도 있다. 주식 투자를 한번이라도 해본 사람은 내가 팔면 오르고, 내가 사면 떨어지는 신비한 경험을 한 적이 있을 것이다. 실시간 대응을 잘해야 좋은 것이지, 실시간 대응을 할 수 있다고 항상 좋은 것은 아니다.

셋째, 국내주식은 외국인과 기관에 의해 시황이 크게 좌우된다. 2020년 코로나19 확산이 지속되면서 발발한 '동학개미운동'은 개인들이 이례적으로 과거보다 주식 시장에 활발하게 참여하고 어느 정도 성과도 냈기 때문에 명명된 것이지, 대체적으로 국내주식의 주가는 외국인과 기관에 의해 좌우된다. 외국인과 기관이 투자하는 금액과 개인 한 사람 한 사람이 투자하는 금액을 생각해보면 쉽게 이해할 수 있다. 참고로 외국인은 국내주식 시장(코스피·코스닥 시장)에서 우리나라 시가총액 대비 30~40% 비중을 투자하고 있다.

넷째, 대부분의 국내주식은 배당율이 낮은 편이고 기업 문화가 미국에 비해 주주친화적이지 않다. 우리나라는 1년에 1번 정기배당을 하는 기업이 많은데, 미국의 기업은 3개월마다 배당을 지급하는 기업도 쉽게 찾을 수 있다. 우리나라의 정기배당은 거의 3~4월에 집중되어 있는 반면 미국의 배당은 A그룹(1·4·7·10월), B그룹(2·5·8·11월), C그룹(3·6·9·12월)으로 나뉜다. 분배만 잘 한다면 매달 배당금을 받을 수 있게 포트폴리오를 구성할 수도 있다.

다섯째, 국내주식은 하루의 주가변동폭을 ±30%로 제한하고 있지만 미국주식은 상하한가 제한이 없다. 하루에 30% 이상 오를 수도, 하락할 수도 있는 것이다. 그렇다고 가격 변동이 롤러코스터와 같다고 생각하면 오산이다. 미국은 정규시장을 전후로 프리마켓(정규장 전에 5시간 30분 동안 열리는 장전 시장)과 에프터마켓(정규장 종료 후 4시간 동안 열리는 장후 시장)이 충분히 길게 존재한다. 거래 시간 내에 가격 변동이 충분히 이루어져서 가격변동폭의 제한을 두지 않더라도 시장에서 스스로 적정한 가격이 형성되기 때문에 가격과 시장에 대한 신뢰성이 높다.

주식 공부할 때
이것만은 확인하자!

주식 공부에 돈이 드는 것은 아니다

우리는 주식 투자를 하기 위해 주식에 대한 공부를 해야겠다는 마음이 있었지만, 공부할 때 쓸 돈이 있으면 그 돈으로 투자를 더 하고 싶었다. 그래서 돈을 최대한 적게 쓰면서 공부하는 방법에 대해 고민했다. 투자를 위해 공부하는데 그 준비를 위한 비용이 너무 크면 안 된다고 생각했다. 게다가 부동산 강좌 대비 주식 강좌가 대체적으로 가격이 비싸서 주식 강좌는 듣기가 망설여졌다. 그리고 가급적 출퇴근 시간을 활용할 수 있기를 원했었다.

증권사 애널리스트의 리포트

서점에 가득한 주식 입문 책들을 훑어보니 자신의 이론을 입증할 수 있는 차트를 놓고 내용을 그에 끼워 맞춘 듯한 느낌이 들었다. 그래서 책보다는 리포트 중심으로 공부했다. 우리도 이 책에 주식 투자 관련 내용을 포함시키고 있지만 책은 저자가 글을 쓰고, 편집을 거쳐, 책이 출판되고, 서점에 풀려 내 손에 들어오기까지 상당한 시간이 걸린다. 1분 1초를 두고 시세가 변하는 주식의 특성상 책은 따끈따끈한 정보를 담기가 어렵다. 책은 주식 투자에 대한 마인드 정립 혹은 기본 용어 정리 정도로 사용하는 편이 좋다.

반면 증권사 리포트는 애널리스트가 작성해 회사 내부 결재를 마친 후 증권회사 홈페이지(블로그) 등에 올라오기 때문에 책에 비해 정보가 유통되기까지 시간이 적게 걸린다. 또한 정기적으로 발행되는 데다가 동일 산업 및 같은 기업에 대해서 여러 증권회사에서 리포트가 발행되기 때문에 다양한 시각을 비교할 수 있어 내가 매수할 종목을 결정하는 데 도움이 된다.

증권회사 고객센터

처음 주식 투자를 할 때는 계좌를 어떻게, 어디서 개설해야 하는지부터, 돈을 어떻게 입금해야 하는지도 막막하다. 주식 투자를 위한 계좌는 대개 회사명이 '~증권'으로 끝나는 증권사에서 개설하면 된다. 비대면 계좌 개설도 가능하기 때문에 굳이 지점에 직접 방문할 필요는 없다. 증권 계좌 개설부터 투자자금 입금, 주식 매수(사는 것)와 매도(파는 것)까지 증권사 애플리케이션을 보다 보면 메뉴가 어디에 있고, 어떤 기능이 있는지 처음엔 헤매게 될 수밖에 없다. 이 과정은 당연하다. 너무 조바심 내지 말고 스마트폰 애플리케이션과 관련된 어려움은 계좌를 개설한 증권사 고객센터에 문의하자. 대체로 잘 안내해준다. 또 신규 투자자를 위해 주식 투자 매뉴얼 등을 영상(유튜브)으로 제공하는 증권사도 상당수 있다. 이런 영상을 보는 것도 도움이 된다. 다만 전화 연결이 한 번에 되기 힘들 수도 있으니 문의할 것이 있으면 적어두고 연결되었을 때 한 번에 물어보는 것이 좋다.

피해야 할 주식 투자 유형

삼성전자 사서 한 10년 묻어둘까요?

우리나라 시가총액 상위주라고 해서 무조건 사서 묻어두는 일도 추천하고 싶지는 않다. 우리나라 시가총액 상위주라고 회사가 없어지지 않는다는 보장도 없고, 국내 경제 상황 혹은 해당 산업의 경기에 따라 주가가 예상치 못하게 빠질 수도 있다. 삼성전자라는 회사에 투자하지 말라는 의미가 아니다. 우리나라 시가총액 1위인 회사라도 이 회사의 사업 구조가 어떻게 되는지, 그중 이익이 많이 나는 부문은 무엇인지, 그 사업 부문의 전망은 어떤지, 최대 경쟁자는 누구인지 정도는 누군가 물어보면 짧게라도 답할 수 있도록 최소한의 공부는 해야 한다.

단톡방에서 이 종목이 좋대요

재테크에 관심이 있는 사람과 정보를 갈망하는 사람, 재테크 공부할 시간이 없다고 하는 사람이 많아질수록 무료로 정보를 준다고 하는 각종 단톡방은 우후죽순 생겨난다. 그렇게 난립한 단톡방에 그럴 듯한 글로 쓰인 정보는 빠르게 퍼진다. 찌라시라고 불리는 이런 정보들은 여기저기 옮겨져서 출처조차 알 수 없게 된다. 무료 정보가 항상 나쁘다는 것은 아니지만 시간과 노력을 들이지 않고 얻은 그 정보가 얼마나 양질의 정보일지는 한번 생각해봄직하다. 게다가 그 정보를 나 이전에 이미 얼마나 많은 사람이 보았을지도 생각해봐야 한다.

아이 대학교 갈 때까지 이 돈으로 투자하려고요

사용 시기, 사용 목적이 정해진 돈으로 투자하는 것은 금물이다. 그 시기가 도래했을 때 과연 내가 산 종목이 오를지는 아무도 모른다. 주식 시장은 나의 희망대로 움직이지 않는다. 모든 투자, 특히 주식 투자는 여윳돈으로 해야 부담감이 없어 성과도 좋다. 여유 자금이라면 설사 손해를 본다고 해도 마음은 아플지언정 추후에 아이 등록금이 모자라는 일은 없을 것이다.

이 종목이 몇 번 상한가를 갔었어요

과거에 상한가를 몇 번 갔었다고 내일 상한가를 간다는 보장은 없다. 상한가 혹은 급등을 바라는 투자는 투자가 아니라 도박에 가깝다. 물리고 싶어서 물려 있는 투자자는 아무도 없다.

한 종목을 10만 원에 100만 원어치를 샀어요

어느 종목을 한 번에 동일한 가격으로 사는 것은 좋지 않다. 한 종목에 올인하는, 소위 '몰빵 투자'보다 한 종목의 매수가격이 동일한 일괄매수가 수익을 내기 어렵다. 한 종목을 10만 원에 10주, 즉 100만 원어치를 샀다면 평단가(평균 매수 단가) 10만 원짜리 주식 10주를 산 셈이지만, 그 종목을 10만 원에 1주를 사고 9만 8,000원 2주, 9만 6,000원 2주, 9만 4,000원 2주, 9만 2,000원 2주, 9만 원 1주로 2,000원씩 내려서 분할매수를 한다면 총 매입 금액은 95만 원, 평단가는 9만 5,000원으로 일괄매수를 할 때보다 평단가가 낮은 금액으로 종목을 매수할 수 있다. 이처럼 분할매수를 하면 매수하는 주식의 평단가가 낮아질 수 있다. 매수하는 주식의 가격이 오르든 내리든 분할매수를 하는 것은 가격에 대한 리스크를 어느 정도 분산시키는 유용한 방법이다.

표2 | 일괄매수와 분할매수 비교

매수 방식	체결가(원)	체결수량	구입액(원)	평단가(원)
일괄매수	100,000	10	1,000,000	100,000
분할매수	100,000	1	100,000	
	98,000	2	196,000	
	96,000	2	192,000	
	94,000	2	188,000	
	92,000	2	184,000	
	90,000	1	90,000	
	계	10	950,000	95,000

자신이 매수하려는 주식의 가격이 안 떨어진다고 조급해할 필요가 없다. 천천히 기다리다 보면 주가는 떨어질 때가 있으니 일단 기다리면 된다. 물론 한 번에 일괄매수를 하는 것보다는 귀찮긴 하지만 잠깐의 귀찮음이 빠른 수익으로 돌아올 것을 생각하고 감수해보자. 분할매수를 하더라도 변동성이 큰 종목이라면 하루에도 목표로 삼은 매수 물량 전부가 매수 체결이 될 수도 있다. 주식의 가격이 떨어졌을 때 조금씩 사 모으는 것이 주식을 싸게 사는 방법이다. 모든 투자의 시작은 싸게 사는 것이다. 조바심을 갖지 말고 주가가 아래로 내려올 때까지 미리 덫을 놓고 기다리면 된다.

TIP 얼마로 주식 투자해요?

모든 투자는 원금 손실의 위험이 존재한다. 따라서 손실 가능성이 낮은 것을 선별하고 수익을 얻으려고 투자를 위한 공부를 하는 것이다. 예전에 재테크 강의를 한다고 했을 때 주변에서 가장 많이 받은 질문 중에 하나가 "얼마로 주식 투자를 해야 해요?"였다. 여기에는 정답이 없다. 적은 금액부터 차근차근 늘려가는 수밖에 없다.

우리 부부는 둘 다 주식 입문을 국내주식으로 했었다. 처음에는 월급의 5%를 매달 주식 계좌에 넣어 주식을 시작했으나, 수익에 욕심이 생겨 10%를 주식 계좌에 넣었더니 수익률(손실률)이 아니라 수익금(손실금)이 눈에 보이기 시작하면서 마음의 평정을 잃게 되었다. 그래서 그다음 달부터는 다시 월급의 5%만 주식 계좌에 넣으면서 투자를 했다.

적은 금액으로 주식 투자를 하다가 자신만의 노하우와 기준이 생겼다는 생각이 들면 조금씩 투자금을 늘리는 것이 좋다.

미국주식 시작하기

미국주식 계좌 개설 방법 및 증권사 선택하기

미국주식에 투자하기 위해서는 증권사에 별도의 해외주식 전용 계좌를 개설해야 한다. 기존에 한국주식 계좌가 있다 하더라도 미국주식 투자를 하려면 별도의 신청이 필요하다. 한국주식과 미국주식 거래를 같은 증권사에서 한다고 해도 미국주식 전용 애플리케이션을 추가로 설치해야 하는 경우도 있다.

우리는 달러 자산과 원화 자산을 별도로 관리하기 위해 미국주식을 거래하는 증권 계좌와 한국주식을 거래하는 증권 계좌를 분리해 사용하고 있다. 한국주식 계좌가 있는 증권사에 같이 해외주식 계좌를 개설하는 것도 장단점이 있으니 각자 선택하면 된다.

국내주식 계좌와 해외주식 계좌를 같은 증권사에서 개설했을 때는 '하나의 증권사에서 한 번에 관리할 수 있다'는 장점이 있다. 보유 자산과 거래 횟수로 수수료와 고객 등급이 통합 관리되는 경우 수수료가 저렴해지거나 고객 등급이 상향될 수 있다. 또한 내 주식 자산의 현황을 쉽게 확인할 수 있고 한쪽 시장에서 생긴 수익금을 다른 시장으로 옮기기도 간편하다. 미국 시장의 수익금으로 한국주식에 투자할 때 타행이체 없이 예수금 전환만으로도 할 수 있는 것이다.

하지만 국내주식 계좌와 해외주식 계좌를 꼭 같은 증권사에서 개설할 필요는 없다. 미국주식이 예전보다 많이 대중화되고 알려지면서 여러 증권사에서 거래 수수료나 환전 수수료 할인 등의 다양한 마케팅을 하고 있다. 각자 계좌를 개설하는 시점에 수수료가 저렴한 증권사를 선택하는 방법이 좋다. 다만 이런 마케팅을 알아볼 때는 수수료 할인 기간을 유념해서 살펴봐야 한다. 해당 연도 혹은 짧은 기간만 반짝 할인해주는 곳도 있고, 계좌를 가지고 있는 동안 지속해서 할인해주는 곳도 있으니 할인 기간을 잘 찾아보고 증권사 계좌를 개설하는 것이 좋다.

증권사별로 최소 수수료는 거의 없어지고 있긴 하지만 이 역시 개별적으로 확인해보는 것이 필요하다. 최소 수수료란 1주를 거래하더라도 내야 하는 수수료다. 예를 들어 증권사를 통해 미국주식 계좌를 개설하고 미국주식 1주를 산다고 가정할 때, 본인이 선택한 증권사마다 최소 수수료가 달라서 1주의 매수가격이 차이가 날 수 있는 것이다. 자칫 1주의 가격보다 최소 수수료가 더 커서 배보다 배꼽이 커질 수 있으니 가급적 최소 수수료가 없는 증권사를 선택하는 것이 유리하다. 최소 수수료가 없는 증권사들 중에는 이벤트를 통해 그때그때 거래 수수료를 낮춰주거나 현금을 지급해주는 곳이 있으니 잘 찾아보자. 미국주식 계좌를 개설할 때는 수수료 할인 폭이 큰 곳을 찾아야 유리하다.

거래 수수료 이외에 환전 수수료 할인 혹은 실시간 시세 제공 등 부가 서비스를 통해 차별화된 서비스를 제공하는 곳도 있다. 이 역시 증권사를 선택하는 기준이 될 수 있겠다. 환전 수수료 할인은 뒤에 환율 부분에서 상술하겠다. 또 과거 국내 증권사 대부분은 15분 지연 시세를 제공했는데, 최근에는 실시간 시세 제공을 하는 증권사도 점점 늘어나고 있다. 다만 실시간 시세 제공이 무료인지 여부는 정확히 알아보는 편이 좋다.

증권사에서 미국주식에 관한 리포트를 얼마나 정기적으로 올리고 있는지도 선택의 기준으로 삼을 만하다. 미국주식에 관한 정보는 블로그, 카페, 단톡방 등으로도 찾을 수 있지만 역시 가장 신뢰할 수 있는 것은 증권사 애널리스트의 리포트다. 따라서 애널리스트 리포트가 꾸준히 발행되는 증권사를 선택하는 것도 좋다. 예전에는 리포트를 회원 여부에 제한 없이 제공하는 곳이 많았지만 점차 계좌를 개설한 회원에게만 제공하는 곳도 늘어나고 있다.

혜택을 찾아보는 일이 돈이 들거나 어려운 일은 아니니, 이왕 새로 개설할 계좌라면 여러 혜택과 장점이 있는 증권사를 잘 찾아 계좌를 개설하자.

해외주식을 위한 별도의 신청

증권사별로 차이가 있긴 하지만 보통 미국주식에 투자하기 위해서는 해외주식 거래를 위한 별도의 신청이 필요하다. 이때 통합증거금 제도라고 해서 국내주식 계좌의 예수금과 미국주식의 예수금을 함께 관리할 수 있는 방법이 있다. 통합증거금 제도를 활용하면 별도의 환전 없이 원화로 미국주식 주문이 가능하다. 이 제도의 장점은 국내주식의 주문 체결만으로 결제일(T+2) 전에 미국주식을 매수할 수 있다는 것이다. 물론 거꾸로 미국주식 매도 주문 결제일(T+3) 전에 국내주식 매수도 가능하다.

표3 | 통합증거금 예시

1. 국내주식 매도 후 해외주식 매수
* 각 통화별 환율은 1:1 이며, 매매 시 제비용은 없다고 가정

	T	T+1	T+2	T+3
①	- 국내주식 100 매도체결 - 미국주식 90 매수체결		- 국내주식 100 결제입금	- KRW→USD 환전90 - 미국주식 90 결제출금
②	- 국내주식 100 매도체결 - 미국주식 90 매수체결	- USD 50 환전입금	- 국내주식 100 결제입금	- KRW→USD 환전40 - 미국주식 90 결제출금

① 국내주식 매도자금 결제 전 해외주식 매수 가능 / 결제일에 필요한 금액만큼 자동환전
② 결제통화의 예수금이 있는 경우 부족분만큼 자동환전

2. 해외주식 매도 후 국내주식 매수
* 각 통화별 환율은 1:1 이며, 매매 시 제비용은 없다고 가정

	T	T+1	T+2	T+3
①	- 홍콩주식 100 매도체결 - 국내주식 50 매수체결		- 홍콩주식 100 결제입금 - HKD→KRW 환전50 - 국내주식 50 결제출금	
②	- 미국주식 100 매도체결	- 국내주식 50 매수체결		- 미국주식 100결제입금 - USD→KRW 환전50 - 국내주식 50 결제출금

① 해외주식 매도자금 결제 전 국내주식 매수 가능 / 결제일에 필요한 금액만큼 자동환전
② 국내보다 결제일이 오래 걸리는 국가의 주식 매도 시 당일 재매매 불가

자료: 미래에셋증권

원화 주문과 달러 주문에 대해서는 '적립식 투자와 환전'에서 다시 한번 상술하겠다.

요즘에는 '비대면'으로 계좌를 개설하는 방법이 있다. 전화로 계좌 개설 관련 카톡 상담을 문의해보고, 카톡을 보면서 증권사 애플리케이션을 설치하는 것을 추천한다. 전화로 상담을 받으면 통화 중간에 자꾸 핸드폰을 봐야 하는 번거로움이 있으니 카톡으로 비대면 계좌 개설 방법을 안내받은 다음 핸드폰으로 따라 하면 된다.

비대면 계좌 개설이 어렵거나 잘 모르겠다면 지점에 직접 방문하는 방법도 있다. 지점에서 계좌를 개설할 경우 계좌 개설 선물이나 서비스(세금신고 무료 대행)가 있는지 물어보자. 창구 직원이 실수로 잊었을 수도 있는 선물을 챙겨주기도 한다. 계좌 개설 선물은 대개 치약, 휴지 등의 소소한 생활용품이지만 그래도 안 받는 것보다는 낫다. 그리고 비대면 계좌 개설이 어려워서 지점에 간 경우라면 핸드폰 사용에 친숙하지 않을 테니, 간 김에 증권사 애플리케이션 설치와 애플리케이션으로 주식을 주문하는 방법도 꼼꼼하게 물어봐야 한다. 증권사 애플리케이션으로 주문하는 것과 전화로 주문하는 것에는 수수료에 차이가 있는 경우도 있다.

미국주식 투자에 필요한 홈페이지

미국주식의 큰 장점 중 하나는 우리나라 주식에 비해 높고 잦은 배당이다. 그래서 배당금에 대해 잘 설명되어 있는 홈페이지를 추천

그림1 | 디비던드닷컴 홈페이지

해보고자 한다. 바로 '디비던드닷컴(Dividend.com)'이다. '디비던드(Dividend)'는 우리나라 말로 배당금을 뜻한다. 홈페이지 주소가 잘 기억나지 않을 때는 '배당금.com'이라고 떠올리면 된다.

실제 홈페이지를 보면서 천천히 살펴보겠다. 일단 홈페이지에 들어가보면 다 영어로 되어 있어 덜컥 겁이 날 수 있다. 하지만 우리가 이용할 기능은 그리 많지 않다. 일단 용기를 내 상단 검색창에 종목을 검색해보자. 첫 화면에서 돋보기 바를 클릭하면 종목을 검색할 수 있는 별도의 페이지로 넘어간다. 계속 유료 결제를 유도하는 창이 나오기도 하는데, 처음 미국주식을 시작하는 사람이라면 굳이 유료 결제를 할 필요는 없다. 계속 투자를 하다가 좀 더 자세한 정보에 욕심이 나면 그때 유료 결제를 고민해봐도 늦지 않다. 우리 부부도 아직 무료로만 사용하고 있다. 실제 검색창을 살펴보면서 종목 검색부터 해보자.

그림2 | 디비던드닷컴: 검색 방법

❶ **검색창:** 알아보고 싶은 종목을 입력한다. 아래 자동완성 기능이 있기 때문에 굳이 기업 이름을 전부 다 타이핑하지 않아도 된다.

❷ **자동완성 기능:** 종목명이나 티커(ticker)를 타이핑하면 아래에 종목들이 나오는데 '티커 – 종목명 – 거래소' 순으로 확인할 수 있다. 티커란 미국 주식에서 호가창에 증권을 표시할 때 쓰는 줄임말이다. 우리나라로 치면 '삼성전자'를 '삼전'으로 부르는 것과 동일하다. 다만 우리나라에서 삼전은 공식 용어가 아닌 반면에 미국에서는 티커를 공식적으로도(?) 쓴다. 영어가 서툰 사람은 티커가 줄임말이니까 편하다. 처음엔 왠지 종목명과 티커를 둘 다 알아야 할 것 같지만 디비던드닷컴에서는 티커로 검색해도 되고 종목명으로 검색해도 되니까 둘 중 편한 것으로 입력하면 된다. 표에서 예를 든 스타벅스의 티커는 'SBUX'다. 대소문자 구별은 하지 않는다. 종목명이란 회사 이름이라고 생각하면 쉽다. 우리나라로 치면 '삼성전자'를 뜻하는 것이다. 그림2에서 예를 든 스타벅스는 'Starbucks'가 종

그림3 | 디비던드닷컴: 종목 살펴보기

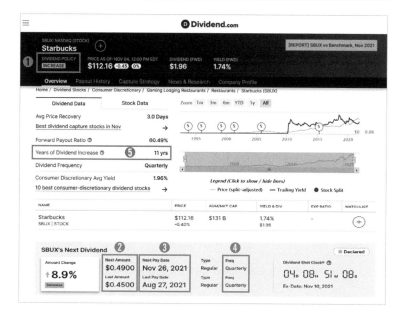

목명이다. 마지막으로 '나스닥(NASDAQ)'은 스타벅스가 상장되어 있는 거래소를 의미한다.

이제 ❸ Search를 누르면 나오는 화면으로 들어가서 본격적으로 살펴보자. 그림3의 예는 우리나라에서도 성업 중인 스타벅스다.

❶ Dividend policy(배당 정책): 해당 기업이 배당금을 주고 있는지(active), 주지 않는지(none), 올려주는지(increase), 변화가 없는지(no change)를 나타낸다. 미국주식이 우리나라에 비해 주주친화적이고, 배당금을 많이 주고(배당율이 높고), 자주 주는 편이 많지만 넷플릭스(NFLX)처럼 배당금을

아예 지급하지 않는 주식도 있으니, 배당금을 받는 것이 목표인 사람은 사기 전에 이 부분을 꼭 확인해봐야 한다.

❷ Next Amount(다음 배당금액): 세전 금액으로 다음에 지급할 배당금 액수를 뜻한다. 스타벅스는 다음 지급 기일에 1주당 0.49달러를 지급할 예정이다. Last Amount(최근 배당금액) 역시 세전 금액으로 가장 최근에 주었던 배당금 액수를 알려준다.

스타벅스는 지난 2021년 8월 27일에 1주당 0.45달러의 배당을 지급했는데, 왼쪽의 Amount Change는 스타벅스가 2021년 11월 26일에 배당금을 8.9%{(0.49/0.45-1)*100)} 인상해준다는 뜻이다.

❸ Next Pay Date(다음 지급일): 스타벅스가 2021년 11월 26일에 배당금을 지급한다는 의미다. Last Pay date(최근 지급일)는 스타벅스의 최근 배당금 지급일이 2021년 8월 27일이라는 의미인데, 실제 우리나라 해외주식 계좌에 입금된 날짜는 8월 30일이었다. 이때는 배당금 지급과 실제 입금까지 약 3일이 소요되었다. 배당금 지급일과 한국 증권사 계좌에 배당금이 입금되는 날은 수일의 차이가 있으니 자금 계획을 세워야 한다면 유의해야 한다.

❹ Freq(frequency: 주기): 배당 주기를 뜻한다. 스타벅스의 경우 분기를 뜻하는 쿼터리(Quarterly)라고 되어 있는데, 분기 배당을 한다는 의미다. 분기 배당은 우리나라에서 흔히 쓰는 3·6·9·12월이라는 의미가 아니라 3개월마다 배당을 준다는 의미로 이해해야 한다. 실제 스타벅스는 2·5·8·11월에 배당금을 지급한다.

❺ 배당금 연속 증가 연수: 스타벅스의 경우 11년 연속 배당금을 증가해주었다는 것을 의미한다. 스타벅스는 2010년에 1주당 0.18달러(세전)를 시작

표4 | 스타벅스 배당금과 반포리체 시세 상승 비교

자료: 국토교통부 실거래가, Dividend.com

으로 2019년까지 한 해도 빠지지 않고 배당금을 늘려 지급했다. 2020년에는 총 1.68달러를 배당금으로 지급했다. 2010년 기준으로 계산해보면 10년간 배당금을 총 9.3배 올려준 것이다.

참고로 강남의 아파트 중 2010년에 입주한 반포동 반포리체(전용면적 84평, 연도별 최고가[1] 기준)는 같은 기간(2010~2020년) 동안 연도별 최고가 기준으로 약 2배의 상승을 이뤘다. 위의 표4는 미국주식에 투자한 경우의 배당금 증가액과 서울 아파트의 시세 상승을 비교한 것인데, 이를 보면 배당금을 목표로 미국주식에 투자하는 것도 좋은 방법이라고 볼 수 있다. 다만 언제나 그렇다는 것은 아니니 참

---

1 최저가는 친족 간의 증여 등으로 시세가 왜곡될 수도 있어 최고가를 기준으로 함

고사항 정도로 이해하자. 또한 반포리체를 12억 원 주고 살 수는 있어도 12억 원어치 스타벅스 주식을 산다는 것은 쉬운 판단이 아닐 것이므로, 투자 수익을 직접적으로 비교하기는 어렵다. 게다가 아파트는 실거주를 하다보면 그리 어렵지 않게 10년간 보유할 수 있으나, 주식을 팔지 않고 10년간 보유하는 것은 말처럼 쉬운 일이 아닐 것이다.

TIP 미국 주식 시장의 거래소

미국의 주식 시장 거래소는 크게 뉴욕증권거래소(NYSE), 나스닥 증권거래소(NASDAQ), NYSE American(구 AMEX)로 나누어진다. 뉴욕증권거래소는 세계 최대 규모의 증권거래소로 빅보드(Big board)로도 불린다.

뉴욕증권거래소에 상장되어 있는 국내 기업*으로는 포스코(PKX), 우리금융지주(WF), 신한금융지주회사(SHG), 한국전력(KEP) 등이 있다. 나스닥은 우리나라의 코스닥과 유사하다고 볼 수 있는데, 주로 하이테크 및 정보기술에 관련된 미국 벤처기업 등이 상장되어 있다. NYSE American은 뉴욕증권거래소, 나스닥 증권거래소와 함께 미국 3대 증권거래소에 속해 있다. 그러나 그 거래 규모 및 상장되어 있는 기업의 수는 앞의 두 증권거래소에 미치지 못한다. NYSE American에서는 미국 중소기업들의 증권과 일부 ETF 등이 거래된다.

---

* 라인(LN)도 상장이 되어 있으나 NYSE 기업 설명에 Japan-based company로 기술되어 제외했다.

애플리케이션(앱)

디비던드닷컴은 배당금에 대한 다양한 정보가 많이 있는 반면, 애플리케이션이 없어 원하는 정보를 찾을 때마다 인터넷 브라우저로 들어가야 한다는 단점이 있다. 별도의 애플리케이션이 없긴 하지만 뒤에서 언급될 다른 애플리케이션과 보완해 쓰는 것을 추천한다.

인베스팅닷컴(Investing.com)

인베스팅닷컴은 위의 디비던드닷컴의 단점을 보완할 수 있는 대표적인 홈페이지이자 애플리케이션이다. 인베스팅닷컴에는 다음과 같은 장점이 있다. 첫째, 한글 지원이 가능하다. 홈페이지 또는 애플리케이션에 접속하면 한글로 내용이 뜨기 때문에 디비던드닷컴보다 사용하기가 수월하다. 둘째, 실시간 시세가 지원된다. 많은 증권사에서 실시간 미국 시세를 보여주고 있으나 일부 종목에 대해서는 15분 지연 시세를 보여주거나 유료 혹은 전월 거래 실적이 있는 경우에만 실시간으로 시세를 보여준다. 따라서 이럴 때 인베스팅닷컴을 통해 무료로 실시간 시세를 확인할 수 있다. 셋째, 애플리케이션이 존재한다. 애플리케이션이 없는 디비던드닷컴에 비해 애플리케이션을 통해 스마트폰으로 접속이 용이한 측면이 있다. 넷째, 주식 종목뿐만 아니라 원자재, 환율 등의 시세도 제공한다. 주식 투자를 하다 보면 환율과 원유, 금 등의 원자재 시세도 전체적으로 봐야 할 때가 있는데 그때 유용하다.

시킹알파(seekingalpha.com)

시킹알파는 관심종목별 이슈와 뉴스, 리포트를 찾기가 용이하다. 내가 어느 종목이든 관심종목으로 설정해두면 해당 기업에 관한 소식만 모아서 볼 수가 있다. 다만 디비던드닷컴처럼 영어로 되어 있어 거부감이 들 수는 있다. 해석은 그때그때 구글로 번역해보면 된다. 혹은 자신의 관심종목에 뉴스가 뜬 사실 유무만 확인하고, 한글로 되어 있는 인베스팅닷컴에서 검색해보는 것도 한 방법이다.

TIP **미국주식과 영어**

미국주식을 할 때 영어를 잘해야 하냐는 질문이 있다. 물론 영어를 잘하면 미국 현지 소식 및 정보를 직접 찾아볼 수 있어서 용이하다. 하지만 영어를 못해도 번역기를 사용할 수 있고, 국내 기사나 증권사 리포트, 국내 블로그, 네이버 카페에도 미국주식에 대해 잘 분석한 양질의 자료가 많으니 영어에 대해 부담감을 느낄 필요는 없다.

미국주식 투자
Do & Don't

처음 주식 투자를 할 때는 해야 할 것(Do)과 하지 말아야 할 것 (Don't)을 몇 가지 정해놓는 게 좋다. 그것만 잘 지켜도 큰 손실 없이 주식 투자를 할 수 있다고 본다. 해야 할 것을 실천하기가 어렵다면 하지 말아야 할 것만 잘 지켜도 큰 무리가 없다. 투자는 하지 말아야 할 것이나 너무 위험한 것만 잘 피해 가도 큰 손해를 보지 않을 수 있기 때문이다.

Do

① 예약매도, 예약매수로 매매하기

미국주식의 경우 실시간으로 대응하려고 하면 본인의 일상생활이 무너질 우려가 있다. 미국 시장의 개장 시각은 한국 시각으로 밤 11시 30분부터 오전 6시까지이기 때문이다. 서머타임(3월 둘째 주 일요일부터 11월 첫째 주 일요일)이 적용되어도 1시간씩 당겨져 밤 10시 30분부터 오전 5시까지다. 따라서 미국주식은 실시간 매매보다 예약매수, 예약매도를 활용해 미리 주문하는 것이 편리할 수 있다. 예약주문은 미래에셋증권의 경우 오전 9시부터 밤 11시(서머타임 적용 시 오전 9시부터 밤 10시) 사이에 가능하다. 각 증권사별로 예약주문 시간이 상이하니 자신의 계좌가 개설되어 있는 증권사의 예약주문 시

표5 | 미국의 주식 시장 운영 시간(한국 시각 기준)

시장	서머타임 미적용	서머타임 적용 (3월 두 번째 일요일 2시~11월 첫 일요일 2시)
정규장	23:30~06:00	22:30~05:00

표6 | 미국주식 증권사별 예약주문 시간

미래에셋	09:00~23:00(서머타임 09:00~22:00)
신한금융투자	09:00~23:00(서머타임 09:00~22:00)
키움증권	07:00~23:20(서머타임 07:00~22:20)

간을 꼭 확인한 후에 매매에 활용하는 것이 좋다.

예약주문이란 정규장 시작 전에 증권사에 주문을 접수해, 미국 정규장 시작 시 국내 증권사에서 미국의 주식 거래소에 주문을 넣는 방식으로 진행된다. 예약매도, 예약매수의 가장 큰 장점은 미국의 주식 시장이 열려 있을 때 나는 신경 쓰지 않고 잠을 자도 된다는 것이다. 대부분의 증권사에서는 체결 시 문자 혹은 카카오톡으로 안내를 하고 있어, 아침에 일어나서 문자와 카카오톡으로 체결 여부를 확인하면 된다. 물론 내 계좌 잔고를 직접 확인하면 언제든 보유 잔고의 변동을 알 수 있다.

② 매도 원칙 세우고 매매하기

부동산도 주식도 사는 것보다 파는 것이 어렵다고들 한다. 사는 거야 공부하고 결정해서 사면 되는 반면, 파는 것은 내가 언제 팔겠다는 목표 혹은 원칙이 없다면 수익권에 있는 순간부터 계속 나를 시험에 들게 한다. '조금 올랐을 때 팔면 돈 더 많이 벌 텐데….' '지금 팔고 더 오르면 어떻게 하지?'라고 생각하면서 자꾸 매도가격을 수정하게 된다. 'XX달러에 매도해야지.' 하고 있다가 정작 XX달러에 도달하면 매도가격을 수정해서 더 높은 금액으로 매도하게 되고, 팔 때 자꾸 욕심을 부리다가 매도 시기를 놓쳐버릴 수도 있다.

그래서 ①에서 이야기한 예약매매가 욕심을 버리는 매매로 적합하다고 하는 것이다. 내가 매도 주문을 넣고 잠을 자기 때문에 매도가격을 수정할 수가 없으니 욕심을 자동적으로 차단하게 된다. 주식 투자를 하다 보면 한국주식이든 미국주식이든 욕심 때문에 원하는 수익을 놓치는 경우가 생긴다. 욕심을 조절할 자신이 없는 사람은 예약매매로 매매하는 것이 효율적이다.

그러나 후술하겠지만 미국주식은 배당금 재투자를 통해 수익률을 극대화하는 방법이 있다. '배당금 재투자'를 할 것인지, 아니면 '수익금을 목표로 하는 투자'를 할 것인지, '배당금 재투자용 주식과 수익금을 목표로 하는 투자를 섞어서 병행'할 것인지를 정하는 것 역시 매도 원칙을 세우는 한 방법이라고 하겠다. 다만 주식을 매수할 때부터 이 종목이 무엇을 목표로 하는지를 명확하게 결정하고 매수하는 것이 좋다. 어떤 방법을 택하든지 매도를 할 때는 꼭지를 잡아내겠다는 욕심을 버리고 적당한 수익에 만족하면서 예약매도를 통해 매도하는 것이 도리어 좋은 결과(높은 수익)를 낼 수 있다. 투자를 계속할 생각이라면 매도는 내가 돈이 필요한 때보다는 목표한 수익률에 달성했을 때 혹은 지금 가지고 있는 종목보다 더 나은 종목을 발견했을 때 하는 것이 가장 이상적이다.

③ 분할매수 하기

내가 사고 싶은 종목이 생겼을 때는 분할매수를 해야 한다. 분할매수는 하루에 여러 번 나눠서 매수 주문을 넣는 것이 아니다. 최소 1~2주의 기간에서 길게는 수개월에 걸쳐 조금씩 나눠서 사는 것을 의미한다.

우리 부부는 저렴하다고 생각되는 주식을 매수한 후에 생각날 때 가끔 주식 계좌 창을 열어보고 마이너스이면 그때 추가매수(물타기)하는 방법을 선호한다. 이 방법의 장점은 매수 단가가 점점 낮아져서 수익이 발생하기 쉬워진다는 것이다. 다만 해당 종목이 하락하고 있는 시점에 물타기를 하다 보면 전체 계좌에서 그 종목이 차지하는 비율이 높아지는 일이 발생할 수 있다는 건 단점이다. 이런 단점을 막기 위해서는 전체 잔액의 일정 비율을 정해두고 그 비율에 도달하면 물타기를 멈춰야 한다.

TIP 물타기 한계 설정 = 전체 잔액/보유 종목 수

예를 들어 내가 총 투자금 1,200달러가 있는데 6종목을 보유하길 원하고, 그중 M이라는 종목의 수익률이 마이너스라고 가정해보자. 이때 평단가를 낮추기 위해 물타기를 한다. 물타기 한계는 1,200달러/6=200달러이기 때문에 M이라는 종목의 총 매입 금액은 200달러를 넘지 말아야 한다. 물타기 한계를 설정하지 않으면 M이라는 종목이 전체 포트폴리오에서 차지하는 비율이 커져, 감당해야 하는 위험이 커질 수 있기 때문이다. 가령 M이라는 회사의 상황 및 장기 전망이 좋지 않아서 주가가 하락하는 것이라면 자꾸 물타기를 해서 비중을 늘려봐야 좋을 일이 없다.

Don't

① 한 번에 환전하기

뒤에서도 환전에 대해 다시 언급하겠지만, 주식을 매수할 때 분할매수를 하듯이 환전도 분할환전을 하는 것이 좋다. 환율이라는 것이 시시각각 변하기 때문에 저점을 잡아 환전하는 것은 사실상 불가능하다. 내가 그런 능력이 없는데 욕심을 부리지 말고 기계적인 투자를 할 수 있도록 해야 한다.

기계적으로 환전하는 방법은 일정 기준을 설정해 자신이 원하는 기준 아래에 환율이 도달했을 때마다 환전하는 방법이다. 표7은 1·5·10년간의 평균환율을 가리킨다. 각 기간별 평균환율을 참고해서 그중 하나의 환율을 기준으로 해 그 환율보다 낮을 때 환전하면 된다. 기간별 평균환율 중 10년 평균환율이 가장 낮아 10년 평균환율보다 환율이 떨어졌을 때 환전할 수 있다면 좋겠지만, 이는 말 그대로 10년간의 평균환율이기 때문에 그 기회가 쉽게 오지 않을 수 있다. 처음부터 너무 낮은 환율을 환전 타이밍으로 잡지 말자. 일단 마음먹었을 때 무언가 실행하는 것이 좋기 때문에 처음에는 1년 환율을 기준으로 잡아서 그보다 낮은 환율일 때 한 번 환전한 뒤, 환전한 달러를 가지고 미국주식을 매매하는 것이 좋다.

지금 이 글을 쓰고 있는 2021년 11월 12일 기준 환율은 1달러당 1,179.61원으로 1년 평균환율과 비교했을 때 높은 수준이다. 우리

표7 ｜ 평균환율(2021년 11월 기준)	
기간	환율(원/달러)
1년 평균(2020년 11월 11일~2021년 11월 12일)	1,132.98
5년 평균(2016년 11월 11일~2021년 11월 12일)	1,143.82
10년 평균(2011년 11월 11일~2021년 11월 12일)	1,128.16

부부는 적당히 1,150원 선에서 조금씩 환전을 해서 미국주식을 매수하고, 환율이 1년 평균환율 즈음에 오면 좀 더 본격적으로 달러를 매수하려고 기다리고 있다. 미국주식 매매를 하다 보면 언젠가 10년 평균환율 아래로 환율이 내려올 때가 있을 것이다. 타이밍을 계속 보면서 원화로 투자금을 모으다가 기회가 오면 그때 또 환전을 해두면 된다.

② 잦은 매도하기

미국주식은 배당금 재투자를 통해 복리의 효과를 누릴 수 있다. 복리의 효과를 누린다는 것은 시간이 지날수록 시세차익과 배당금, 배당금의 재투자 수익까지 누린다는 의미다. 이때 잦은 매도를 하면 수수료가 지출되고, 배당금 재투자의 효과가 사라지게 된다. 배당금 재투자에 대해서는 뒤에서 자세히 살펴보도록 하겠다. 배당금 재투자의 개념을 이해하고 실행한다고 해도 오랜 기간 해당 종목을 보유한 채로 지내야 하다 보니 유혹이 많을 수 있다. 자신의 증권 계좌에 수익률이 눈에 보여야 잦은 매도를 하지 않고 길게 투자할 수 있게 된다.

단타가 나쁜 것은 아니지만 잦은 매매를 하면 수수료가 점점 늘어난다. 대부분의 증권사에서 최소 수수료가 폐지되었다고 할지라도 적어도 거래 금액의 0.07%(키움증권 이벤트 적용 기준) 정도를 수수료로 지출하게 된다. 0.07%라는 것이 숫자로 보면 굉장히 작아 보이지만 매매가 잦으면 가랑비에 옷 젖듯이 수수료 지출이 많아질 수 있다.

③ 대출받아 주식 투자하기

미국주식은 대체로 배당률이 괜찮아 신용이 좋은 사람의 신용대출 혹은 주택담보대출 이자율보다 배당률이 높은 경우가 있다. 산술적으로 단순히 계산하면 낮은 이자의 대출을 받아 높은 배당률의 미국주식을 사는 방법으로 수익을 얻을 수 있겠다고 생각할 수 있다. 이 경우 미국주식의 시세차익까지 노릴 수 있으니 여러모로 안전한 투자 방법처럼 보인다. 그러나 배당률이라고 하는 것은 과거의 배당률일 뿐 미래에도 그 회사가 계속 그 배당률을 유지한다는 보장이 없다. 또한 미국주식 시장이 국내주식 시장보다 신뢰가 있기는 하지만 미국주식이 항상 수익을 준다는 보장도 없다. 주식 투자는 어디까지나 여윳돈으로 해야 하는 것이며, 대출을 받아서까지 무리한 투자를 하는 것은 위험하다고 본다.

부동산 투자는 워낙 목돈이 필요해서 대출이 필요하지만 주식 투자는 욕심만 부리지 않는다면 빚이 아닌 여윳돈으로만 투자해도 충분하다. 적은 돈으로 투자할 수 있는 좋은 종목도 분명 존재한다.

TIP 미국주식의 장점

아래에 언급하는 장점들은 국내주식과 비교했을 때 미국주식이 가지는 상대적인 장점이다.

첫째, 미국주식은 배당금 위주의 포트폴리오가 가능하다. 미국주식은 대개 배당금을 연 4회에 나눠서 주기 때문에 포트폴리오를 잘 짜면 매달 배당금을 받을 수 있다. 배당률도 우리나라 주식에 비해 높기 때문에 배당금을 적금 대용으로 쓸 수도 있다.

둘째, 지정학적 리스크가 적다. 우리나라 주식 시장은 북한이 미사일 실험을 할 때 일시적으로 출렁이곤 한다. 미국의 경우 미국으로 미사일 실험을 하는 나라가 거의 없기 때문에 그로 인해 주식 시장이 출렁일 때가 없다. 흔히 주식의 펀더멘털(실적 등)이라고 부르는 것만 고려하면 되기 때문에 미국주식이 국내주식에 비해 종목 선정 및 매매 타이밍을 잡기가 쉽다.

셋째, 우리나라 휴일(선거일, 구정, 추석 등)에도 개장한다. 우리가 회사에 가지 않는 휴일에도 미국의 주식 시장은 개장하기 때문에 여유 있게 시장에 참여할 수가 있다. 미국주식은 회사에 가지 않는 날 낮에 충분히 공부한 후 밤에 매수를 할 수 있다. 매매 방식은 예약매매를 추천한다.

넷째, 우리나라 주식보다 안정적이다. 우리나라 주식과 달리 미국주식은 상하한가가 없지만 오히려 주식 변동이 심하지 않다. 세계 최대의 주식 시장이다 보니 주가를 흔드는 작전세력이 들어오기가 어렵다.

다섯째, 미국 기업은 우리나라에 비해 기업 문화가 주주친화적이다. 우리나라의 경우 기업에 어려움이 있으면 배당 포기 혹은 삭감을 하는 경우가 가끔 있는 반면 미국의 기업은 경제적 위기(2008년 글로벌 금융위기)에도 불구하고 배당금을 올려준 기업들이 상당수 존재한다. 주주를 위해 배당금으로 이익을 분배하는 문화를 주주친화적인 문화라고 한다. 국내 기업들도 외국인 투자 유치를 위해 주주친화정책을 강화하고 있으나 아직 미국 기업에 비해서는 미흡한 편이다. 배당금을 지속적으로 올려준 미국 기업에 관해서는 뒤에 '배당킹으로 만든 배당캘린더' 챕터에서 좀 더 자세히 살펴보겠다.

오랫동안 배당금을 증액해온 배당킹과 배당귀족

앞에서도 몇 번 언급했듯이 미국은 주주친화적인 기업 문화가 있어 우리나라에 비해 배당율이 높다. 심지어 배당금을 해마다 증액한 기업이 다수 존재한다. 이때 50년 이상 지속적으로 배당금을 증액한 기업을 배당킹(dividend king)이라고 부른다.

2020년을 기준으로 미국의 배당킹에는 대략 30개 사가 있다. 50년이 숫자로 봤을 때는 큰 느낌이 없지만 이 회사들이 2007~2008년에 지속되었던 리먼브라더스 사태 때와 2020년 코로나19로 인한 팬데믹 상황에서도 배당금을 올려주었다는 것을 상기해봐야 한다. 리먼브라더스 사태는 '미국발 금융위기'라고도 불리는데, 이름에서도 알 수 있듯이 시발점이 되었던 미국부터 먼저 경제적 타격을 받아 그 타격이 전 세계에 영향을 주었던 사건이다. 배당킹에 해당하는 회사들은 어려운 상황에도 불구하고 배당금을 올려주었던 기업들이다. 반면 우리나라 일부 기업들은 같은 시기 실적 악화 및 실적 악화에 대한 우려로 배당금을 삭감하거나 배당금 지급을 안 하기도 했었다. 배당을 안 했던 회사들이 나쁘다는 것이 아니라, 우리나라와 미국의 배당금에 대한 문화 차이가 이 정도로 난다고 해석하면 된다.

배당킹

여기서 말하는 배당킹과 뒤에서 말할 배당귀족, 배당챔피언, 배당도전자 등의 개념은 기본적으로 슈어디비던드닷컴(Suredividend.com)의 내용에 따랐다. 다만 수치가 확실하지 않은 것은 해당 회사의 IR 자료 등을 보고 수정했다.

다시 말하지만 표8의 배당킹 회사들은 50년 이상 배당금을 증가시켜준 회사들이다. 이 중 우리에게 친숙한 기업을 몇 개 소개해보고자 한다. 표의 번호는 티커 알파벳 순으로 큰 의미는 없다. 표 속의 주가와 시가배당율은 시세에 따라 매일 변하기 때문에 그냥 '이 시점에 이 정도 가격이었구나.' 하고 참고만 하기 바란다.

먼저 13번의 Hormel Foods(HRL)는 햄 제품인 스팸과 땅콩버터 제품인 스키피로 유명한 회사다. 14번의 Johnson & Johnson(JNJ)은 대표 상품으로는 존슨즈 베이비 로션이 있다. 15번 Coca-Cola(KO)는 설명이 필요 없는 코카콜라의 제조사다. 참고로 펩시, 즉

표8 | 배당킹(2021년 6월 28일 기준)

No.	티커	종목명	주가	시가 배당율	배당금 증가 연수
1	ABM	ABM Industries Inc.	$45.02	1.7%	53
2	AWR	American States Water Co.	$81.18	1.7%	66
3	BKH	Black Hills Corporation	$67.98	3.3%	50
4	CBSH	Commerce Bancshares, Inc.	$75.82	1.4%	53
5	CINF	Cincinnati Financial Corp.	$119.08	2.1%	60
6	CL	Colgate-Palmolive Co.	$81.46	2.2%	58
7	CWT	California Water Service Group	$56.50	1.6%	53
8	DOV	Dover Corp.	$149.31	1.3%	65
9	EMR	Emerson Electric Co.	$96.00	2.1%	64
10	FMCB	Farmers & Merchants Bancorp	$869.96	1.8%	56
11	FRT	Federal Realty Investment Trust	$119.27	3.6%	53
12	GPC	Genuine Parts Co.	$127.65	2.6%	65
13	HRL	Hormel Foods Corp.	$47.76	2.1%	55
14	JNJ	Johnson & Johnson	$164.21	2.6%	58
15	KO	Coca-Cola Co.	$54.32	3.1%	59
16	LANC	Lancaster Colony Corp.	$195.59	1.5%	58
17	LOW	Lowe`s Cos., Inc.	$192.66	1.7%	59
18	MMM	3M Co.	$194.75	3.0%	63
19	NDSN	Nordson Corp.	$220.67	0.7%	57
20	NWN	Northwest Natural Holding Co.	$53.35	3.6%	65
21	PG	Procter & Gamble Co.	$134.92	2.6%	65
22	PH	Parker-Hannifin Corp.	$301.74	1.4%	65
23	SCL	Stepan Co.	$123.25	1.0%	53
24	SJW	SJW Group	$65.29	2.1%	55

No.	티커	종목명	주가	시가 배당율	배당금 증가 연수
25	SWK	Stanley Black & Decker Inc.	$204.82	1.4%	53
26	TR	Tootsie Roll Industries, Inc.	$34.39	1.0%	52
27	MO	Altria Group Inc.	$47.62	7.2%	51
28	FUL	H.B. Fuller Company	$63.79	1.1%	52
29	SYY	Sysco Corp.	$77.04	2.3%	51
30	UVV	Universal Corp.	$56.08	5.6%	50
31	NFG	National Fuel Gas Co.	$53.87	3.4%	51

자료: Suredividend.com

PepsiCo(PEP)는 뒤에서 살펴볼 배당귀족에 속한다. 18번 3M(MMM)은 포스트잇 및 각종 마스크, 방호복 제조사로 더욱 우리에게 친숙하다. 그 밖에 21번 Procter & Gamble(PG)은 우리가 흔히 피앤지로 부르는 회사로 팸퍼스(기저귀), 질레트(면도기), 다우니(섬유유연제) 등 다양한 브랜드를 가지고 있다. 또 공구로 유명한 25번의 Stanley Black & Decker(SWK), 담배회사 필립모리스의 모회사인 27번의 Altria Group(MO) 등의 회사들이 배당킹 목록에 자리하고 있다. 일부만 살펴보았는데도 우리 생활에 친밀한 기업들이 상당수 있다는 것을 알 수 있다.

이 중 올해 새로 편입된 3번의 Black Hills Corporation(이하 BKH)을 간단하게 소개해보겠다. BKH는 2021년에 배당금을 50년째 연속으로 늘려주면서 배당킹이 되었다. 50년 동안 배당금을 증액했고 78년 동안 끊임없이 배당금을 지급했다. 이렇게 우량한 기업을 왜 우리는 처음 들어보는 것일까? BKH는 미국의 콜로라도, 아이오와 등에 전기와 가스를 공급하는 업체다. 하는 일은 우리나라의 한전과 가스공사와 비슷하다. 우리나라는 전기와 가스 공급을 공기업이 담당하지만 미국은 이를 사적 영역에 맡기고 있어 사기업인 BKH가 미국의 일부 지역에 전기와 가스를 공급하고 있는 것이다. 미국 내에서만 활동을 하고 있는 기업이기 때문에 우리가 접할 기회가 없어서 이름이 친숙하지는 않다.

2021년 6월 28일을 기준으로 BKH의 시가배당율은 3.3%이고 주가는 67.98달러로 1주당 약 7만~8만 원 선이었다. 그런데 2021년 5월 4일에 이들이 발표한 투자자 설명회 자료에 따르면 수익이 전년도 같은 분기의 수익보다 18%가 증가했다고 한다. 주당 순이익(기업이 벌어들인 순이익을 그 기업이 발행한 총 주식수로 나눈 값)도 2011년부터 2020년까지 해마다 14%씩 늘어왔었다. 이런 수치는 유틸리티 산업에서 드문 성장성으로 보인다.

배당귀족, 배당챔피언, 배당도전자

배당귀족(Dividend Aristocrats)은 25년 이상 배당금을 연속으로 증액하면서 지급해온 회사이자 S&P500에 해당되고, 시가총액 30억 달러 이상에 하루 평균 거래액 500만 달러 이상인 회사를 말한다. 즉 표9는 배당킹이 아니면서 25년 이상 배당금을 증액하고 S&P500에 편입되어 있는 종목만 정리한 것이다.

표9 │ 배당귀족(2021년 7월 1일 기준)

No.	티커	종목명	주가	시가 배당율	배당금 증가 연수
1	ABBV	Abbvie Inc.	$112.64	4.6%	49
2	ABT	Abbott Laboratories	$115.93	1.6%	49
3	ADM	Archer Daniels Midland Co.	$60.60	2.4%	46
4	ADP	Automatic Data Processing Inc.	$198.62	1.9%	46
5	AFL	Aflac Inc.	$53.66	2.5%	39
6	ALB	Albemarle Corp.	$168.46	0.9%	27
7	AMCR	Amcor Plc	$11.46	4.1%	38
8	AOS	A.O. Smith Corp.	$72.06	1.4%	27
9	APD	Air Products & Chemicals Inc.	$287.68	2.1%	39
10	ATO	Atmos Energy Corp.	$96.11	2.6%	37
11	BDX	Becton, Dickinson And Co.	$243.19	1.4%	49
12	BEN	Franklin Resources, Inc.	$31.99	3.5%	41
13	BF-B	Brown-Forman Corp.	$74.94	1.0%	31
14	CAH	Cardinal Health, Inc.	$57.09	3.4%	34
15	CAT	Caterpillar Inc.	$217.63	2.0%	27
16	CB	Chubb Limited	$158.94	2.0%	28
17	CLX	Clorox Co.	$179.91	2.6%	43
18	CTAS	Cintas Corporation	$382.00	0.8%	38
19	CVX	Chevron Corp.	$104.74	5.1%	34
20	ECL	Ecolab, Inc.	$205.97	0.9%	35
21	ED	Consolidated Edison, Inc.	$71.72	4.3%	47
22	ESS	Essex Property Trust, Inc.	$300.01	2.8%	26
23	EXPD	Expeditors International Of Washington, Inc.	$126.60	0.9%	27

No.	티커	종목명	주가	시가 배당율	배당금 증가 연수
24	GD	General Dynamics Corp.	$187.07	2.5%	29
25	IBM	International Business Machines Corp.	$146.59	4.5%	26
26	ITW	Illinois Tool Works, Inc.	$223.56	2.0%	46
27	KMB	Kimberly-Clark Corp.	$133.78	3.4%	49
28	LEG	Leggett & Platt, Inc.	$51.81	3.2%	48
29	LIN	Linde Plc	$289.10	1.5%	28
30	MCD	McDonald`s Corp.	$230.99	2.2%	45
31	MDT	Medtronic Plc	$124.13	1.9%	44
32	MKC	McCormick & Co., Inc.	$88.32	1.5%	34
33	NEE	NextEra Energy Inc.	$73.28	2.1%	25
34	NUE	Nucor Corp.	$95.93	1.7%	47
35	O	Realty Income Corp.	$66.74	4.2%	26
36	PBCT	People`s United Financial Inc.	$17.14	4.3%	29
37	PEP	PepsiCo Inc.	$148.17	2.9%	49
38	PNR	Pentair plc	$67.49	1.2%	44
39	PPG	PPG Industries, Inc.	$169.77	1.3%	49
40	ROP	Roper Technologies Inc.	$470.20	0.5%	28
41	SHW	Sherwin-Williams Co.	$272.45	0.8%	43
42	SPGI	S&P Global Inc.	$410.45	0.8%	48
43	T	AT&T, Inc.	$28.78	7.2%	36
44	TGT	Target Corp.	$241.74	1.5%	49
45	TROW	T. Rowe Price Group Inc.	$197.97	2.2%	35
46	VFC	VF Corp.	$82.04	2.4%	48
47	WBA	Walgreens Boots Alliance Inc.	$52.61	3.6%	45
48	WMT	Walmart Inc.	$141.02	1.6%	48

No.	티커	종목명	주가	시가 배당율	배당금 증가 연수
49	WST	West Pharmaceutical Services, Inc.	$359.10	0.2%	27
50	XOM	Exxon Mobil Corp.	$63.08	5.5%	38

자료: Suredividend.com

배당킹보다는 짧은 기간이지만 25년 이상 배당금을 연속해서 증액해 지급하기란 결코 쉽지 않다. 따라서 배당귀족이 배당킹보다 못한 기업이라기보다는 미래에 배당킹이 되려는 후보군이라고 판단하면 좋을 것이다. 여기서 말하는 25년 이상에는 앞서 배당킹에서도 말한 리먼브라더스 사태(미국발 금융위기)와 코로나19 팬데믹 상황이 포함되어 있다. 미국 기업에게 최근 25년 내내 우호적인 환경만 지속된 것은 아니었던 만큼 배당귀족 역시 어려운 상황 속에서도 배당금을 증액했던 저력 있는 기업들이다.

배당귀족에 해당하는 기업들을 간단하게 살펴보자. 28번의 Kimberly-Clark(KMB)은 우리나라에서는 유한양행과 합작투자로 설립한 회사인 유한킴벌리로 친숙한 곳이다. 31번의 McDonald's(MCD)와 38번의 PepsiCo(PEP) 등은 이름만으로도 충분히 알 수 있다는 점에서 그 기업의 파워를 짐작하게 한다. 26번의 International Business Machines(IBM)와 34번의 NextEra Energy(NEE), 50번의 West Pharmaceutical Services(WST)는 S&P500에 편입됨에 따라 2020년도부터 배당귀족에 편입되었다.

그 밖에는 배당금을 25년 이상 증액해왔지만 S&P500에 편입되지 않은 종목을 부르는 배당챔피언(dividend champions), 그리고 배당금을 10~24년 동안 증액해온 종목을 부르는 배당도전자(dividend contenders)라는 용어도 있다. 배당귀족, 배당챔피언, 배당도전자는 미국주식에 관한 칼럼 혹은 기사마다 그 기준에 약간의 차이가 있다. 슈어디비던드닷컴과 S&P 다우존스 지수(www.spglobal.com), 미국 금융 주간지 〈바론(www.barrons.com)〉 등은 배당귀족에 S&P500 편입을 조건으로 하나, 디비던드닷컴은 S&P500 편입을 조건으로 하지 않아 종목에 약간의 차이가 발생한다.

배당챔피언 중 배당킹과 배당귀족이 아닌 종목은 총 63개다. 63개 종목 중 가장 배당률이 높은 종목은 Enbridge(이하 ENB)다. 미국 내 연간 천연가스의 최대 유통업체 중 하나인 ENB는 2021년 11월 기준 시가배당율 6.64%를 기록했다. 파이프라인 네트워크를 통해 북미 원유 중 약 25%, 미국에서 사용되는 천연가스의 20%를 수송하고 있다. ENB는 26년 연속 배당금을 연평균 10%씩 증가시켰다. 원자재 가격의 급격한 변동으로 인해 발생하는 에너지 부문의 호황과 불황의 순환을 고려할 때, ENB의 배당 증가 기록은 인상적이다. 배당도전자 기업 중 대표적인 곳으로는 전 세계 약 200여 국에서 사용 가능한 결제 기술을 가진 기업이자 12년간 배당을 증액한 Visa(V), 세계적인 회원제 창고형 할인매장이자 16년간 배당을 증액한 Costco Wholesale(COST) 등이 있다.

배당귀족, 배당챔피언, 배당도전자는 배당킹보다는 배당금 증액의 역사가 짧다. 하지만 아직 발전해나가는 기업으로 성장성이 높다고 볼 수 있다. 시세차익보다 배당금이 목표라면 종목을 선택하는

데 더욱 신중할 필요가 있다. 우리나라의 5년 차 신생 기업 생존율이 29.2%에 불과하다는 것을 비교해봤을 때, 배당금을 10~24년 이상 올려준 배당도전자 기업들은 최소 5년 이상 생존했다는 면에서 배당킹으로 가는 첫걸음을 뗀 기업이라고 볼 수도 있겠다.

배당킹, 배당귀족 등 배당금 투자를 위해 필요한 종목 리스트는 변동된다. 시점에 따라 조건을 만족시키는 특정 종목들이 추가될 수도 있고 기존의 종목들이 탈락할 수도 있는 것이기 때문에(이 책에 첨부된 종목 리스트는 2021년 중 특정 시점에 작성된 것이다) 본인의 투자 시점에서 배당 투자를 위해 필요한 자료를 다시 한번 확인해 투자에 활용하도록 해야 한다.

배당킹으로 만든 배당캘린더

이번에는 앞에서 들여다본 배당킹 종목으로 구성한 배당캘린더를 살펴보겠다. 배당캘린더는 배당금을 지급하는 달에 따라서 A·B·C의 세 그룹으로 나누었다. 배당킹끼리의 배당 연수 비교는 굳이 필요하지 않다고 생각되어 표에 넣지 않았다.

A그룹 (1·4·7·10월에 배당을 지급하는 배당킹)

A그룹은 모든 미국주식이 아닌 배당킹 종목 중에서 1·4·7·10월(혹은 이와 유사한 달)에 배당을 지급한(pay date) 기업을 기준으로 분류

표10 | 배당캘린더(A그룹) - 1·4·7·10월 배당

(2021년 7월 13일 기준)

지급월	티커	종목명	2020년 총 배당금 (USD,세전)	시가배당율	현재가
1·3·6·9	NDSN	Nordson Corp.	1.53	0.72%	$221.29
1·3·7·10	TR	Tootsie Roll	0.36	1.07%	$33.34
1·4·7·10	GPC	Genuine Parts Co.	3.1325	2.52%	$129.5
	CINF	Cincinnati Financial Corp.	2.36	2.14%	$119.81
	FRT	Federal Realty Investment Trust	4.21	3.70%	$120.34
	MO	Altria Group, Inc.	3.38	7.41%	$47.49
	SYY	Sysco Corp.	1.8	2.42%	$75.23
	NFG	National Fuel Gas Co.	1.76	3.42%	$52.33
4·7·10·12	KO	The Coca-Cola Co.	1.64	3.07%	$54.48
1·7	FMCB	Farmers & Merchants Bancorp-California	14.4	1.74%	$861.54

한 배당캘린더다. 매년 지급 시기에 큰 차이가 나지는 않는다. 배당
킹 종목은 50년 이상 배당금을 증액했던 회사인 만큼 당연히 50년
이상 무너지지 않고 버텨왔다는 것도 유추해볼 수 있다. 배당금의
증액을 검증하기 위해서는 배당 성향(Payout Ratio, 이익 중 배당으로
지급하는 비율) 등을 추가로 살펴봐야겠지만, 이 종목들이 50년 이상
버텨오고 배당금을 꾸준히 증액했던 저력을 가진 주식이라는 점을

바탕으로 이 안에서 기본적인 투자 연습을 해보는 것도 나쁘지 않다. 처음부터 모든 것을 다 공부해서 완벽하게 투자하려고 하면 실행이 늦어진다. 국내 시가총액 1위에 빛나는 삼성전자도 1969년 삼성전자공업주식회사를 시작으로 설립한 지 50년을 갓 넘어섰다. 미국주식 배당킹의 역사가 그만큼 오래되었다는 것이다.

상당수의 기업이 연도 중에 배당금을 올리기도 하고 매년 1회차 배당금을 전년도의 배당금보다 증액해서 올리기도 한다. A그룹에 있는 Farmers & Merchants Bancorp-California(이하 FMCB)의 경우는 반기배당으로 1년에 2번 배당을 한다. 미국주식의 특징으로 분기배당이 우리나라보다는 보편화되어 있다고 했는데, FMCB처럼 반기배당을 하는 주식도 존재한다.

A그룹에 속해 있는 10개의 종목 중에 2021년 7월 13일 기준 시가배당율이 가장 높은 Altria Group(이하 MO)에 대해 간략하게 소개해보겠다. MO는 우리에게 담배 회사로 알려진 필립모리스 USA의 모회사다. 말보로와 전자담배 아이코스, JUUL 브랜드를 가지고 있다. 담배의 유해성을 알고도 영업이익을 누리는 회사로 비판을 받지만, 투자자 입장에서 7.41%라는 배당률은 매혹적이다. 배당킹에 합류하긴 했으나 아직은 배당금 증액 연수가 51년이라는 점이 마이너스 요소가 될 수도 있겠다. 다른 배당킹 종목에 비해서는 배당금 증액 연수가 적은 편이다. 다만 금연을 시도해본 사람이라면 담배 회사가 얼마나 탄탄한 수익 모델을 가지고 있는지를 느낄 수 있을 것이다. 그래도 배당률은 시가에 따라 늘 바뀔 수 있으므로 높은 배당률 때문에 매수를 고민하고 있다면 매수 시점에 꼭 다시 확인해봐야 한다.

B그룹(2·5·8·11월에 배당을 지급하는 배당킹)

A그룹에서와 같이 B그룹의 배당캘린더도 배당 기준은 배당지급일을 기준으로 했다. 이는 뒤에서 설명할 C그룹도 마찬가지다. 배당지급일은 미국에서 배당이 지급된 날짜로 국내 지급 날짜와는 조금 차이가 있다. 미국 기준 배당지급일은 디비던드닷컴(dividend.com)에서 확인할 수 있으며 대개 미국 기준 배당지급일 2~3일 후 국내 증권사로 배당금이 지급된다.

표11 | 배당캘린더(B그룹) – 2·5·8·11월 배당

(2021년 7월 13일 기준)

지급월	티커	종목명	2020년 총 배당금 (USD,세전)	시가배당율	현재가
2·5·8·11	NWN	Northwest Natural Holding Co.	1.9125	3.74%	$52.32
	PG	Procter & Gamble Co.	3.118	2.37%	$137.14
	CL	Colgate-Palmolive Co.	1.75	2.15%	$82.93
	LOW	Lowe's Cos., Inc.	2.25	1.22%	$195.57
	HRL	Hormel Foods Corp.	0.93	2.00%	$47.04
	CWT	California Water Service Group	0.85	1.54%	$58.3
	ABM	ABM Industries, Inc.	0.735	1.76%	$44.24
	UVV	Universal Corp.	3.06	5.54%	$54.89
2·4·8·10	FUL	H.B. Fuller Co.	0.6475	1.03%	$64.84

B그룹에는 9개의 종목이 있는데, H.B. Fuller(FUL)의 경우 4회차 지급 날짜가 2020년은 2·4·8·10월, 2021년은 2·5·7·10월로 약간 차이는 있지만, 가장 유사한 지급 날짜에 해당하는 B그룹에 넣어 정리했다.

B그룹에서 가장 시가배당율이 높은 기업은 Universal(이하 UVV)이다. UVV는 A그룹에서 가장 배당률이 높았던 MO와 유사하게 담배와 관련된 회사다. UVV는 세계 최대의 담뱃잎 수출 및 수입 업체로 전 세계 담배 생산자의 상당수가 UVV의 고객사다. 주된 고객사로는 전 세계 담배 생산의 43.6%를 차지하는 차이나타바코(China Tabaco), 13.9%를 차지하는 MO의 자회사 필립모리스(Philip Morris), 12.2%를 차지하는 브리티시아메리칸토바코(British American Tobacco) 등이 있다.

A그룹에 있는 MO, B그룹에 있는 UVV를 보면 알 수 있듯이 담배 관련 주식은 배당률이 높은 편이다. 다만 미국의 흡연율이 해마다 감소하고 있다는 것과 미국 정부에서 담배에 대한 규제를 강화하고 있다는 것은 해당 기업들의 위험 요인이 될 것이다. 그리고 미국에서 담배에 대한 세금을 인상하는 주가 증가하면서 담배 관련 기업들은 담뱃값 인상으로 이를 상쇄하려 하고 있다. 이러한 움직임이 UVV의 매출과 배당 지속 가능성에 긍정적일지, 부정적일지는 계속 살펴봐야 한다.

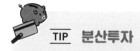

TIP 분산투자

"계란을 한 바구니에 담지 말라(Don't Put All Your Eggs In One Basket)." 1981년 노벨 경제학상을 탄 제임스 토빈 교수가 한 말이다. 그러나 오마하의 현인으로 알려진 워런 버핏은 "분산투자는 무지에 대한 보호막"일 뿐이라며 집중투자의 중요성을 강조하고 그도 실제 투자를 하면서 집중투자를 선호한다. 2020년 7월에 발표한 마켓워치에 따르면 워런 버핏이 회장으로 있는 버크셔해서웨이는 전체 포트폴리오의 43%를 애플 한 종목에 투자했다. 제임스 토빈 교수의 말과 워런 버핏의 말 둘 다 맞는 말이다. 투자할 종목에 자신이 없다면 여러 종목에 분산투자를 하는 것이 맞고, 투자할 종목이 상승한다는 자신이 있으면 집중투자를 해서 수익금을 극대화시켜야 한다. 다만 처음 주식 투자를 하는 사람이 한 종목에 집중투자를 할 정도로 자신감과 용기를 갖는 것은 어렵다.

위험을 조금이라도 낮추기 위해 수익금 이외에도 배당금이 안정적으로 나오는 미국주식을 권하는 것이다. 시세에서 손실을 조금 보더라도 정기적으로 지급되는 배당금으로 보완이 되기 때문이다. 기왕이면 배당금을 올려줄 가능성이 높은 종목을 선택하는 것이 좋겠다. 매달 월급처럼 배당금을 받기 위해 A·B·C그룹의 주식을 1~2개씩 조합해야 한다. 이때 배당 성향 등 다른 지표를 보면서 선정하는 것도 방법이 되겠지만 동일 산업, 유사 비즈니스모델을 가지고 있는 종목은 피하는 것을 추천한다.

예를 들어 배당률만 보고 A그룹에서 MO를 선택했다면 B그룹에서 배당률이 높은 UVV 외의 다른 종목을 선택하는 것이 좋은 선택이라고 본다. 담배산업이라는 동일한 산업군에 속한 MO와 UVV를 굳이 동시에 선택할 필요는 없기 때문이다. 담배산업의 도덕적, 공중보건적 악영향을 고려하지 않더라도 동일 산업의 여러 종목에 투자하는 것은 그 산업이 위기에 처하면 내가 가진 종목 여러 개가 동시에 무너질 우려가 있을 수 있다.

처음 주식 투자를 하면 이 주식도 좋아 보이고 저 주식도 좋아 보이고 하는 때가 온다. 이때도 보유 종목 수를 너무 늘리지 말고 적당히 조절하면서 투자하는 것이 분산투자를 하면서 수익률도 적정하게 챙기는 방법이될 것이다. 우리 부부의 경우 증권사 애플리케이션을 기준으로 한 페이지안에서 종목 수를 조절하려고 한다. 한 페이지 안에서 눈에 들어와야 보유하고 있는 종목 간 현황 비교도 쉽다.

C그룹(3·6·9·12월에 배당을 지급하는 배당킹)

Parker-Hannifin(이하 PH)는 디비던드닷컴에서는 배당 연속 증가 연수(Consecutive Yrs of Div Increase)를 2년이라고 하고 있는데 이에 따르면 PH는 배당킹이 아니어야 한다. 디비던드닷컴은 우리가 흔히 사용하는 역년(calendar year, 양력 1월 1일~12월 31일을 의미)을 기준으로 하고 있어서 단지 2년 연속 배당금 증가 기업이 된 것이다. 그러나 회계연도(fiscal year)를 기준으로 하면 PH는 63년 연속으로 배당금을 증가한 기업이 된다. PH의 예에서 볼 수 있듯이 여러 사이트마다 기준이 조금씩 다르다 보니 이러한 차이가 발생하는 경우가 있다. 정확한 사실을 알고 싶은 경우 해당기업의 IR 자료를 찾아보는 것이 가장 정확하다.

 C그룹에 있는 12개의 종목 중 2021년 7월 13일 기준 가장 배당률이 높은 기업은 3.40%인 Black Hills Corporation(이하 BKH)다. BKH는 올해 처음 배당킹에 이름을 올린 회사다. 앞서 '오랫동안 배당금을 증액해온 배당킹과 배당귀족'에서 간략하게 살펴보았기 때

표12 | 배당캘린더(C그룹) - 3·6·9·12월 배당

(2021년 7월 13일 기준)

지급월	티커	종목명	2020년 총 배당금 (USD,세전)	시가배당율	현재가
3·6·9·12	DOV	Dover Corp.	1.97	1.31%	$154.88
	PH	Parker-Hannifin Corp.	3.52	1.20%	$313.39
	EMR	Emerson Electric Co.	2.005	2.10%	$98.61
	MMM	3M Co.	5.88	2.98%	$199.98
	JNJ	Johnson & Johnson	3.98	2.42%	$169.48
	LANC	Lancaster Colony Corp.	2.85	1.52%	$196.21
	SWK	Stanley Black & Decker, Inc.	2.78	1.36%	$209.43
	SJW	SJW Group	1.28	2.04%	$65.45
	SCL	Stepan Co.	1.13	1.00%	$120.77
	CBSH	Commerce Bancshares, Inc. -Missouri	1.08	1.49%	$73.76
	AWR	American States Water Co.	1.28	1.63%	$82.77
	BKH	Black Hills Corporation	2.17	3.40%	$66.81

문에 이곳에서 다시 언급하지는 않겠다. BKH는 우리나라의 한전, 가스공사와 유사한 비즈니스모델을 가진 회사다.

Commerce Bancshares(이하 CBSH)는 2021년 3월에 2020년 12월 기준 0.27달러였던 배당금을 0.2625달러로 삭감하고 2021년

6월과 9월까지 삭감한 배당금을 유지했었다. 이어서 2021년 12월 역시 배당금을 0.2625달러로 동일하게 지급한다고 2021년 11월 12일에 선언했으나, 현금 배당 외에 추가로 주식을 배당한다고 했기 때문에 배당 삭감은 되지 않은 것으로 봐야 한다. 그리고 배당금을 목표로 미국주식에 투자한다면 배당금을 삭감했던 기업은 투자 목록에서 제외하는 편이 낫다. 한 번 삭감한 기업은 두 번 삭감할 가능성이 있기 때문이다.

예전과 달리 요즘은 미국주식 정보에 접근하기가 용이해졌지만 우리나라 종목들에 비해 미국주식이 여전히 어려운 것은 사실이다. 특히 미국주식에 투자할 때는 좋은 주식을 찾아내는 것이 중요하지, 나쁜 주식이 왜 나쁜지에 너무 시간을 쓰지 않도록 하자. 하나라도 꺼림칙한 지표가 있다면 그 주식은 안 사면 된다. 배당금을 50년 이상 인상시켜 지급한 주식을 찾거나 성장성이 있는 종목을 찾아내는 노력이 중요하다. 왜 이 종목은 배당 삭감을 했는지, 배당이 삭감되어 배당킹에서 밀려났는지 등의 여부에 집중하지 않는 것이 좋다. 좋은 종목을 찾아 그 주식에 투자하는 긍정적인 목표에 시간과 노력을 들이면 좋겠다.

월 배당주

A그룹, B그룹, C그룹의 주식을 이용해서 매월 배당금이 입금되도록 만들 수도 있겠지만, 이것도 귀찮다면 매월 배당을 주는 월 배당주

를 노리는 것도 가능하다. 대표적인 월 배당주로는 배당귀족에 속해 있는 Realty Income(이하 O)이 있다. 애석하게도 배당킹 중에 월 배당주는 없다.

O는 26년 동안 연속으로 배당금을 증액해왔고, 2021년 7월 1일 기준 시가배당률도 4.2%에 달하고 있어 A그룹(MO: 7.41%), B그룹(UVV: 5.54%), C그룹(BKH: 3.4%)의 최고 배당률과 비교했을 때 많이 뒤처지지는 않는다. 다만 O 한 종목만으로 배당 흐름 전체를 커버하는 건 앞의 'TIP 분산투자'에서 말했듯이 위험 부담이 크다. 물론 O가 어엿한 배당귀족의 하나이고 대표적인 리츠 회사지만, 한 종목에 의존하는 것은 초보자에게 권하고 싶지 않다. 다만 O에 대해 계속 공부하면서 자신이 생긴다면 한 종목에 투자하는 것도 가능하겠다.

간략하게 이곳이 어떤 회사인지 살펴보자. O는 부동산 임대업(리츠)을 하는 회사다. 표13은 O의 임차 기업 중 top 20을 나타내는 표다. O는 우량한 임차 기업에게 월세를 받고 있는 임대인이다 보니 기업 수익이 안정적이다. 표13의 1순위에 있는 Walgreen은 미국의 대표적 드럭스토어로 1901년에 설립되었다. 또한 2위의 7-Eleven, 12위의 Circle K 등 여러 지점을 가지고 있는 편의점과 더불어 7위의 Regal Cinemas와 8위의 AMC Theaters(미국 내 1,004개 극장, 1만 1,041개의 스크린을 보유한 거대 영화관)처럼 기본적으로 큰 공간을 필요로 하는 영화관 등을 대표적인 임차인으로 두고 있다.

표13 | Realty Income(O) 임차 기업 Top 20

No.	임차 기업	임대차 계약 수	수익 비율
1	Walgreens	248	5.8%
2	7-Eleven	432	4.9%
3	Dollar General	784	4.4%
4	FedEx	41	3.8%
5	Dollar Tree / Family Dollar	550	3.3%
6	LA Fitness	57	3.3%
7	Regal Cinemas(cineworld)	42	2.8%
8	AMC Theatres	32	2.7%
9	Sainsbury's	17	2.6%
10	Walmart Sam's Club	56	2.6%
11	Lifetime Fitness	16	2.5%
12	Circle K(Couche-Tard)	278	1.8%
13	BJ's Wholesale Clubs	15	1.7%
14	Treasury Wine Estates	17	1.6%
15	CVS Pharmacy	88	1.6%
16	Super America(Marathon)	161	1.6%
17	Kroger	22	1.5%
18	Home Depot	22	1.4%
19	GPM Investments / Fas Mart	203	1.4%
20	TBC Corp	159	1.2%
	Total	3,240	52.6%

환전과
적립식 투자

환전하기

미국주식을 매수하기 위해서는 미국 돈인 달러(USD)가 필요하다. 달러는 당연히 환율이 낮을 때 환전(달러 매수)하는 것이 좋지만, 주식투자처럼 환율에서도 저점을 잡는다는 것은 사실상 불가능에 가깝다. 일단 원화를 모아뒀다가 환율이 낮아지면 환전하는 것이 좋다.

① 원화 모으기

원화를 모으는 방법은 크게 어렵지 않다. 적금처럼 자신의 수입 일부를 자동이체 해 모아두면 된다. 파킹통장이라고 부르는 저축은행의 예금통장 혹은 증권사 CMA통장에 돈을 자동이체 해서 모았다가 ②에서 살펴볼 적절한 타이밍이라고 생각하는 시점에 미국주식 계좌로 옮겨 환전하는 방법이 있다. 물론 일반 적금통장으로 모으는 방법도 있지만, 환전 타이밍이 적금 만기 전에 올 경우 적금을 해지하면 약정 이율보다 훨씬 낮은 이율을 받기 때문에 파킹통장을 이용하는 것이 하루라도 이자를 더 받는 방법이다. 환율 타이밍이 1년(대개의 적금 최소 불입 기간) 이후에 올지, 그 전에 올지는 아무도 확신할 수 없기 때문에 언제든 입출금이 가능하지만 이자를 주는 파킹통장을 이용하는 것이 좋다. 다만 환전 타이밍 때마다 돈을 파킹통장에서 증권 계좌로 이체하는 게 번거로울 수 있다. 조금 번거롭더라도 수익성을 택할지 편리성을 택할지는 각자 선택해볼 문제다.

② 환율 타이밍 잡기

일단 환율의 최저점을 잡기란 불가능하다는 것을 인정하고 저점과 유사한 곳을 잡는 것이 마음이 편하다. 2021년 11월 기준 최근 1년(2020년 11월 11일~2021년 11월 12일)의 평균환율(해당 기간 매일의 종가 기준의 달러/원 환율 평균)은 1,132.98원, 5년간(2016년 11월 11일~2021년 11월 12일)의 평균환율은 1,143.82원, 10년간(2011년 11월 11일~2021년 11월 12일)의 평균환율은 1,128.16원이었다. 각각의 기준점보다 환율이 낮은 날을 환전 타이밍이라고 생각하면 비교적 쉽다. 미국주식을 열심히 기록하는 많은 블로그를 보다 보면 그날그날의 환전을 함께 기록하는 블로그들도 있다. 이런 블로그들을 보면서 나보다 먼저 시작한 선배들의 환전 타이밍을 참고하는 것도 나쁘지 않다. 1년간 평균환율, 5년간 평균환율, 10년간 평균환율은 수시로 바뀐다. 수시로 바뀌는 정확한 값을 알고 싶으면 인베스팅닷컴의 과거 데이터를 다운받아 엑셀로 평균을 계산해보면 된다.

③ 환전하기(원화→달러)

환전 방법은 두 가지로 은행에서 원화를 미국 달러로 환전해 미국주식 계좌(증권사)로 환전된 달러를 이체하는 방법이 있고, 미국주식 계좌에 원화를 넣고 달러로 환전하는 방법이 있다. 이는 '은행에서 받는 환전 우대 수수료+은행에서 타 증권사로의 달러 이체 수수료' vs. '은행에서 타 증권사로의 원화 이체 수수료+증권사에서 받는 환전 수수료' 중 저렴한 것을 선택하면 된다. 개개인이 받는 수수료 우대율이 모두 다르기에 각자 거래하는 은행과 증권사에 문의하는 것이 정확하다.

우리 부부의 환전 방법

우리는 적금처럼 수입 일부분을 미국주식 증권사 계좌에 자동이체해둔다. 그렇게 매달 일정 금액을 모아두다가 환율이 1년 평균환율 아래에 왔을 때 가진 돈의 1/2을 환전하고(원화→달러), 5년 평균환율 아래에 왔을 때 나머지 원화(1년 평균환율 아래에서 남겨둔 1/2과 5년 평균환율 아래로 떨어지는 사이 모인 원화)를 환전한다.

보통 우리 부부가 이렇게 해왔다는 것이지만, 환율이 급격히 상승했을 때는 이 기준점을 다소 벗어나더라도 투자 타이밍을 고려해 환전할 수도 있다. 가장 이득을 얻는 방법은 다음 장의 팁에서 설명할 방법을 이용하는 것이다. 짧게 요약하면 예탁금 이용료를 가장 높게 주는 증권사를 찾아 그 증권사에 원화를 자동이체로 모아두었다가 환율이 10년 평균환율 아래로 떨어질 때 한 번에 환전하는 것이다. 하지만 환율이 10년 평균환율 아래로 떨어지는 것을 기다리는 일은 매우 지루할 수 있다. 글을 쓰고 있는 2021년 11월 12일 기준 환율은 1,179.50원으로 1년, 5년, 10년 환율 평균치를 모두 상회하고 있다. 이럴 때는 원화로 모아두는 것이 낫다.

참고로 처음부터 한 방에 환율의 최저점을 잡아 달러를 사놓고, 곧바로 예탁금 이용료를 많이 주는 증권사를 찾아 원화로 이자도 벌겠다는 과도한 계획을 세우는 일은 추천하지 않는다. 계획을 세우면서 공부만 하고 있는 것보다는 최대 수익을 얻지 못하더라도 결심했을 때 자신만의 적당한 기준을 잡아 일단 실천하는 것이 좋다. 계획을 실행하면서 차츰 자신이 부족한 부분을 메꿔가는 방법이 미국주식뿐만 아니라 재테크를 하는 데 적합한 자세라고 생각한다.

TIP 예탁금 이용료

예탁금 이용료란 투자자로부터 금융투자상품의 매매 및 그 밖의 거래와 관련해 예탁받은 금전을 증권사가 이용하는 대가로 증권사가 고객에게 지급하는 이자다. 예수금에 대한 이자라고 생각하면 된다. 다만 예탁금 이용료에 대한 이용률과 지급 정책은 증권사마다 다르다. 특히 외화 예탁금 이용료를 지급하지 않는 증권사가 많다. 이 부분은 앞으로 증권사에서 다른 움직임이 있기를 바란다. 원화를 쌓아두었다가 외화로 환전할 수도 있고, 외화로 수령한 배당금을 그대로 놔두는 경우도 있을 수 있는데 예탁금 이용료가 증권사별로 서로 다르기 때문에 어떤 스타일이 자신에게 적합한지는 결국 환전을 해보다 보면 알 수 있다. 생각보다 실제 해보는 것과 머릿속으로 생각하는 것 간에는 차이가 크다. 연 0.1%도 안 되는 이자를 더 받기 위해 어느 증권사를 선택할지 고민하느라 시간을 보내지 말고 실제 환전 및 매매를 하면서 자신의 스타일을 찾는 것이 좋다. 참고로 예탁금 이용료 역시 이자의 일종으로 이자소득세(15.4%)가 원천징수된다.

표14 │ 예탁금 이용료율

(2021년 7월 20일 기준)

증권사	기준(3개월 평잔)	이용료율	기타
미래에셋증권	50만 원(500$) 이상	연 0.1%	- 1·4·7·10월 둘째 주 마지막 영업일 지급원칙
	50만 원(500$) 미만	연 0.05%	
키움증권	50만 원 이상	연 0.2%	- 외화예탁금은 예탁금 이용료 지급하지 않음 - 1·4·7·10월 두 번째 일요일 지급
	50만 원 미만	연 0.1%	
삼성증권	50만 원 이상	연 0.1%	- 외화예탁금은 예탁금 이용료 지급하지 않음 - 1·4·7·10월 두 번째 일요일 익영업일 지급
	50만 원 미만	연 0.05%	

자료: 각 사 홈페이지 및 고객센터

분할매수와 적립식 투자

어느 종목에 투자할지 결정했다면 이제 매수를 해야 한다. 매수를 할 때도 적립식 투자를 하는 게 좋다. 일정 금액(달러)을 예수금에 넣어 준비가 되었다면 원하는 주식을 사기 시작하면 된다. 예수금 전액으로 한 번에 주식을 사지는 말고, 몇 번에 나누어 매수하는 게 좋다. 분할로 매수하려던 종목을 충분히 매입하지 못한 상태에서 종목의 가격이 상승해버렸어도 잃는 돈이 아니니까 너무 안타까워하지 말고 나랑 인연이 없는 종목이라 생각하면서 더 좋은 종목을 찾자.

계획한 금액 혹은 수량대로 매수를 완료한 후에 이 주식이 좋은 주식이고, 더욱 올라갈 것이라는 생각이 들면 꾸준히 기계적으로 적립식 투자를 하는 것도 좋다. 예를 들어 미국 시가총액 1위인 애플[2]의 주식을 146.15달러로 1주를 샀다면 애플의 주가와 상관없이 한 달 혹은 한 주 간격으로 꾸준히 애플 주식을 매입하는 것도 적립식 투자로 좋은 방법이다. 이때 수익률이 마이너스가 나면 불입을 멈추는 경우가 많은데, 마이너스가 되어도 절대 매수를 멈추지 않고 꾸준히 사 모으는 것이 좋다. 분할매수가 평단가를 낮추고 수익률을 빨리 플러스로 만드는 방법임을 잊지 말아야 한다. 물론 최대 매입 금액의 한도를 지켜야 하는 것은 이미 앞에서 이야기 한 바와 같다.

---

2 2021년 7월 21일 기준. 애플과 마이크로소프트는 시가총액 1위를 두고 약 3,000억 달러 차이밖에 안 나서 순위는 자주 바뀐다.

원화 주문? 달러 주문?

원화 주문

원화 주문은 국내주식을 사는 것처럼 별도의 환전 없이 예수금에 있는 원화로 주문을 넣는 것이다. 대부분의 증권사에서 시행하고 있다. 물론 미국의 입장에서 자국 주식을 매매하는 데 우리나라 원화를 받아줄 리가 없으므로 대개 고객이 주문만 원화로 하는 것이고, 증권사에서 주문 익일의 환율로 환전을 해 주문을 체결한다. 미국주식 주문할 때 꼭 고려해야 하는 환전을 신경 쓰지 않아도 되니 확실히 편리하다. 다만 내가 미국주식 주문을 넣는 순간에 다음 날의 환율이 어떻게 될지는 알 수 없다. 운의 영역인 것이다.

안전한 재테크를 위해서는 불확실성을 최소화해야 한다. 내 능력상 예측할 수 없는 영역(코로나19 등)이 있으니, 내가 걷어낼 수 있는 불확실성만이라도 최대한 걷어내보자는 것이 우리 부부의 생각이고, 불확실성을 걷어내기 위해서 꾸준히 공부를 하고 있는 것이다. 원화 주문을 하면 내가 원하는 환율에 달러를 살 수 없고 주문하는 익일의 환율이 적용된다는 단점이 있다. 반면 원화 주문의 장점은 간편하다는 것이다. 간편한 것이 나쁜 것은 아니다. 처음 재테크를 할 때부터 복잡하게 모두 따지면 시작하기도 전에 지쳐서 포기하게 된다. 이런저런 방법을 일단 시도해보고 나에게 맞는 방법을 찾는 것이 가장 좋다. 다른 방법이 있고 어떤 장단점이 있는지 알고 있는 것과 무작정 내가 편한 방법으로만 하는 것에는 분명한 차이가 있다.

달러 주문

내가 정한 환율 타이밍(1년, 5년, 10년 평균환율 이하)에 달러를 사서 모아두고 있다가 관심 있는 미국주식의 매수 타이밍(적정한 가격)이 오면 주문을 하는 방법이다. 장점은 내가 원하는 환율에 달러를 살 수 있다는 것이고, 원화 주문보다 조금은 낮은 환율로 달러를 환전할 가능성이 높다는 것이다. 단점은 환율 타이밍, 주식 종목 타이밍을 모두 봐야 한다는 번거로움이 있다는 것이다. 원화 주문에 비해 귀찮은 것은 분명하다. 처음 미국주식에 입문하시는 분들은 원화 주문으로 미국주식을 사보길 추천한다. 그러다 점차 주문이 익숙해지고, 달러 주문의 필요성을 느끼게 되면 그때 달러 주문을 해보자.

배당금 재투자 방법과 효과

복리와 같은 배당금 재투자

배당금을 주는 미국주식을 사면 배당금이 주식 계좌에 달러로 입금되게 된다. 배당금 재투자는 그렇게 주식을 사서 받은 배당금으로 다시 주식을 사는 것을 말한다. 꼭 배당금을 준 주식을 다시 살 필요는 없다. 배당을 받아 새로운 주식을 사면 기존 보유 주식에서도 배당금이 나오고, 배당금으로 산 새로운 주식에서도 배당금이 나오게 된다. 이자에 이자가 붙는 복리와 비슷한 결과가 나오는 것이다.

복리 계산 공식

원리금 합계 = 원금 × (1 + 이자율)^{기간}

적립식 투자도 좋지만 배당금 재투자도 자산을 좀 더 빠르게 모을 수 있는 좋은 방법이다. 복리 계산 공식은 복리일 때 원금과 이자를 더한 원리금 합계를 계산하는 공식이다. 여기서 '지수'가 기간이라는 점에 주목해야 한다. 배당금 재투자에서는 기간이 중요하다. 간단히 $10^2=100$과 $10^3=1,000$인 것을 살펴보면 지수 2와 3은 숫자 1 차이지만 해당 값은 900이나 차이가 난다. 물론 지수보다 '밑'에 해당하는 원리금이 크면 복리의 효과가 훨씬 빠르고 극대화될 것이다. 하지만 투자 초기부터 큰 금액으로 자산을 늘리기는 쉽지 않다. 누구에게나 공평하게 주어진 시간을 이용할 수 있는 방법을 생각해 봐야 한다.

시간은 초보 투자자부터 부자인 사람까지 모두에게 똑같이 주어져 있다. 종잣돈이 부족한 사람일수록 시간을 무기로 삼아야 한다. 그 방법이 복리를 활용한 투자이고, 배당금 재투자가 될 수 있다. 예적금도 복리 투자가 가능하지만 장기간 불입할 수 있는 복리 상품은 찾기가 쉽지 않다. 그런 상품이 출시되더라도 연 복리 상품이 3년 만기가 최대인 경우가 대부분이라 복리의 효과가 그다지 크지 않다. 복리는 대체로 20년 정도는 보유해야 눈에 띄는 효과가 보이기 시작한다. 물론 복리 상품을 장기간 투자할 수 있는 상품이 있다면 이를 활용해도 나쁘지 않다. 또한 배당금 재투자로 복리 효과를 누리기 위해서는 장기간 인출하지 않아도 되는 여유 자금으로 투자해야

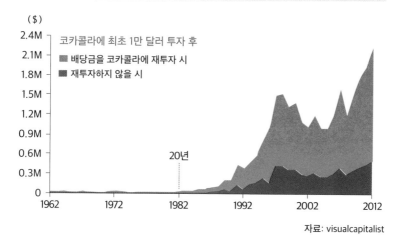

표15 | 코카콜라 배당금 재투자

($)

2.4M

2.1M

1.8M

1.5M

1.2M

0.9M

0.6M

0.3M

0

코카콜라에 최초 1만 달러 투자 후
■ 배당금을 코카콜라에 재투자 시
■ 재투자하지 않을 시

20년

1962   1972   1982   1992   2002   2012

자료: visualcapitalist

함을 확인할 수 있다.

위의 표15를 보자. 배당금 재투자를 했을 때와 안 했을 때를 비교해 오랜 시간이 경과하면 어떤 효과가 나타나는지 알 수 있다.

배당금 재투자와 적립식 투자의 놀라운 시너지

2020년 11월 27일 기준, 배당킹 중 가장 배당률이 높은 Altria Group(이하 MO)으로 배당금 재투자와 적립식 투자(매월 2주씩 적립할 시 1주당 가격인 40.37달러×2=약 10만 원씩 추가 적립)를 동시에 한다고 했을 때 수익금의 변화를 살펴보자(표16). 물론 MO의 시세가 오르거나 환율이 오르면 10만 원을 가지고 2주씩 사는 것이 어려울 수도 있고, MO의 배당금이 오르면 수익금이 더 커질 수도 있으나 일단 2020년 11월 27일의 종가와 2020년 마지막 지급된 배당금 (주당 0.86달러)을 기준으로 계산했다.

1월에 처음 MO를 2주 매수하고 매달 2주씩 주식을 추가 매수한 다면 1·4·7·10월에 배당금을 받을 수 있다. 그러나 1월에 매수를 한 2주에 대해서는 1월이 배당 지급기일이라 할지라도 MO의 1월 배당락일(MO의 1월 지급 배당금의 배당락일은 직전 해 12월 24일경)을 지나서 매수하면 1월에 바로 배당금을 받을 수 없다. 따라서 첫 배당금은 1월이 아닌 4월에 5.16달러(0.86달러×배당락일인 3월까지 매수한 6주)를 받게 된다.

적립식 투자 첫해, 12월이 되면 MO 24주를 가지게 되고, 배당금으로만 30.96달러를 모으게 된다. 12월까지 모은 30.96달러와 적립식 투자 2년 차 1월에 받게 될 배당금 20.64달러(24주×0.86달러)를 합치면 51.60달러로 드디어 쌓인 배당금이 MO 1주당 가격 40.37달러를 넘어서게 된다. 이때 이렇게 모은 배당금을 가지고 MO를 1주 구입한다. 이런 식으로 배당금을 모아 주식을 매수하는 것을 '배당 재투자'라고 한다. 배당 재투자를 통해 매수한 주식에서도 후에 배당금이 나올 것이기 때문에 복리의 효과를 누릴 수 있다고 하는 것이다.

이렇게 되면 곧 투자 2년 차 2월에 29주를 보유하게 된다. '24주 (12월 말 보유)+2주(1월에 적립식 투자)+1주(1월에 배당 재투자)+2주 (2월에 적립식 투자)' 그리고 계속 매달 2주씩 더 적립식 투자로 매입을 계속한다. 7월이 되면 39주를 가지게 되고 배당금이 31.82달러

표16 | Altria Group(MO) 적립식 투자+배당금 재투자 시뮬레이션

구분	적립식 매수 누적 (개)	당해 연도 배당금 재투자 (개)	보유 주식 (개)	누적 배당금 ($)
Y+0	24	0	24	30.96
Y+1	48	3	51	147.92
Y+2	72	5	80	360.34
Y+3	96	8	112	676.82
Y+4	120	11	147	1,106.82
Y+5	144	14	185	1,659.80
Y+6	168	17	226	2,347.80
Y+7	192	20	270	3,180.28
Y+8	216	25	319	4,171.00
Y+9	240	29	372	5,335.44
Y+10	264	33	429	6,687.36
Y+11	288	39	492	8,243.10
Y+12	312	44	560	10,020.72
Y+13	336	50	634	12,040.86
Y+14	360	56	714	14,323.30
Y+15	384	64	802	16,891.26
Y+16	408	71	897	19,771.40
Y+17	432	80	1,001	22,988.66
Y+18	456	89	1,114	26,574.86
Y+19	480	99	1,237	30,562.68
Y+20	504	109	1,370	34,986.52

- 매달 2주씩 매수하면서 배당금으로 추가 매수
- MO 주가 $40.37, 배당금 $0.86 가정

(배당락일 전에 보유하고 있던 37주×0.86달러)가 들어온다. 이전에 배당금으로 모아둔 78.26달러를 이에 합하고 1월에 1주를 매수해 지불한 40.37달러를 빼도 배당금 잔액이 69.71달러로 또 MO 1주를 매수할 수 있는 금액이다. 이런 방법으로 적립식 투자와 배당 재투자를 계속하면 10월에도 또 MO 1주를 매수할 수 있다. 적립식 투자 2년 차의 두 번째 배당금 지급 월부터는 배당금으로 MO를 1주씩 살 수 있게 된다. 즉 투자 2년 차에는 매달 2주씩 적립식 투자를 하는 것 외에 배당 재투자로만 3주를 추가 매입할 수 있게 되는 것이다.

이 같은 방법으로 3년 차 7월이 되면 배당금으로 2주를 매수할 수 있고, 10월엔 1주밖에 못 사더라도 3년 차에는 배당 재투자로만 5주를 추가 매입할 수 있게 된다. 4년 차 1월엔 다시 2주를 살 수 있게 되면서 4년 차가 되면 배당금이 나오는 달(1·4·7·10월)에는 계속해서 2주 이상 MO를 구입할 수 있어 총 8주를 배당금으로만 구입할 수 있게 된다. 이러한 내용을 정리한 것이 표16이다.

표16에 따르면 20년 동안 MO를 이용해 적립식 투자와 배당금 재투자를 할 때, 투자원금 대비 171.95%의 수익을 얻어, 원금까지 포함해서 271.95%의 수익률을 얻을 수 있다. 이때 이자율 171.95%는 20년이라는 시간이 만들어낸 복리 효과다. 물론 20년 동안 성실하게 매달 2주씩(현재 환율과 주가를 고려했을 때 10만 원 정도의 금액) 주식을 사야 하고, 배당금 입금 문자가 왔을 때 주가보다 배당금이 많다면 추가로 매수 주문을 넣어야 하는 번거로움이 있다. 그러나 연 2~3% 적금 이율이 대다수인 상황에서 171.95%의 이율은 번거로움을 감수할 만하지 않을까?

TIP　배당락일(Ex-dividend date)

배당금을 받기 위해서는 배당락일 전에 주식을 매수해 주주 명부에 내 이름이 등재되어 있어야 한다. 배당락일은 앞서 '미국주식 시작하기'의 미국주식 투자에 필요한 홈페이지와 애플리케이션에서 언급했던 디비던드닷컴(dividend.com)에서 확인할 수 있다. 디비던드닷컴에서는 배당락일이 언제라고 알려줄 뿐만 아니라 다음 배당락일까지 얼마나 남았는지도 'dividend Shot Clock'을 통해 알려준다. 여기서 주의해야 할 점은 우리나라에서 미국주식을 살 때 거래일 3일 후에 주식이 결제되기 때문에 배당락일 3일 전에는 매수를 해야 한다는 점이다. 그러니 이를 기억하고 여유 있게 주문하는 것이 안전하다.

6장

조기(早期) 은퇴?
조기(助期) 은퇴!

조기〔助期〕 은퇴를 위한 투자 준비

투자를 잘하기 위해서는 조바심을 내지 말고 한 걸음 한 걸음씩 나아가는 것이 중요하다. 내가 어느 단계에 있든지 나보다 앞서가는 사람은 항상 있다. 남과 나를 비교하지 말고 과거의 나와 지금의 나를 비교하자. 우리가 말하는 조기〔助期〕 은퇴는 2장에서도 간략하게 언급했듯이 돈이 우리를 도와 노동 없이도 일정 수익을 얻을 수 있는 시기가 되었을 때 은퇴하는 것을 의미한다. 따라서 돈이 나를 위해 잘 일할 수 있게 차근차근 준비해야 한다.

경제 공부

투자를 좀 해봤다는 여러 블로거와 재테크 강사들이 투자 초보 시절 경제 공부 방법으로 꼽는 것은 단연코 경제신문 읽기다. 그만큼 쉬우나 꼭 해야 하는 필수 코스다. 게다가 종잣돈을 모으고 있는 중에는 할 수 있는 것이 많지 않다. 종잣돈 모으는 과정에서 쌓아야 하는 베이스가 경제 공부다. 나중에 실전 투자에서 더 나은 선택을 할 수 있는 밑바탕을 쌓을 수 있는 좋은 기회다.

경제라는 큰 범주 안에서 부동산과 주식, 산업 등은 모두 사이클을 탄다. 현재 경제신문을 읽는 시기와 유사한 상황이 언젠가 다시 돌아오게 된다. 비슷한 상황이 돌아왔을 때 어떤 투자를 할지 공부를 막 시작하는 사람보다는 미리 공부가 되어 있는 사람이 더 나은 선택과 더 빠른 결정을 할 수 있다. 물론 실전 투자를 할 때도 경제신문 읽기를 멈추지 말아야 한다.

① 경제신문 읽기

경제신문은 되도록 종이 신문을 읽는 것을 추천한다. 경제신문 애플리케이션도 있고 요즘은 각종 부동산 '단톡방'에 헤드라인과 요약본이 아침마다 돌지만, 초기에는 종이 신문을 정독하는 것이 좋다. 처음에는 무슨 말인지 잘 모를 수 있다. 용어 하나하나에 몰입할 필요는 없다. 초기 한 달 정도는 가벼운 소설 읽듯이 관심 있는 주제의 기사만 훑어보다가 다 읽고 난 후 기억에 남는 어려운 용어들을 인터넷으로 찾아보면서 가볍게 읽어보자. 일주일만 지나도 모르는 용어가 줄어드는 것이 느껴질 것이다. 읽는 도중에 모르는 경제 용어를 찾아보면 기사 읽는 속도도 나지 않고 지겨워서 지치게 된다. 그래도 매일매일 읽는 것이 중요하다.

경제신문 기사의 장점은 동일한 주제로 내용이 계속 업데이트되어 자연스럽게 복습이 되고, 전날 찾아본 모르는 용어의 실례가 한동안 반복된다는 것이다. 경제 상황이 하루 만에 마무리되는 경우는 없기 때문이다. 특별히 관심 있는 주제가 없다면 나 혹은 배우자가 다니는 회사나 또는 그 업종의 기사부터 읽기 시작하는 것이 흥미를 유지하는 데 좋다. 스마트폰 애플리케이션이나 요약본은 나중에 실전 투자를 할 때 읽는 것으로 하고 처음부터 요약본을 읽지는 말자.

경제신문이 어느 정도 눈에 들어오기 시작하면 이제는 경제기사를 읽으면서 파악한 정보를 나의 투자에 어떻게 접목시킬지 고민하기 시작해보자. 유명한 경제신문으로는 〈매일경제〉 〈한국경제〉 등이 있다. 어떤 신문을 구독할지 고민하면서 시간을 보내지는 말자. 일단 하나를 결정해서 읽어보다가 자신과 맞지 않으면 다른 신문으로 바꿔보자. 하지만 처음에는 어떤 신문을 읽더라도 어려울 것이다.

② 경제·재테크 관련 서적 읽기

경제신문만큼 중요한 것이 독서다. 책은 매체의 특성상 실시간으로 살아 움직이는 정보를 얻는 데는 한계가 있다. 따라서 전반적인 투자의 방법이나 마인드 컨트롤을 위한 용도로 읽으면 된다. 재테크 책은 20~30권쯤 읽으면 중복되는 내용도 많고 조금만 읽어도 저자가 나랑 맞는지 안 맞는지도 금방 느끼게 된다. 내용이 어렵고 독서 자체가 지겨워도 몇 권 정도는 꾸준히 읽어보자. 책 읽기 자체를 힘들어하는 사람도 있는데 이런 사람은 독서 모임이나 각종 서평 쓰기 이벤트를 통해 스스로에게 강제성을 부여하는 방법도 좋다.

책은 시간과 장소의 구애를 덜 받으면서 비교적 저렴하게 할 수 있는 자기계발의 도구이며 직장인이 할 수 없는 간접 체험을 하게 해준다. 책은 읽고 난 후 내용을 정리하는 것이 좋은데, 진도만 나가는 독서는 후에 아무런 기억이 남지 않는다. 짧게라도 블로그나 애플리케이션 등을 이용해서 서평을 기록하는 것을 추천한다.

③ 유튜브

유튜브는 특히 초기에는 추천하지 않는다. 조회수만을 위해 자극적이고 유익하지 않은 정보를 흘리는 콘텐츠가 종종 있다. 재테크 초기에는 이 정보가 양질인지 아닌지 구별하기 어렵다. 또한 유튜브의 뛰어난 알고리즘으로 인해 옆길로 새서 다른 영상을 보는 데 시간을 소비하게 될지 모른다. 그러므로 유튜브로 재테크 정보를 얻고자 한다면 출퇴근 시간처럼 시청 시간이 제한적인 시간에 시청하는 편이 낫겠다.

세금 공부

이번 정부의 부동산 정책에 세금은 큰 비중을 차지하고 있다. 세금 정책에 대한 판단을 떠나서 우리는 국민으로서 납세의 의무가 있다.

세금을 납부해야 하지만 세액은 개인의 준비와 노력으로 상당히 차이가 발생할 수 있다. 절세라는 것이 이러한 과정을 의미할 것이다. 그러나 절세를 위해 모든 사람이 세무사, 세무 공무원 수준으로 세법을 공부할 필요는 없다. 적당히 세금이 계산되는 로직과 함께 이 지점에서 세무사 상담을 받아볼 필요가 있겠다는 포인트를 느낄 수 있을 정도로만 이해하면 된다. 다만 세무 상담은 매도 혹은 매수 계약 전에 받는 것이 중요하다. 계약 후의 상담은 할 수 있는 것이 거의 없다. 미리 상담을 받을걸 하는 후회만 남게 된다.

세법과 정책이 수시로 변하기 때문에 세금 공부는 정적인 책보다는 정기적으로 발행되는 간행물이 적절하다. 〈택스워치〉라는 무가지를 추천한다. 세법 규정 개정 등의 이슈뿐만 아니라 절세 팁 등의 실생활에서 자주 쓰일 만한 내용으로 구성되어 있어 유익하다. 02-783-3311로 전화 신청을 하면 약 한 달에 2번 꼴로 우편으로 종이 신문을 보내준다. 간혹 주기가 더 늘어날 때도 있긴 하다. 종이 신문이 부담스러운 사람이라면 홈페이지(www.taxwatch.co.kr)로 뉴스 PDF 구독 신청을 하는 것도 가능하다.

청약 준비

문재인 정부에 들어서 청약제도가 많이 수정되었다. 하지만 앞서 3장에서 언급했듯이 청약제도는 국토교통부 장관과 대통령의 명령만으로 수정할 수 있어 또 변경될 가능성이 있다. 청약은 당장 단기간의 앞만 보고 대응하는 것뿐만 아니라 멀리 장기전으로도 같이 대응할 필요가 있다.

① 청약통장 개설

나, 배우자, 양가 부모님까지 아직 청약통장이 없는 사람이 있다면 개설하자. 미성년 자녀의 청약통장을 태어나자마자 만들어둘 필요는 없다. 미성년자의 경우 가점이 2년까지만 인정된다. 자세한 내용은 3장을 참고해두면 되겠다. 개설한 통장은 사용하기 전에 가급적 해지하지 않고 해지할 사정이 생겨도 다른 방법으로 문제를 해결하도록 해보자. 지금 유주택자라고, 지금 세대주가 아니라고 청약통장을 만들지 않는 경우가 가끔 있는데 언제 어떻게 청약제도가 바뀔지 내 상황이 어떻게 바뀔지는 아무도 모른다. 미리 대비하자.

② 청약 일정 확인

청약 일정이 가장 정확하게 나오는 곳은 '청약홈'이다. 청약홈은 입주자 모집공고가 나온 분양 일정을 게시하기 때문에 실제 청약할 사람들이 준비를 하기에는 늦은 감이 있다. 부동산 포털사이트 중 하나인 '리얼캐스트'에는 입주자 모집공고 전 모델하우스 오픈 일정까지 별도로 안내되어 있어 분양을 준비하기가 수월하다. '호갱노노'는 관심단지 혹은 관심지역을 설정해두면 알림이 와서 잊지 않을 수 있어 좋다. 다만 인기 단지의 경우 잦은 알림이 울리니 유의해야 한다.

③ 모델하우스 견학

자신이 청약할 단지가 아니더라도 모델하우스에 가서 모형도를 보는 연습을 하는 것이 좋다. 특히 청약 희망 단지가 있다면 청약 전에 인근 모델하우스에 가서 청약 관련 상담을 받아보는 편이 낫다. 단 요즘에는 코로나19로 인해 사이버 모델하우스나 예약제로 운영되는 경우가 종종 있다는 점을 유의해야 한다.

미국주식 투자 준비

① 거래 신청

미국주식은 증권사를 하나 선정해 일단 계좌를 개설하자. 한국주식 증권 계좌가 있다면 동일한 증권사에 미국주식 거래를 신청하는 것이 간편하고 익숙하긴 하다. 하지만 미국계좌 개설 시 이벤트를 하는 곳들이 종종 있으니 그때그때 조건이 가장 좋은 곳에서 개설하는 것이 좋다. 예전에는 증권사별로 수수료나 서비스에 차이가 컸으나 현재는 많이 평준화되어 차이가 크지 않다. 거액의 해외주식을 운용하는 게 아니라면 수수료 등의 조건을 지나치게 상세히 비교하느라 시간을 낭비하지는 말자.

② 자동이체

적금처럼 일정 금액을 자동이체 설정해서 해외주식 운용 금액을 원화로 모아두자.

③ 종목 공부

자동이체로 해외주식 운용 금액을 모으는 동안 어느 종목을 매수할
것인지 종목에 대한 공부를 하는 것이 좋다. 요즘은 증권사에 미국
주식 리포트도 양질의 것이 많다. 미국주식을 주로 이야기하는 블로
그나 네이버 카페에 가입하는 것도 좋다.

은퇴를 위해
얼마를 모아야 할 것인가

파이어(FIRE; Financial Independence Retire Early)라고도 불리는 조기 은퇴를 위해서는 얼마를 모아야 할 것인지, 얼마를 소비해야 할 것인지가 핵심일 테다. 다만 파이어라는 말이 처음 미국에서 나와 이에 대한 방법론도 미국 중심으로 이야기되는 것이 많다. 이를 우리나라 현실에 맞게 조금 바꿔 적용해보는 것이 바로 운용의 묘미다. 먼저 미국에서 은퇴 플랜으로 많이 언급되는 4% 룰과 25배 규칙(Multiply by 25)을 알아보고 우리나라 실정에 맞는 방법이 무엇인지 고민해보자.

4% 룰

4% 룰은 은퇴 후 '소비'를 절제하는 측면에서의 원칙이다. 자신이 모아둔 금액의 4%만을 인출하면서 생활하는 것을 뜻한다. 4% 룰은 텍사스의 트리니티대학교 금융학과 교수 3명이 1998년 발표한 이론으로 '트리니티 스터디(Trinity Study)'라고 부르기도 한다.

4% 룰에 따르면 전체 자산을 주식 75%, 채권 25%로 구성한다면 연간 7%의 수익을 얻을 수 있다고 한다. 물가가 3% 오르더라도 4%씩을 인출하면서 은퇴 자산을 그대로 유지한 채로 은퇴할 때까지 살 수 있다는 것이다. 4% 룰은 은퇴 자산의 4%만 생활비로 쓰면 된다는 매우 간단하다는 장점이 있지만 한계 역시 존재한다. 4% 룰은 1926~1997년까지의 과거 데이터를 중심으로 계산한 것이고, 해당 기간의 미국 주식과 채권의 평균 수익률에 기초한 것이다. 게다가 퇴직 후 30년간 생존한다는 것을 전제로 하고 있어서 조기 은퇴 이후의 생존 기간과는 괴리가 있다.

4% 룰의 한계

첫째, 미래의 데이터를 예측할 수 없다. 4% 룰을 계산한 1926년 이후의 미국은 대공황(1929~1939년)과 제2차 세계대전(1939~1945년) 등 경제 상황이 요동치는 시기였다. 앞으로의 미래도 이러한 경제 위기가 올 수 있다는 가정이 자연스럽게 포함된 것은 긍정적이지만, 미래의 경제 상황을 오차 없이 계산하는 건 불가능에 가깝다.

둘째, 미국의 주식과 채권은 우리나라의 주식 및 채권과는 차이

표1 | 코스피 S&P500 지수 변화

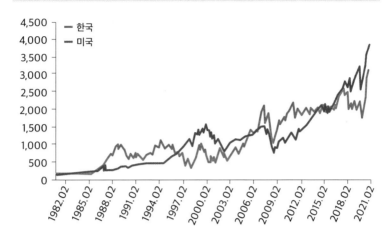

가 있다. 표1과 표2를 보자.

표1은 1981년 5월부터 2021년 2월까지의 한국 코스피와 미국의 S&P500 지수를 살펴본 것이다. 지난 40년의 데이터만 살펴보더라도 미국과 한국 증시의 흐름은 차이가 있어 미국 주식을 주된 근거로 한 4% 룰을 그대로 우리나라에 적용하는 것에는 무리가 있음을 알 수 있다. 그럼에도 불구하고 한국 증시보다는 미국 증시가 큰 등락 없이 안정적으로 우상향한 것을 보면 우리가 은퇴 자금을 위해 국내주식보다는 미국주식에 투자하는 것이 안정적일 것이라는 아이디어를 얻을 수 있다. 다만 환율이라는 리스크를 고려해야 한다.

표2는 1995년 6월부터 2021년 2월까지의 한국과 미국의 5년 국채 수익률이다. 미국의 국채 수익률은 큰 변화가 없이 꽤 일정하다. 우리나라도 IMF 외환위기 시절을 제외하면 주식에 비해 변동이

표2 | 한국 미국 5년 국채 수익률

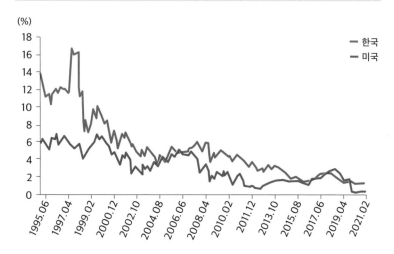

크지는 않다. 다만 변동성이 적은 국채라 하더라도 미국의 국채 수익률과 우리나라의 국채 수익률에는 차이가 있다.

셋째, 4% 룰은 미국주식 75%, 미국채권 25%의 구성으로 은퇴자산을 구성하면 연평균 7%의 수익이 발생할 것이라고 가정한다. '연평균' 7% 수익은 매년 인출한 돈으로 생활해야 하는 조기 은퇴자에게 불안정하다. 주식 시장이 활황인 해에는 10%의 수익이 날 수도 있고, 주식 시장이 침체되어 4%의 수익률을 올릴 수밖에 없는 해도 발생할 것이다. 이 10%와 4%의 수익률의 평균(산술평균의 방법으로 계산)이 7%이기 때문에 매년 7%의 수익률을 기대하고 인출 비용을 계산하는 것은 무리가 있다. 4%의 수익이 난 해에도 최소한의 필수적인 생활비는 필요하기 때문이다.

넷째, 조기 은퇴자는 은퇴 후 남은 여생이 30년 이상일 가능성이 크다. 게다가 4% 룰은 물가 상승(인플레이션)을 3%로 가정하고 계산한다. 물가 상승이 3%라는 것은 첫 해에는 원금의 4%를 인출(4,000만 원 인출을 가정)해 생활하지만 둘째 해에는 원금의 4%에 물가 상승률 3%를 추가로 인출(4,000만 원×1.03=4,120만 원)해야 동일한 소비 수준을 유지할 수 있다는 것을 의미한다. 셋째 해에는 둘째 해에 인출한 금액의 3%를 더 인출(4,120만 원×1.03=4,243.6만 원)해야 동일한 생활 수준을 유지할 수 있다. 의료비 등 갑자기 생길 지출을 전혀 고려하지 않고 물가 상승만 고려해도 계속해서 인출 금액은 늘어나게 된다.

여기서 과연 물가 상승 3%가 적당한지에 대한 의문이 든다. 우리나라 통계청의 소비자 물가는 1986년부터 조사되었는데, 1986년부터 2020년까지의 평균 상승률은 3.57%에 달했다. 생활에 밀접한 품목만을 따로 조사한 생활 물가(1996년부터 조사 시작) 역시 1996년부터 2020년까지의 평균 상승률이 3.19%에 달한다. 둘 중 어느 물가 상승률을 적용하든 3%의 물가 상승 가정은 실제와 비교했을 때 낮은 숫자다. 게다가 이는 통계 자료일 뿐 통계와 현실상의 괴리까지 더해지면 물가 상승률 3%는 현실보다 낮은 가정으로 보인다.

표3은 10억 원을 은퇴 자금으로 모아둔 상태에서 해마다 4%에 해당하는 금액(4,000만 원)을 인출(원금을 투자하지 않음)했을 때 은퇴 자금이 바닥나는 시점을 시뮬레이션 해본 수치다. 표4는 15억 원을 모아두고 지출을 10억 원의 4%와 동일하게 4,000만 원을 인출하며 생활했을 때의 수치를 예상해본 것이다. 10억 원을 모아두었을 때는 은퇴 19년 차에 잔고가 마이너스가 되고, 15억 원을 모아두었을 때

표3 | 은퇴 자금 10억 원, 인플레이션 3%일 때 자금 소진 시기

(단위: 원)

은퇴 연차	인출 금액(4%)	순자산 총액
1	40,000,000	960,000,000
2	41,200,000	918,800,000
3	42,436,000	876,364,000
4	43,709,080	832,654,920
5	45,020,352	787,634,568
6	46,370,963	741,263,605
7	47,762,092	693,501,513
8	49,194,955	644,306,558
9	50,670,803	593,635,755
10	52,190,927	541,444,828
11	53,756,655	487,688,172
12	55,369,355	432,318,818
13	57,030,435	375,288,382
14	58,741,349	316,547,034
15	60,503,589	256,043,445
16	62,318,697	193,724,748
17	64,188,258	129,536,490
18	66,113,905	63,422,585
19	68,097,322	- 4,674,737
20	70,140,242	- 74,814,980
21	72,244,449	- 147,059,429

* 인출금액에 인플레이션 3% 반영(처음과 같은 생활 수준 유지 목표, 원금을 투자하지 않고 인출만 하는 경우임)

표4 | 은퇴 자금 15억 원, 4천만 원 인출, 인플레이션 3%일 때 자금 소진 시기

(단위: 원)

은퇴 연차	인출 금액(4,000만 원)	순자산 총액
1	40,000,000	1,460,000,000
2	41,200,000	1,418,800,000
3	42,436,000	1,376,364,000
4	43,709,080	1,332,654,920
5	45,020,352	1,287,634,568
6	46,370,963	1,241,263,605
7	47,762,092	1,193,501,513
8	49,194,955	1,144,306,558
9	50,670,803	1,093,635,755
10	52,190,927	1,041,444,828
11	53,756,655	987,688,172
12	55,369,355	932,318,818
13	57,030,435	875,288,382
14	58,741,349	816,547,034
15	60,503,589	756,043,445
16	62,318,697	693,724,748
17	64,188,258	629,536,490
18	66,113,905	563,422,585
19	68,097,322	495,325,263
20	70,140,242	425,185,020
21	72,244,449	352,940,571
22	74,411,783	278,528,788
23	76,644,136	201,884,652
24	78,943,460	122,941,191
25	81,311,764	41,629,427
26	83,751,117	- 42,121,690

* 인출금액에 인플레이션 3% 반영(처음과 같은 생활 수준 유지 목표, 원금을 투자하지 않고 인출만 하는 경우임)

는 은퇴 26년 차에 잔고가 마이너스가 된다. 위의 계산은 주식이든 채권이든 아무런 투자를 하지 않고 오로지 은퇴 자금에서 생활비를 인출하기만 했을 때를 가정했다. 10억 원이든, 15억 원이든 은퇴 자금에서 생활비를 인출하면 19년과 26년 차 사이에 은퇴 자금이 바닥나는 것을 알 수 있다. 즉 보다 안정적인 은퇴 생활을 누리려면 은퇴 자금을 가만히 놀리지 말고 수익성 상품에 투자해 생활비를 일부 충당하면서 은퇴 생활을 해야 한다.

4% 룰을 우리나라에서 적용한다고 하면 물가상승률을 보다 높게 잡아야 하지 않을까 한다. 코로나19와 세계적인 경제 침체로 인해 유동성이 풍부한 요즘, 본격적인 인플레이션은 이제 시작이라고 하는 의견들이 있다. 약 35년간의 소비자 물가상승률 3.57%보다 더 높은 수준의 물가 상승이 단기간에 일어날 수도 있는 것이다.

조기 은퇴 후 높은 물가 상승이 일어난다면, 은퇴 자금을 증가시킬 수 없고 소비만 해야 하는 상황에서는 소비를 할 때마다 압박감에 시달릴 수 있다. 그렇다면 은퇴 전에는 은퇴 자금을 위해, 은퇴 후에는 마이너스 잔고를 막기 위해 절약하는 생활을 계속해야 하는 꼴이 된다. 즉 조기 은퇴 후에도 적당한 여가 생활을 즐기기 위해서는 투자를 병행해야 하고, 투자를 하는 것이 스트레스가 아니라 생활의 일부가 되기 위해서는 자신만의 노하우가 필요하다.

투자를 하는 방법, 마인드 컨트롤 등을 책이 아닌 자기 스스로 체득하는 데는 반복과 경험이 필요하다. 반복과 경험은 하루아침에 쌓을 수 없고 은퇴 이후 쌓기에는 실패했을 때 다시 복원하기가 힘들다. 따라서 은퇴 전에 은퇴 자금뿐만 아니라 자신만의 기술적, 정신

표5 | 은퇴 자금 소진 연도 시뮬레이션

은퇴자금	생활비	인플레이션 (물가 상승)	은퇴 자금 마이너스 진입 시점
10억	4%(4,000만 원)	3%	은퇴 19년 차
15억	4,000만 원	3%	은퇴 26년 차
15억	4%(6,000만 원)	4%	은퇴 18년 차
15억	4,000만 원	4%	은퇴 24년 차

* 처음과 같은 생활 수준 유지 목표, 원금을 투자하지 않고 인출만 하는 경우임

적 노하우를 쌓는 데 집중해야 한다. 여유로운 은퇴 생활을 위해서는 은퇴 자금을 최대한 모아두어야 하고 지출을 절제하는 습관을 가져야 한다.

표5를 보면 연간 생활비가 4,000만 원 정도이고 인플레이션이 3~4% 정도라고 했을 때 은퇴 자금이 10억 원이라면 19년, 은퇴 자금이 15억 원이라면 24년을 버티기가 힘들다. 인플레이션은 내가 어찌할 수 있는 문제가 아니므로 매년 3~4%의 인플레이션이 진행되면 지출을 줄이는 생활을 하게 될 수밖에 없다. 여기서 연간 생활비 4,000만 원을 연말정산 시 알 수 있는 나의 지출 규모와 비교해보면 나의 지출 수준이 대략적으로 어떠한지 알 수 있다. 연말정산을 마친 과거의 지출 현황(카드 사용 금액 및 현금영수증 금액)은 홈텍스를 이용하면 조회해볼 수 있다.

25배 규칙

25배 규칙은 소비 측면의 룰인 4%룰과는 달리 모아야 할 은퇴 자금에 초점을 맞추고 있다. 내가 은퇴 후 사용할 연간 생활비의 25배를 모아두어야 한다는 내용인데, 이 역시 조기 은퇴와는 다소 거리가 있다. 대략 60세에 은퇴를 하고 25년 동안 수입 없이 약 85세까지 생활해야 한다는 가정에서 출발한 규칙이다. 따라서 조기 은퇴를 하고 싶은 사람들은 원하는 은퇴 나이를 목표로 하고, 그 나이 이후 우리의 기대여명을 계산하는 것으로 규칙을 수정해야 할 것이다.

표6은 2019년 기준 연령별로 기대여명을 나타낸 표다. 통계청의 정의에 의하면 기대여명이란 '사람이 앞으로 생존할 것으로 기대되는 평균 생존년수'를 의미한다. 이 표에 따르면 2019년에 20세인 여자는 평균적으로 앞으로 66.7년을 더 살 것이라는 뜻이다. 2019년

표6 | 2019년 기준 각 연령별 기대여명

(단위: 년)

연령별	기대여명 (전체)	기대여명 (남자)	기대여명 (여자)
20	63.7	60.7	66.7
25	58.8	55.8	61.8
30	53.9	51.0	56.9
35	49.1	46.1	52.0
40	44.2	41.3	47.1

자료: 통계청

당시 자신의 나이를 계산해보면 대략 내가 평균적으로 몇 년 더 살 수 있는지 알 수 있다. 통계청 생명표는 5세 단위로 기대여명을 발표하기 때문에 정확한 나이를 계산할 필요는 없고 2019년 당시 가장 근접한 나이를 참고하면 된다.

은퇴 자금이란 곧 '우리 가족의 연말정산 소비 금액×수입 없이 살아야 할 연도 수'일 것이다. 물론 여기에도 인플레이션을 계산해 은퇴자금을 모아두면 더 좋을 것 같다. 우리 부부는 최소 4% 이상의 인플레이션을 고려하고 있다. 연간 소비 금액은 카드, 의료비, 건강보험료, 국민연금보험료, 체크카드, 현금영수증 등 지출을 모두 합친 금액을 의미한다. 추후 국민연금을 납부하지 않거나 자녀 사교육비 지출이 없어지더라도 그 금액 이상으로 의료비가 추가될 수 있다. 생활비, 식비 등 지출항목별로 굳이 나눠서 계산할 필요는 없다.

지출을 줄이기 위한 큰 결심들

책을 쓰던 중 '애·차·개 OUT… 우리는 30대에 은퇴한다'라는 제목의 신문기사를 접했다. 조기 은퇴를 위해서는 소득의 70%를 저축해야 하는데, 이를 위해서는 가장 지출 항목이 큰 애(양육), 차(자동차), 개(반려동물)를 포기해야 한다는 기사였다.

어느 정도 수긍할 수 있는 내용이다. 조기 은퇴를 위해서는 일단 저축이 기본이 되어야 하고 저축이 종잣돈의 수준에 이르게 되면 투자를 통해 저축보다 빠른 속도로 은퇴 자산을 모아야 한다고 생각한다. 종잣돈을 빨리 모으기 위해서는 지출이 큰 항목을 포기하는 것도 하나의 방법이다.

아이 양육에는 반려동물과 비교할 수 없을 만큼 큰 비용과 시간, 노력이 필요하다. 강남권 사교육에 수년간 몸담았던 경험을 통해 사교육을 위해 부모가 얼마나 많은 시간과 노력을 쏟아붓는지를 누구보다 많이 봐왔다. 사교육뿐만 아니라 부모가 자녀 양육과 사회생활을 얼마나 잘 병행할 수 있는지에 대한 고민도 직간접적으로 너무나 많이 체험했다. 교육 문제만 언급했지만 양육은 한두 가지로 결정할 수 있는 간단한 문제가 아니다.

우리 부부도 자동차를 소유하고 있다. 몸이 아파 거동이 조심스러웠던 때와 코로나19가 시작된 후로 대중교통을 이용하기가 힘든 때를 생각하면 지출이 크긴 하지만 보유하길 잘했다고 생각한다. 자동차는 거래비(매매대금)뿐만 아니라 운영비(주차비, 연료비, 자동차세 등)가 꾸준히 발생하는 지출 내역 중 하나다. 소유하되 가급적 필요할 때만 사용하는 것도 운용의 미가 아닐까 한다. 역세권이 아닌 곳에서 역세권으로 거주지를 옮겨보니 대중교통이 편리한 곳에 거주한다면 특별한 때를 제외하고 대중교통으로도 충분히 다닐 수 있다.

지출을 줄이기 위해서는 큰 결단이 필요하다. '애·차·개'처럼 큰 지출 항목을 원천적으로 차단하는 것도 방법이겠지만 개인의 가치관과 상황에 따라 극단적인 절약보다는 절제하는 삶을 통해 상황에 따라 맞춰나가는 것이 좋겠다. 이 결심을 위해서는 부부 간에 서로 배려하고 잘 소통해야 한다. 종잣돈을 만들고 난 후에는 이 종잣돈을 어떻게 잘 굴려서 수익을 얻을지 고민하는 것이 계속 절약 및 저축으로 은퇴 자금을 모으는 것보다 빠를 수 있다. 버는 방법을 고민하는 것이 절약을 고민하는 것보다는 효과적이다. 물론 투자와 절약 둘 다 잘하는 것이 금상첨화이긴 하겠다.

은퇴 자산 운용 노하우 쌓기

스노우볼 효과란 워런 버핏이 복리의 효과를 설명하기 위해 한 말이다. 워런 버핏은 작은 눈덩이라 할지라도 눈이 쌓인 비탈길에 오래 굴리면 큰 눈덩이가 될 것이라고 했고, 비탈길에 눈덩이를 '오래' 굴리는 것이 중요하다고 했다. 그러나 우리의 생은 유한하다. 빨리 시작하는 것이 유리하지만 이미 지나간 시간은 되돌릴 수가 없다. 우리가 원하는 수익을 얻기 위해 무한정 '오래' 눈덩이를 굴릴 수가 없다.

우리는 여기에 덧붙여 큰 눈덩이의 중요성을 이야기하고 싶다. 같은 1%의 수익률이라도 1만 원일 때의 1%와 1억 원일 때의 1%는 차이가 크다. 같은 노력을 한다고 해도 종잣돈, 투자할 수 있는 돈의 크기가 크면 얻는 수익금이 달라진다. 투자를 하다가 어느 단계에 이르면 수익률보다는 '수익금'이 중요해지는 시기가 온다.

초기에 종잣돈을 만들기 위한 투자를 할 때는 조금이라도 수익률이 높은 상품을 찾아 종잣돈을 불리는 게 맞지만, 은퇴 자산을 구축한 후에는 중수익·중위험 상품, 나아가 저수익·저위험 상품으로 갈아타는 일이 필요하다. 저수익 상품으로도 은퇴 후 충분한 생활비를 인출할 수 있으려면 은퇴 자산을 최대한 키워야 한다.

은퇴 자산을 키우기 위해서는 자산의 크기를 불리는 것뿐만 아니라 자산을 운용하는 노하우도 연습해야 한다. 자산을 운용하는 방법이란 소소하게는 좋은 중개업소 찾는 방법, 중개업소 사장님과 협상하는 방법, 자잘한 신고 직접 하기, 투자 이야기를 할 수 있는 인맥 찾기 등이 포함된다.

좋은 중개업소 찾는 방법

부동산 거래에 있어 중개업소 사장님의 영향력은 매우 크다. 중개업의 특성상 싸게 사려는 매수인, 비싸게 팔려는 매도인 쌍방이 만족하는 거래란 애초에 불가능하다. 양측의 거래를 경험해보니, 중개업소 사장님들은 팔고 떠나는 매도인보다는 산 다음 남아 있으면서 추후에 매도, 임대 등 다른 거래가 일어날 수 있는 매수자의 편을 드는 경향이 있었다. 그래서 매수는 타이밍, 매도는 예술이라는 말이 있는 것 같다.

좋은 중개업소, 내 맘에 쏙 드는 중개업소를 찾는 것은 쉽지 않다.

투자 초기에 들은 이야기로는 상가 코너에 위치한 부동산을 선택하라는 말이 있었다. 1층 코너 상가는 임대료가 비싸기 때문에 그 임대료를 부담하면서 영업을 한다는 자체가 장사가 잘되는 중개업소라는 것이었다. 이 방법은 그럴 법하지만 항상 맞는 방법은 아니었다. 또 하나의 방법으로는 그 근처에 사는 지인의 추천을 받는 것이다. 이 방법도 한계가 있다. 해당 지인은 자신에게 개인적으로 인상이 좋았던, 오랫동안 봐오면서 궁금증을 친절하게 상담해줬던 부동산을 추천해주게 된다. 부동산 거래의 특성상 대부분 일생에 부동산 거래를 같은 동네에서 여러 번 하는 경우는 흔하지 않아 지인도 단한 번의 거래로 그 부동산이 좋다고 하는 경우가 많다.

우리는 일할 때 '성실'이라는 지표를 중요하게 생각하는 편이다. 성인이 되어 하는 일은 학생일 때 했던 공부와는 성격이 달라 능력이 조금 부족해도 성실하게 하면 어려운 일도 해결할 수 있다고 생각했다. 그래서 중개업소를 택할 때도 성실한 중개업소를 선택하고자 했다. 요즘 중개업소도 블로그나 카페에서 홍보를 활발하게 하는 곳들이 있는데, 블로그에 1일 1포스팅을 하는 '성실함'을 믿고 눈여겨보고 있던 지역의 중개업소를 선택한 적이 있다. 결과적으로는 잘못된 선택이었다. 그 중개업소는 중개업이 아닌 홍보만 성실하게 하던 중개업소였던 것이다. 홍보를 성실히 하니 본업도 성실하게 할 것이라고 성급하게 생각한 게 실수였다. 신생 중개업소도 아닌데 왜 성실하게 홍보를 하고 있는지를 간과했다. 자영업자에게 홍보는 절실하고 중요하다. 하지만 본업이 너무 바쁘면 홍보를 할 시간도, 할 필요도 없다. 각 상황에 따라서 잘 선택해야 한다는 이야기다.

우리가 가장 추천하는 방법은 '맘카페'를 통한 소거법이다. 해당 지역 맘카페에 가입해 좋은 부동산을 추천받기보다 피해야 할 부동산을 알려달라고 한다. 좋은 부동산을 추천해달라고 하면 광고 쪽지만 넘치게 온다. 차라리 피해야 할 부동산을 알려달라고 해서 그 중개업소를 피해서 가게 되면 최상의 중개업소는 가지 못할지언정 최악은 피할 수 있다. 참고로 이런 문의 글을 쓸 때는 최대한 성의 있게 글을 써야 좋은 답글이 달리게 된다. 제목으로 대충 '나쁜 부동산 알려주세요'라고만 적어놓고 내용은 텅 빈 글은 쓰지 말자.

부동산 거래는 기본적으로 억 단위의 큰 자금이 오가기 때문에 일부 중개업소들이 중간에서 장난을 쳐서 거래 사고가 나는 경우를 가끔씩 볼 수 있다. 물론 성실한 중개를 하기 위해 노력해주시는 중개사 분들이 대부분이지만, 부동산 거래를 하려고 하는 본인이 직접 거래에 잘 관여하고 확인해야 할 부분들을 꼼꼼히 챙기는 것이 부동산 거래 사고를 예방할 수 있는 좋은 방법이다. 거래에서는 절대로 남을 믿지 말고 본인이 깐깐해져야 한다. 누구의 돈도 아닌 바로 내 돈이기 때문이다.

중개업소 사장님과 대화하는 방법

고백하건대 나는 '부린이' 시절에 혼자 부동산 문을 열고 안으로 들어가는 것도 무서웠다. 회사에서 업무차 부장님들이랑 같이 부동산에 갈 때면 쭈뼛쭈뼛 선 채 오가는 이야기만 적어서 나왔다. 개인적으로 투자를 위해 부동산에 갈 때도 임장 스터디를 하는 팀원들과 같이 가서 말 한마디 못하고 나올 때가 많았다.

이랬던 우리가 이제 중개업소를 많이 가보고 어떻게 대화를 하라는 글을 쓰게 된 것처럼 우선 뭐든 하다 보면 익숙해진다. 사실 특별한 노하우가 있는 것도 아니다. 중개업소 사장님은 나보다 그 동네 정보가 많은 사람일 뿐이다. 그냥 서로 편하게 대화를 하면 된다. 괜히 부동산에 대해 많이 아는 척, 돈이 많은 척할 필요도 없다. 지인 중에 중개업소 갈 때 혼수로 받은 명품 가방과 신발을 꼬박 챙겨가는 사람이 있다. 그러나 중개업소 사장님들은 최소 억 단위의 거래를 한다. 몇 천만 원짜리 가방을 메고 간다고 대우가 달라지지 않는다.

다만 돈이 없는 척(사실 돈이 없기도 하거니와)은 매도·매수와 관계없이 부동산 거래에서 도움이 되기도 한다. 모 아파트의 매수를 고민하던 때 500만 원만 올려주면 주인이 판다며 중개업소 사장님이 윽박을 지른 적이 있다. 집 살 때 500만 원은 돈이 아니라고 했는데 그때 우리는 "돈이 아니니까 주인분한테 말씀하셔서 깎아주세요. 저희는 정말 500만 원이 없어요."라고 당당하게 말했고, 그 거래는 성사되지 않았다. 그 당시 집주인이 500만 원만 깎아줬더라면 그 물건을 살 마음이 있었지만 합의가 되지 않아 그 물건은 매매하지 못하고 다른 동네의 다른 아파트를 매수했다. 그리고 해당 물건으로 세후 300% 이상의 수익을 얻었다.

예전의 나는 나이 지긋하신 할아버지 사장님이 특히 어려웠다. 그런데 문재인 정부의 본격적인 부동산 대책이라고 할 수 있었던

8.2 대책 때, 일면식도 없던 동네 할아버지 사장님이 보도자료를 한 페이지 한 페이지 넘겨가며 상황을 설명해주신 경험이 나이 많은 공인중개사에 대한 두려움을 없애주었다. 중개업소 사장님은 투자할 때 함께 가야 할 동반자 같은 분들이고 다 똑같은 사람이다. 너무 두려워할 필요도 없고 좋은 분들도 많다.

한 가지 중요한 점이 있다면 중개업소 사장님과 대화할 때 주저하지 말고 명확하게 내 뜻을 말하는 것이다. 예를 들어 중개수수료는 계약서를 작성하기 직전 미리 협의하는 것이 좋다. 계약을 진행하기 몇 분 전 중개업소에 도착해서 거래 상대방이 올 때까지 계약서 초안을 검토하는 도중에 말하는 것이 자연스럽다.

직거래 해보기

부동산 직거래도 은퇴 전에 쌓아두면 좋은 노하우 중에 하나다. 매매든 임대든 중개사를 거치지 않고 직거래를 하면 중개수수료를 아낄 수 있다. 이뿐만 아니라 나의 물건을 좀 더 많은 매체에 노출시켜 좀 더 빠르고 적합한 매수자, 임차인을 찾을 수 있는 방법이다. 우리도 까다로운 조건을 충족하는 임차인을 찾으려고 한 적이 있었다. 이때 중개업소를 통하는 것보다 직접 찾는 것이 우리가 원하는 조건을 충족하는 임차인을 찾기에 수월할 것이라고 생각했다. 일일이 원하는 조건을 중개업소에 설명하는 것도 번거롭고, 중개업소 역시 그런 손님을 찾는 것을 어려워했다.

결국 우리의 블로그에 게시한 글을 보고 우리의 조건에 만족하는 사람에게서 문의가 와 그 사람과 계약을 진행했다. 물론 일반적인 계약 시 중개업소에서 처리해주는 관리비, 가스비 정산, 국토교통부 실거래가 신고 등을 직접 해야 하는 것이 번거롭기는 하다. 그리고 많은 사람이 이용하는 공동중개망에 내 물건이 올라와 있지 않아 거래될 때까지 시간이 오래 걸리는 경우도 있다. 하지만 처음이 어렵지 실제로 해보면 그다지 어렵지 않고, 중개거래의 사이클을 직접 경험해본다는 의미도 있다.

직거래는 자신이 가지고 있는 플랫폼(블로그, SNS, 유튜브)이 있다면 가장 좋고, 없다면 '피터팬의 좋은 방 구하기' 등을 통해 거래 상대방을 찾는 것도 가능하다. 직거래를 할 때 계약서 작성이 부담스럽거나 혹시 모를 직거래의 위험성이 우려된다면 대서(代書)만 중개업소에 의뢰할 수도 있다. 2021년 7월 기준으로 직방, 다방, 호갱노노 등에서 직거래 플랫폼 서비스를 계획 중이나 현실적인 어려움으로 빠른 시간 안에 서비스가 시작되기는 어려워 보인다.

자잘한 신고 직접 하기

부동산 거래를 하다 보면 챙겨야 할 신고가 많다. 예를 들어 1년에 한 번 해야 하는 종합소득세 신고, 필요시 해야 하는 종합부동산세 합산배제 신고 등이 있고, 거래할 때마다 챙겨야 하는 양도소득세 신고 등이 있다. 직거래를 할 땐 실거래가 신고도 포함된다.

셀프 등기는 직접해보면 생각보다 어렵지 않다. 셀프 등기를 하기 전에 인터넷으로 방법을 잘 익혀서 가면 2~3시간이면 끝낼 수 있다. 만약 하다가 어려운 점이 생기는 경우에는 담당 공무원에게 문의하면 친절하게 알려준다. 각종 신고를 전담해주는 세무사에게 맡긴다 해도 관련 서류 등은 어차피 내가 직접 발급해서 전달해야 한다. 신고를 해야 하는 기간만 잘 숙지하고 있다가 자신이 직접 신고한다면 각종 신고 대행 비용을 절약할 수 있다. 물론 아주 간단한 신고가 아니라면 전문가에게 의뢰하는 편이 낫다.

요즘은 홈택스를 이용해서 온라인으로도 쉽게 신고가 가능하기 때문에 셀프로 신고하는 것도 할 만하다. 다만 홈택스 이용 시간에 유의해야 하는데, 홈택스 전자신고는 오전 6시부터 밤 12시까지로, 퇴근 후 신고하다 밤 12시가 지나서 신고를 마무리하지 못하는 경우가 있으니 유의해야 한다.

TIP 각종 신고 기간

① 종합소득세 신고: 대략 5월 한 달간(5월 1일~5월 31일)

② 종합부동산세 합산배제 신고: 대개 9월 16일~9월 30일(1회 신고하면 부동산 소유 변동 전까지 유효)

③ 양도소득세(토지 또는 건물, 부동산에 관한 권리, 기타 자산) 신고 기한: 양도일이 속하는 달의 말일부터(양도일 아님) 2개월 이내에 예정신고를 해야 하고, 다음 해 5월 1일부터 5월 31일까지 확정신고를 해야 한다.

월수입 만들기

수익형 부동산 오피스텔 vs. 상가

흔히 월세 수입을 받을 수 있는 수익형 부동산으로 오피스텔과 상가를 떠올린다. 은퇴 후의 수익을 위한 수익형 부동산은 가급적 연체가 없고, 공실이 없어야 한다는 것이 조건일 것이다. 하지만 이번 코로나19 사태를 계기로 백신으로 집단 면역이 생기고 치료약이 생겨도 생활 및 경제 전반의 변화는 불가피해 보인다. 상가 역시 과연 예전만큼 연체가 없고, 공실이 없을지 의문이다. 상가라는 것은 자영업자가 오프라인 사업을 영위하는 공간을 뜻한다. 과연 코로나19 이후에도 그 전만큼 오프라인 점포가 많이 필요할지는 고민을 해볼 문제다.

모든 산업이 온라인으로 대체될 수는 없겠지만 상당수의 사업이 오프라인에서 온라인으로 전환하게 되었다. 빠르게 온라인으로 변화한 업종과 사업은 온라인 시장을 선점하며 새로운 경제 생태계를 구축했다. 앞으로는 온라인으로 대체가 어려운 일부 산업(의료, 이발, 미용 등)만이 오프라인 점포가 필요할 것이라고 예측된다. 즉 오프라인 점포의 수요는 줄어들 것이란 얘기다. 현 상황만 보더라도 코로나19 이전에 이미 공급된 점포의 상당수가 임차인을 찾지 못한 채 공실인 상태다.

그러나 삶을 영위하는 데 필수적인 의식주 중 '주'에 해당하는 주거지에 대한 수요는 코로나19의 영향에서 상대적으로 자유로울 것이다. 코로나19와 무관하게 먹고 자고 쉴 공간은 늘 필요하기 때문이다. 이것이 상가보다는 오피스텔이 퇴직 후 수익형 상품에 적합할 것으로 생각되는 이유다. 1인 가구의 증가와 주택 가격의 상승으로 아파트보다 상대적으로 저렴한 오피스텔에 대한 수요는 유지될 것이다. 또한 최근 주거용 오피스텔의 바닥 난방 허용 기준을 전용면적 $85m^2$ 이하에서 $120m^2$ 이하로 확대하기로 해 규제가 완화된 만큼, 가격이 급등한 아파트의 대체제로서 주거용 오피스텔의 인기는 한동안 계속될 수 있을 거라고 생각한다. 다만 우리 부부는 주거용 오피스텔은 아파트의 대체제라는 관점을 유지하고 있다. 또 최소한 신혼부부 혹은 3인 가족이 거주할 만한 정도의 크기쯤은 되어야 아파트 대체제로서의 명맥도 유지될 것이라 생각한다.

물론 모든 상가가 도태되지는 않을 것이다. 다른 산업들처럼 상가 역시 입지가 좋은 상가가 더욱 각광받는 양극화가 심해질 것이다. 그래서 주택이 아닌 상가를 선택할 때 더 공부하고 더 신중하게 결정해야 하지 않을까 싶다.

미국주식 vs. 오피스텔 월세

앞서 5장에서 미국주식의 시가배당율이 우리나라 주식의 배당율보다 높다고는 했었다. 그러나 투자 후 실제 배당금을 받아보면 '이걸로 월세를 받는다고 생각하라니…' 하면서 회의감이 들 때가 있다. 하지만 회의감을 느낀 미국주식 초보 투자자들이 간과하고 있는 것이 있는데, 과연 월세를 받을 부동산을 살 돈만큼 미국주식을 매입했는지다. 적은 돈으로 월세 수입을 얻을 수 있는 대표적인 상품인 오피스텔로 예를 들어보겠다. 설명을 위한 예에 불과할 뿐 매수 추

표7 | 강남구 L오피스텔 수익표

(단위: 만 원)

매매		34,000	저층
월세	보증금	5,000	
	월세 수익	75	
	실투자금	29,000	세금 등 비용 제외
	1년 수익금	900	
	수익률	3.1%	세금 등 비용 제외

천은 아니므로 주의하기 바란다.

강남의 지하철(더블역세권) 도보 5분 내의 L오피스텔을 예로 들어보겠다. 저층(계약면적 약 9평, 전용면적 약 6평) 매물이 약 3억 4,000만 원 정도로 형성되어 있고 임대를 5,000/75로 놓았다고 가정하자. 초기 투자금을 적게 하기 위해 임대보증금을 높이고 월세를 낮추는 방향으로 설정했다. 이 경우 2.9억 원(3억 4,000만 원-5,000만 원)을 투자해서 매년 900만 원(75만 원×12개월)의 약 3.1%의 수익을 얻을 수 있다. 이는 세금, 중개수수료 등을 제외한 수익이다.

이번에는 강남 오피스텔과 동일한 금액(2억 9,000만 원)으로 미국 주식을 매수했을 때를 예로 들어보겠다. 앞서 5장의 '배당킹으로 만든 배당캘린더'에서 배당금을 주는 시기에 따라 나눴던 A, B, C 각 그룹에서 시가배당률이 가장 높은 주식으로 1/3씩 나눠 매입했을 때를 계산했다.

표8을 보면 알 수 있듯이 A그룹(1·4·7·10월 배당)의 배당킹 중에서는 가장 시가배당율이 높은 Altria Group(MO)을, B그룹(2·5·8·11월 배당)의 배당킹 중에서는 두 번째로 시가 배당률이 높은 Northwest Natural Gas(NWN)을, C그룹(3·6·9·12월 배당)의 배당킹 중에서는 시가배당율이 두 번째로 높은 3M(MMM)을 선택해 계산해보았다. B그룹의 최고 시가배당율 종목은 Universal(UVV)이지만 A그룹의 MO와 같은 산업군에 해당해 제외하고 차선의 NWN을 선택했다. 동일한 산업에 배당금을 집중시키면 해당 산업에 위기가 닥쳤을 때 배당금 전략에 위험이 생길 수가 있다. C그룹에서도 올해 새로 배당킹이 된 Black Hills Cororation(BKH)이 시가배당율

표8 | 미국주식 매입 시뮬레이션

| 구분 | 미국주식 | | | 매입 수량 (주) | 2020년 1주당 배당금액 ($, 세후) | 1년간 배당액 | | 수익률 |
	종목명	티커	주가 ($)			$	₩	
A 그룹	Altria Group	MO	40.37	2,160	2.873	6,205.68	6,878,996	
B 그룹	North-west Natural Gas Co.	NWN	49.54	1,760	1.625625	2,861.10	3,171,529	4.4%
C 그룹	3M	MMM	176.89	492	4.998	2,459.02	2,725,819	

* 주가, 환율(1달러=1,108.5원) 2020년 11월 27일 기준

이 3.4%로 가장 높았지만 B그룹의 NWN과 같은 산업군이라 차선인 MMM을 선택했다.

MO, NWN, MMM을 각각 약 8만 7,000달러 정도로 비슷하게 매입했다고 가정하겠다. 세 주식을 합하면 총 26만 달러를 매입할 수 있게 되고, 이를 원화로 환산하면 약 2억 8,980만 원(1달러=1108.5원 기준, 환율우대 없음)이다. 위의 강남 오피스텔 실투자금액과 유사한 금액을 미국주식 배당킹 위주로 매입한 것이다. 여기서 2020년 기준 1주당 배당액은 MO, NWN, MMM순으로 3.38달러, 1.9125달러, 5.88달러다. 여기에 매입 가능 수량을 곱하고 미국 배당소득세(15%)를 제외하면 1년에 각각 약 6,205달러, 약 2,861달러, 약 2,459달러를 지급받게 된다. 이를 원화로 환산해보면 약 690만 원, 약 320만 원, 약 270만 원을 1년간 받게 되는 셈이다. 이를 월별

표9 | 미국주식 월별 지급 금액

구분	1월	2월	3월	4월	5월	6월
$	1,542.24	714.34	614.754	1542.24	714.34	614.754
₩	1,709,573	791,845	681,454	1,709,573	791,845	681,454

구분	7월	8월	9월	10월	11월	12월
$	1,542.24	714.34	614.754	1,542.24	714.34	614.754
₩	1,709,573	791,845	681,454	1,709,573	791,845	681,454

* 배당소득세 공제
** 1달러=1,108.50원 기준, 환율우대 없음, KEB하나은행

로 받을 금액으로 계산해보면 표9와 같다.

1·4·7·10월은 MO 배당금으로 약 170만 원을, 2·5·8·11월은 NWN 배당금으로 79만 원을, 3·6·9·12월은 MMM 배당금으로 68만 원 정도를 지급받을 수 있다. 여유로운 생활을 하기에 충분한 돈은 아니다. 우리도 실제로 계산하기 전에는 막연하게 강남 오피스텔이 은퇴 후 자금 조달에 효율적이라고 생각했다. 그러나 직접 계산을 해보니 미국주식이 수익률 면에서 높았다. 수익률을 살펴보면 강남 오피스텔은 연 3.1%, 미국주식 배당킹은 연 4.4%로 차이가 발생한다. 심지어 강남 오피스텔의 경우 수익률을 악화시키는 세금과 중개수수료 등을 계산하지 않은 수치다. 또한 오피스텔 특성상 근처에 신축 오피스텔이 생기면 수익률도 떨어지고 공실의 위험이 높아지는 부분이 있다는 것도 추가로 고려해야 한다.

미국주식은 배당소득세까지 이미 계산해서 반영했고 환전 우대

가 없는 것으로 계산한 수치다. 인출 및 환전 시 수수료가 있으나, 이는 고액 예치 고객에게 우대를 해주는 사항으로 증권사와 별도 협의를 통해 조정이 가능하다. 추후에 환율이 변동되는 위험이 있지만 배당킹 종목이기 때문에 배당 증액의 확률이 높고 배당컷의 위험은 적다고 보면 환율 변동의 위험도 일정 부분 상쇄가 가능할 것으로 보인다. 상쇄가 가능하다는 의미이지 위험이 없다는 의미는 아니다.

물론 미국주식은 환전 및 인출의 단계를 거쳐야 해서 오피스텔에 비해 수익금 거두기가 번거로울 수는 있다. 오피스텔의 경우 임차인이 월세를 원화로 입금해주지만, 미국주식으로 받은 배당금은 별도로 환전해서 원화로 인출해야 한다. 미국주식 배당금을 원화로 인출하는 것은 여러 번의 단계가 필요하다. 배당금을 증권사에서 원화로 환전한 후 원화를 은행에 이체하고 인출하는 방법이 있고, 증권사에서 미국 달러를 국내 은행에 이체한 후 은행에서 환전 및 인출하는 방법이 있다. 추가로 배당금은 매달 꼬박꼬박 들어오지만 오피스텔은 임차인이 월세를 미납할 가능성도 있다는 점을 고려해야 한다. 이렇듯 수입 외에도 오피스텔의 월세 미납 가능성과 미국주식의 배당금 인출 시 번거로움을 저울질해볼 필요도 있다.

이 방법은 종목당 매수금액을 동일하게 했기 때문에 매달 지급 금액에 차이가 있다. 종목당 보유 수량을 조절하면 매달 배당으로 받을 금액을 비슷하게 맞추는 것도 가능하다.

우리 부부의 5대 재테크 기본 원칙

원칙 ①: 재테크는 다이어트와 같은 것

해본 사람은 알겠지만 다이어트는 평생 해야 하는 숙제 같은 것이다. 다이어트는 건강을 위해서 성별, 나이에 관계없이 필요하다. 다이어트 방법은 사실 매우 간단하다. 적게 먹고 많이 움직이는 것. 간단하고 쉽지만 성공하는 사람은 드물다.

재테크 역시 평생 해야 하는 숙제 같은 것이다. 재테크는 경제적으로 여유로운 삶을 위해 성별, 나이에 관계없이 필요하다. 경제적인 여유가 필요 없다고 하는 사람은 논외로 하겠다. 우리는 마음의 여유도 어느 정도 경제적인 여유가 뒷받침되지 않으면 우러나오기 어렵다고 생각한다. 물론 '어느 정도'의 개인차는 있을 수 있다. 이때 각자의 가치관, 각자의 목표에 따라 그 '어느 정도'의 범주를 스스로 정해야 한다.

결국 재테크 방법도 다이어트 방법처럼 간단하다. 적게 소비하고 많이 버는 것. 간단하지만 성공하는 사람 역시 많지 않다.

원칙 ②: 한 방은 없다

재테크는 꾸준히 노력해야 한다. 단기간에 살을 빼기 위해 약을 먹거나 무리한 단식을 하면 금새 요요가 와서 살이 다시 찌게 마련이다. '로또의 저주'라는 말이 있다. 로또 1등 당첨자의 삶은 순탄치 않다는 말이다. 실제 예로 역대 두 번째로 큰 당첨금을 받았던 A씨는 2003년, 세후 189억 원을 받았다고 한다. A씨는 이후 서울의 고급 주상복합 주택을 2채 구입하고, 병원 설립 투자를 한 뒤 나머지 금액은 주식에 투자했다. 그러나 2007년에 시작된 글로벌 금융위기로 주식 투자금을 모두 잃었다고 한다. 그리고 병원 투자금 역시 되돌려받지 못해 이후에 펀드매니저를 사칭하다 결국 2014년, 사기 혐의로 구속되었다. 물론 로또에 당첨되었다고 모두 불행한 삶을 사는 것은 아니다. 2003년에 세후 약 317억 원(역대 최고 수령액)을 수령한 B씨는 30억 원을 기부하고 남은 돈으로 수도권에서 사업을 시작해서 여전히 해마다 3,000만 원 상당을 기부하며 지낸다고 한다.

자신이 노력해서 얻은 돈이 아니어서인지 일확천금으로 생긴 돈은 없어지는 것도 순식간이다. A씨라고 189억 원을 지키고 싶지 않았을까? 어떻게 써야 하는지, 어떻게 증식해야 할지 준비가 되어 있지 않아 4년 만에 당첨금을 잃고 끝내 사기 혐의로 구속까지 된 것이 아닐까. 한 번에 모든 것을 다 가지려고 하지 말고, 조금씩 꾸준히 모아서 잘 쓰면서 사는 것이 경제적 자유를 얻고자 하는 사람들이 유념해야 할 진정한 삶의 목표가 아닐까 한다. 물론 우리도 로또 1등은 부럽다.

원칙 ③: 남과 나를 비교하면서 좌절하지 않기

남과 나를 비교하기 시작하면 끝이 안 난다. 나보다 돈이 많은, 나보다 능력 있는 사람은 세상에 너무 많다. 그 사람들과 비교하기 시작하면 나는 항상 좌절할 수밖에 없다. 나보다 나은 사람을 목표로 삼고 그 사람들이 그 지위에 오르게 된 과정을 내 것으로 만들어 따라 하는 것은 좋지만 막연히 그 사람들보다 못한 나를 비하하지는 말아야 한다. 남보다는 하루 전, 한 달 전의 나와 비교하면서 한 단계 한 단계 성장해나가는 나를 칭찬하도록 하자.

원칙 ③은 다른 때보다 종잣돈을 모을 때 특히 중요하다. 종잣돈 모으기는 지루하고 눈에 보이는 성과가 나타나기 어렵기 때문에 이미 나보다 돈이 많은 사람을 보고 부러워하는 것을 넘어 질투하거나, 그 사람의 출발선을 부러워하며 내 자신을 자책 또는 원망하게 될 수 있다. 나보다 경제적으로 여유가 많은 사람을 보며 굳이 '나는 왜 이렇게 종잣돈을 모아야 하는 걸까.'라고 스스로 수렁으로 빠지지 않도록 노력해야 한다. 그 방법은 원칙 ④에서 이어서 이야기해 보겠다.

원칙 ④: 중간 목표를 세우고 스스로 점검하라

자신의 최종 목표가 무엇인지, 내가 노력해서 어디까지 왔는지 점검하지 않는다면 지루한 재테크의 길이 더욱 길게만 느껴진다. 나의 현 위치를 점검하고 조금이라도 성취감을 느끼기 위해서는 최종 목표와 중간 목표를 세우고 점검해야 한다.

최종 목표 세우기

우리 부부의 최종 목표 중 하나는 '1년에 2~3개월은 해외에서 살고 9~10개월은 한국에서 사는 것'이다. 우리는 이런 생활 패턴을 받아들여줄 수 있는 직장이 없을 것이라고 생각해서 조기 은퇴를 목표로 삼았었다. 독자 여러분들도 본인의 최종 목표를 뒷받침할 수 있는 재정 계획을 충실하게 세워보길 바란다. 모든 일이 계획대로 진행되지 않기 때문에 재정 계획에는 변수에 대한 여유를 충분하게 설정하는 것이 좋다.

우리 부부는 이 목표를 결혼 후 7년이 지난 시점이자 첫 월세 투자를 시작한 지 3년이 지난 후에 세웠기에 아쉬운 감이 있다. 좀 더 일찍 목표를 세우고 그 목표를 향해 나아갔더라면 좋지 않았을까 싶은 것이다. 하지만 결혼 초기에는 아직 우리가 무엇을 원하는지 확신하지 못했고, 하루하루 눈앞에 닥친 일을 처리하며 살기에도 버거웠다. 최종 목표를 세우기 위해서는 부부끼리, 가족끼리 서로 궁극적으로 무엇을 원하는지 많은 대화를 나눠봐야 한다. 우리 부부는 여러 번의 여행을 통해 우리가 여행을 좋아한다는 것을 알게 되어 여행을 최종 목표 중 하나로 넣게 되었다. 가족 간에 서로 무엇을 좋아하는지, 무엇을 이루고 싶은지 잘 알고 결정해야 가족이 흔들리지 않고 계속 북돋아주며 나아갈 수 있다.

최종 목표를 세우고 4년이 지난 지금, 건강상의 문제와 코로나19 장기화로 인해 조기 은퇴를 한다 해도 최종 목표대로 사는 것이 과연 최선일지 의구심이 들기도 한다. 최종 목표가 원안 그대로 이루어지도록 하는 것이 좋겠지만 시간의 흐름에 따라 어쩔 수 없이 최종 목표를 이루지 못할 수도 있다. 다만 1년에 2~3개월 해외 거주는 힘들더라도 우선은 부부 모두의 조기(助期) 은퇴를 이루고자 우리 부부 둘 다 노력하고 있다.

중간 목표 세우기와 적금 운용하기

종잣돈을 모을 때 우리 부부의 첫 중간 목표는 처음 전세를 얻으며 빌렸던 돈을 상환하는 것이었다. 이 돈은 기간을 정하지 않고 '그냥 가능한 빨리 상환하자.'라는 것이 목표였다. 그렇게 아끼고 모아가며 상환을 완료한 후에 본격적으로 우리의 종잣돈 모으기가 시작되었다.

빌렸던 돈을 상환하면서 절약과 목돈 모으는 노하우가 생긴 우리 부부는 빚을 갚기 위해 돈을 모을 때보다 돈을 모으는 속도가 빨라졌다는 것을 체감할 수 있었다. 물론 직장에서 근무 연차가 올라 수입이 늘어난 것도 사실이다. 종잣돈 모으는 것도 해보면 노하우가 생기니 너무 조급할 필요는 없다.

우리는 하나의 적금이 만기되는 시점에 다른 적금을 함께 체크하면서 목돈이 쌓인 것을 확인했다. 목돈이 쌓인 것을 확인하는 것만으로도 동기부여가 된다. 적금이 만기가 되어 신규로 적금을 들 때는 5만 원, 10만 원이라도 증액해서 적금을 들었다. 그렇게 적금을 가입하게 되면 나도 모르게 새어나가는 돈을 막을 수 있고 좀 더 빨리 종잣돈을 모을 수 있었다. 요즘 적금 이율은 거의 연 1~2%다. 이자를 생각하면 과연 적금을 들어야 하는지 회의감에 빠질 수도 있다. 그러나 생각을 달리해야 한다. 적금은 이자 때문에 가입하는 것이 아니다. 불입하는 금액을 안 쓰고 모으기 위해서 가입하는 것이다. 매월 불입하는 금액을 입출금이 자유로운 통장에 두었다면 금세 사라질 것이 분명하기 때문이다.

적금을 모으면서 항상 위기가 찾아오던 시기는 만기 해지 때였다. 만기 때까지 잘 모으다가 막상 만기가 되면 뭘 해야 할지 우왕좌왕하게 되곤 했다. 이때는 이자를 자유적립식 적금에 넣고 원금은 종잣돈이 모아질 때까지 정기예금으로 모아두는 것을 추천한다.

매년 정산하고 새로운 목표 세우기

연말에는 한 해 동안 어느 정도 돈을 모았는지, 내년에는 얼마를 더 모을 수 있을지 생각하는 시간을 갖는다. 결혼 10년 차인 지금 우리가 후회되는 것은 우리 부부가 거쳐온 이 지난했던 과정에 대한 기록물이 없다는 점이다. 해마다 정산할 때 이면지 활용을 핑계로 다음 해에 얼마를 모으고 어떻게 재테크를 할 것인지를 아무 종이에나 낙서처럼 끄적였기 때문이다. 독자 여러분들은 조금만 더 시간을 내어 엑셀이나 블로그 등을 이용해 기록을 남겨두기를 추천한다. 종이에 기록했다면 사진이라도 찍어서 블로그에 남겨두는 방법도 괜찮다. 개인정보가 노출되는 것이 부담스럽다면 비공개로 해두면 된다.

해마다 정산을 하면 자연스레 우리 가족이 얼마나 발전하고 있는지 눈에 띈다. 이런 식으로 매해 정산하는 과정 자체가 재테크에 대한 동기부여다. 더불어 그 과정에서 무언가 이뤄낸 걸 발견한다면 본인이 해낸 성과에 자신감이 생길 것이다. 자신감과 성취감이 긴 재테크 과정을 이어나가는 데 큰 도움이 될 것이다.

원칙 ⑤: 손해가 나도 정신만 차리면 된다

부동산 혹은 주식 투자를 하게 되면 애석하게도 수익만 얻는 것은 아니다. 항상 수익을 얻으려고 하지만 손해가 날 수도 있다. 하지만 손해가 생겼다고 해서 자포자기하거나 투자에서 손을 떼면 안 된다. 내가 무엇을 놓쳐서 손해가 났는지 괴로워도 냉철하게 분석해보고 다시는 그런 실수를 하지 않는 것이 가장 중요하다.

또한 이미 손해를 본 상황에서는 손해를 최소화할 수 있는 방법이 없는지 생각하고 실행해야 한다. A부동산을 손해 보고 매도한 경우, 같은 해에 B부동산을 팔아 이익이 생겼다면 손해와 이익을 통산해 계산된 양도소득세를 납입하면 된다. 결과적으로 양도소득세를 절감할 수 있다.

이처럼 투자를 하다 손해가 나더라도 그것을 절세 방법으로 활용해야 한다. 양도차익과 양도차손은 같은 그룹 간의 자산끼리 통산할 수 있다. 1그룹(토지, 건물, 부동산에 관한 권리 및 기타 자산), 2그룹(주식 등 양도소득), 3그룹(파생상품 양도소득) 등 같은 그룹 내에 속해 있는 자산 중 같은 해에 양도차익(이익)과 양도차손(손실)이 발생해야 한다. 세율이 달라도 통산이 가능하다. 즉 세율이 같은 '아파트와 아파트' 같은 경우만 통산하는 것이 아니고, 세율이 다른 '아파트와 분양권' 같은 경우도 통산이 가능하다. 다만 아예 다른 그룹에 속해 있는 주식과 아파트는 같은 해에 처분했다고 해도 통산이 불가능하다. 손해가 발생한 자산이 있다면 같은 해에 매도할 다른 자산이 없는지 확인해봐야 한다. 개인마다 차이가 있으므로 실제 통산 처리를 할 때는 전문가에게 상담을 받아보는 것이 정확하다. 세무 상담은 '처분(매도)하기 전'에 하는 것이 효과적이다. 이미 매도한 후에 상담을 받고 결과를 뒤집는 것은 불가능하다.

우리 부부의
수익금 관리법

수익금 관리의 핵심은 수익이 나기 전에 미리 그 수익으로 무엇을 할지 결정해두는 것이다. 미리 결정을 해두어야 수익이 생겼을 때 들뜬 마음으로 수익금을 써버리는 불상사를 막을 수 있다.

국내주식 수익금

지금껏 국내주식 투자에 대해 언급하지는 않았는데, 우리 부부가 국내주식 투자를 하지 않은 것은 아니다. 우리 부부는 국내주식을 매도했을 때 새로 생긴 원금은 다른 국내주식을 매수하는 데 쓴다. 얼마 전 주식 공부 중에 한 주식 전문가가 "좋은 종목이 보이지 않으면 팔지 말라"고 말한 것을 들었다. 물론 수익이 날 만큼의 좋은 종목을 샀다는 전제가 충족되어야 적용 가능한 말이다. 우리 부부는 이 말을 '원금은 종목을 바꾸어 계속 투자에 써야 한다'는 뜻으로 느꼈다.

국내주식의 수익금은 친구들이나 지인들에게 밥을 사는 데 쓴다. 재테크를 하다 보면 절약이라는 명목하에 나도 모르게 주위 사람들에게 소홀해지기 마련이다. 종잣돈 모으기도 중요하지만 친구들도 소중하기에 가끔 밥도 사면서 친구들과 시간을 보내곤 한다. 자주 수익이 나서 친구들과 자주 만날 수 있다면 매우 좋은 일이겠다.

미국주식 수익금

미국주식은 당연히 수익금이 달러로 들어온다. 미국주식도 국내주식과 유사하게 매도 후 새로 생긴 원금은 다른 종목을 사는 데 사용한다. 미국주식의 배당금은 배당 재투자로 사용하고, 시세차익으로 남은 금액은 여행 경비 등으로 사용하기 위해 달러로 남겨둔다.

미국주식에 투자하다 보면 예수금에 남아 있는 금액이 배당금으로 생긴 돈인지, 시세차익으로 인한 수익금인지, 적립식으로 모아둔 금액인지 헷갈리게 된다. 배당금은 배당이 들어올 때 증권사에서 문자나 카톡 알림창으로 알려준다. 이때 표10처럼 바로 엑셀 등을 이용해 들어온 배당금을 따로 정리한 후, 일정 금액(보유 주식 중에 배당률이 높은 주식의 1주 금액)이 모이면 그 금액으로 배당 재투자를 한다.

표10	미국주식 배당금 정리 예시				

날짜	종목	티커	달러(USD)	원(KRW)
2020.11.16	Apple	AAPL	124	137,454
2020.11.29	Starbucks	SBUX	83	92,006
⋮	⋮	⋮	⋮	⋮
11월 합			207	229,460
2020.12.5	Visa	V	64	70,944
2020.12.17	Lockheed Martin	LMT	24	26,382
⋮	⋮	⋮	⋮	⋮
12월 합			88	97,326
연간 배당금			295	326,786

* 예시이며, 실제 배당금 지급 날짜 및 배당 금액과는 차이가 있음
** 1달러=1,108.5원 가정

　우리는 미국주식을 살 돈은 적립식으로 모아두는데, 달러가 아닌 원화를 적금처럼 증권 계좌에 자동이체 해둔다. 그러고 나서 미국주식 종목을 매수할 때 혹은 달러 환율이 낮을 때 환전해 사용한다.

부동산 수익금

부동산 투자로 발생한 수익금 중 일부는 연말쯤 한국어린이난치병협회 등에 기부한다. 수익금 전부를 기부하면 좋겠지만 아직 우리의 그릇이 그 정도는 안 되어 수익금의 일부만 기부하고 있다. 다른 수익금도 마찬가지지만 투자 수익이라는 것이 100% 내가 잘해서 얻

어진 것은 아니라고 생각하기 때문에 조금이나마 도움이 필요한 곳에 쓰였으면 하는 생각을 가지고 있다.

기부금을 뺀 나머지 금액은 다음 부동산 투자에 재투자를 하는 편이다. 가능한 매도 전에 다음에 어떤 물건을 매수할 것인지 계획을 세우고 매도한다. 돈의 가치가 떨어져 부동산 가격이 오르는 속도가 빠르므로 현금을 보유하는 시간을 가능한 줄이려고 한다.

TIP **기부 단체 찾기**

기부 후 기부한 단체에게 기부금영수증을 받으면 연말정산 시 세액공제를 받을 수 있다. 그러나 기부금영수증 발행이 가능한 단체는 대개 어느 정도 규모도 있고 홍보가 되어 있어 나 말고도 많은 사람의 기부금을 받는다.

기부할 단체를 고민한다면 누구나 알 만한 큰 곳 말고 자신의 가치관과 상황에 맞는 작은 단체를 찾아 기부하는 것도 좋을 듯하다. 인터넷으로 찾아도 좋지만 정말 도움이 절실한 곳은 홈페이지조차 없는 곳이 허다하다. 일단 내 마음이 와닿는 범주(미혼모, 독립유공자 후손, 조손가정, 동물 보호, 보호 종료 아동 등)를 결정한 후 구청, 주민센터 등에 문의하면 도움이 시급한 곳을 연결해준다. 물론 영세한 단체에 기부하면 세액공제는 포기해야 한다.

예적금 이자

예적금은 만기되면 이자가 나온다. 요즘은 저금리 시대이므로 이자라고 해서 큰돈이 나오는 건 아니지만 만기 시에 그 돈을 그냥 두면 돈은 쥐도 새도 모르게 사라진다. 이럴 땐 매월 납입 금액이 정해져 있는 것이 아닌, 모이면 그때그때 불입할 수 있는 자유적립식 적금을 들어 돈을 넣어두는 것도 방법이다. 이를 잘 활용해 이자를 모아두면 나도 모르게 새어나가는 지출을 막을 수 있다.

자유적립식 적금에 가입할 때는 최소 입금 단위를 잘 확인해봐야 한다. 은행마다 조금 차이가 있는데, 예를 들어 KEB하나은행 '내맘적금'은 1,000원 이상, KB국민은행 'KB내맘대로적금'은 1만 원 이상, 신한은행 '신한주거래드림적금'은 1,000원 이상, NH농협은행의 '1934월복리적금'은 1만 원 이상 등이 최소 입금 단위다(모두 2021년 11월 기준). 이자를 모아둘 자유적립식 적금은 이율이 높은 제2금융권 적금을 이용하는 것도 좋다. 예를 들어 KB저축은행(키위저축은행)의 자유적립 예금은 1,000원 이상 납입이 가능하고 월복리 상품이다(2021년 11월 14일 기준). 제2금융권도 총 5,000만 원까지 「예금자보호법」에 의해 보호를 받는데, 소액의 이자를 모을 용도로 쓰는 자유적립식 적금의 특성상 5,000만 원을 초과할 가능성은 적다.

※ 본 도서의 자료들은 투자 판단에 참고가 되는 정보 제공을 목적으로 작성된 내용입니다. 내용에 수록된 정보는 오차가 발생할 수 있으며 완벽성은 보장하지 않습니다. 투자의 최종 결정은 투자자 본인의 판단으로 하기 바랍니다.

아무것도 하지 않으면
아무 일도 일어나지 않는다

●

아무것도 하지 않으면 아무 일도 일어나지 않는다. 이 말은 내가 가장 좋아하는 말 중 하나다. 나는 공부를 잘하기 위해 노력하며 학창 시절을 보냈고, 그 노력에 대한 성과도 냈다. 대다수의 대학 동기들과 다른 진로를 선택하고 대기업에 취업한 후, 그 나이 때 사람들이 그러하듯 결혼을 했다.

하지만 취업과 결혼의 문턱을 넘었음에도 내가 마주한 현실은 생각과 달랐다. 회사생활은 갑갑했고 출근해서 컴퓨터를 켜는 순간부터 집에 가고 싶었다. 맞벌이를 하면서 해야 하는 살림살이도 버거웠고, 생활의 부담 역시 녹록치 않았다. 그러던 중에 집주인과의 갈등 상황에 직면하게 되면서 이후 투자에 관심이 생겨 본격적인 투자를 시작했다. 지금이야 단 몇 줄에 그 이야기를 쓰지만 그 당시는 월급쟁이이면서 세입자였던 생활에서 벗어나고 싶었다.

굴레처럼 느꼈던 그 생활에서 빠져나가길 바랐고 월세 투자부터 시작해서 수익이 좋다고 판단되면 상황이 허락하는 한 뭐든 해보려고 했다. 지금까지 그렇게 투자해서 얻은 수익이 어느 정도 되지만, 모든 것이 내 능력 덕분이라고는 생각하지 않는다. 운도 좋았고, 시기도 좋았다. 다만 그렇다고 해도 아무것도 하지 않았더라면 나는 아직 또 다른 집주인과 신경전을 벌이면서 살고 있었을 것이다. 내가 잘했는지 못했는지는 아직도 확실하지 않지만 계속 돌파구를 찾기 위해 무언가를 했다. 무언가를 계속했던 것은 잘한 선택이라고 생각한다.

나 역시 앞으로 내가 어떤 투자를 하고 어떤 일을 해나가야 할지 정확히 알 수 없다. 갑작스러웠던 내 건강 상태 악화와 코로나19로 인해 거의 3년 동안 특별한 외부 활동 없이 지내면서 나도 내 미래를 어떻게 다시 꾸려나가야 할지 잘은 모르겠다. 요즘 나는 예전에 상상했던 조기 은퇴에 다소 회의적인 시각이 생겼다. 재테크 이야기를 하면 주변 대부분의 반응이 그럼 이제 일하지 않아도 되는 것 아니냐고 묻는데, 그렇지 않다. 우리 부부도 일하지 않고 걱정 없이 원하는 대로 생활할 수 있는 경제적 환경을 구축하지는 못한 상태다.

다만 부지런하고 열심히 사는 투자자들이 점점 어려운 환경에 놓이는 지금 같은 상황 속에서 계속해서 돌파구를 찾을 수 있는 행운이 나에게 있기를 바란다. 무언가 내가 할 수 있는 일들이 계속해서 생기길 바란다. 무언가를 해야 무슨 일이라도 일어날 테니까. 아마 나는 그 기회를 찾기 위해 계속 노력할 것 같다. 어떤 것이 더 보완되어야 제대로 된 은퇴를 할 수 있는지 충분히 확인한 것도 지금까지 해온 투자 성과 중 하나라고 생각한다.

지금은 직장이든, 결혼이든, 투자든 새 출발을 하려는 사람에게 가혹한 시기다. 이런 시기에 독자분들이 이 책을 읽고 당장 무엇부터 시작해야 할지 감을 잡는 데 도움이 되었으면 한다. 투자에 대한 규제도 많고 투자 환경 자체가 녹록하지 않지만 초보자가 종잣돈을 모으면서 할 수 있는 것은 여전히 존재한다. 투자 경험이 짧은 나에게도 보이는 것들이니, 책을 읽은 사람들이 느끼고 바로 실천하기를 바란다.

시작이 반이라는 말이 있지만 재테크에 있어 시작은 반 이상인 것 같다. 무언가를 해야 수익을 내든지 경험을 얻든지, 현실에서 벗어날 발판을 마련할 수 있다. 손실이 두려워서 아무 도전도 하지 않는 사람이 되지 말자. 손실이 나더라도 그 이상 수익을 거두면 되고, 계속 도전하면 된다. 손실이 난 사람은 손실이 난 후 투자를 멈추어서 손실로 결론이 난 것이다. 긍정적인 생각을 가지고 끝까지 포기하지 말자. 할 수 있다.

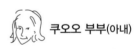 쿠오오 부부(아내)

나도 내 집을 갖고 싶었다

• •

책의 시작부터 집필을 거쳐 편집을 마치기까지의 시간이 예상보다 오래 걸렸다. 이번 기회를 통해 책을 한 번 펴낸다는 것이 얼마나 힘든 일인지에 대해서 경험하게 되었다. 소소한 우리의 경험을 블로그에 올리는 일부터 시작했던 것이 책이라는 유형의 결과물이 되어 돌아왔다는 사실 자체로 우리 부부는 서로에게 축하를 해주고 싶다. 이 모든 것은 아내인 쿠오오로부터 시작되었다.

책에 기술한 것처럼 과거의 나는 재테크라는 것을 어떻게 해야 하는지에 대한 기본 지식도 마인드도 갖춰져 있지 않았다. 소위 말하는 '한 방'을 잘 터뜨리는 것이 투자라고 오해하고 있던 시기가 불과 10년 전이다. 그렇기 때문에 나는 레버리지 효과가 큰 주가지수 옵션 및 파생상품에 대한 투자(정확하게 말하면 투기)에 관심이 많았다. 오죽하면 풋옵션에 베팅한 날에는 파란색 넥타이를 매고, 콜옵션에 베팅한 날에는 빨간색 넥타이를 맸었을까.

우리 부부가 이런저런 부동산 투자를 한다는 것을 알게 된 이들의 첫 반응은 대부분 동일하다. '돈 많이 벌어서 부자 되었겠는데

요?' 하는 반응이다. 솔직히 여기에 어떻게 대답을 해야 할지 난감하다. 재산이 조금 늘어났지만 사실상 일상적인 수입이 증가해 지출에 대한 걱정이 없는 정도가 아니기 때문이다. 최근에 발간된 어느 보고서에는 '부자라면 100억 원 정도의 순자산 규모에 금융자산이 20억 원 정도 되고, 3억 원 안팎의 연간 수입이 있어야 한다.'는 조사 결과가 있었다. 나도 고개를 끄덕이는 바다. 부자라면 현금이 풍족해야 하며, 또한 현금만 풍족하게 있어서도 안 된다는 것을 매일 깨닫고 있다.

나는 모든 사람이 돈 앞에서 솔직해질 필요가 있다고 본다. 돈의 중요성을 알고 있으면서도 돈은 더러운 것이라고 돈의 가치를 애써 부정하려는 분들이 많다. 물론 결코 돈이 전부가 될 수는 없다. 하지만 돈이 없으면 생활이 피폐해진다. 돈은 많은 부분에서 일상을 유지해주며, 생존을 위해 중요한 가치를 지닌다. 본인에게 돈이 얼마나 중요한 것인지, 돈이 많으면 얻을 수 있는 장점이 얼마나 많은지를 인정해야 한다. 나는 정말로 돈을 벌어 내 집을 갖고 싶었다.

또한 나는 '사촌이 땅을 사면 배가 아프다'는 옛말이 왜 있는지에 대한 이유를 직간접적으로 경험해봤다. 어느 연예인이 예능 프로그램에서 했던 말처럼 '돈이 많은데 안 유명하고 싶다.'는 것이 어떤 의미에서는 나의 바람이기도 하다. 정말로 부자가 되었다면 부부지간에 축하하고 말 일이지, 본인의 재산과 수입에 관한 이야기를 다른 이들에게 할 필요가 없다. 사람들은 본인의 일은 과대평가하면서 남의 일은 과소평가하는 경향이 있다. 남의 경험은 내가 겪지 못한 것이기 때문이다. 소위 '상대적 박탈감'이라는 것에 정당성이 있을까?

재테크를 하고 안 하고는 개인의 자유로운 선택이고, 재테크야말로 각자도생이다.

재테크를 시작하기 어려워하는 분들의 공통점 중 하나가 한계선을 미리 정해놓는다는 점이다. '나는 잘 모르고 재주도 없어, 나는 서민이야.' 이런 한계선 말이다. 모르면 알려 하고, 늦었다면 지금부터 할 수 있는 것을 궁리해야 한다. 누가 당신은 투자하면 안 된다고 했는가? 스스로 새장 안에 갇히지 말아야 한다. 또한 재테크 때문에 자린고비가 되지도 말아야 한다. 지출을 최소화하는 것은 종자돈 모으기 단계에서 할 일이다. 은퇴를 준비하는 사람이 지출을 줄여서 은퇴 준비를 한다는 것은 앞뒤가 맞지 않는다. 오히려 다양한 수익 창출 방법을 연구해야 한다.

저마다 재테크에 대한 동기부여 지점은 다르겠지만, 우리 부부는 계속 재테크에 관심을 기울이고 투자를 이어갈 것 같다. 무엇보다 우리 부부 스스로를 위해서 필요하기 때문이다. 우리 부부가 재테크에 관심을 가졌던 때가 운 좋게도 정말 투자하기 좋은 시기였다는 것을 부인하지 않는다. 다만 우리는 끊임없이 무엇인가 해보려고 노력했다.

우리 부부에게, 이제 막 재테크에 관심을 갖는 사회초년생과 신혼부부들에게, 또 이 책이 작은 울림이 될 모든 분들에게 오늘보다 나은 내일에 대한 희망과 행운, 그리고 냉정한 평정심이 가득하길 바란다.

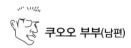 쿠오오 부부(남편)

도움이 된 블로그, 카페, 강의, 웹사이트, 애플리케이션, 유튜브

블로그

우리는 그때그때 필요한 정보가 있을 때 블로그를 찾아보는 편이고 한 블로그를 많이 읽는 편은 아니다. 우리 역시 블로그를 운영하면서 느낀 점은 남의 블로그를 많이 읽는 것도 중요하지만, 작은 것이라도 나만의 기록을 남기는 것이 미래에 많은 도움이 된다는 점이었다. 블로그는 너무 거창하게 쓸 필요는 없다. 임장을 다녀와서 어느 식당이 맛있었는지, 어느 길이 차가 밀렸는지도 나중에 찾아보면 충분한 정보가 된다. 남에게 공유하는 것이 부끄럽다면 자신만 볼 수 있는 비공개 블로그도 기록으로 충분한 가치가 있다.

카페

① 미국주식 이야기(cafe.naver.com/usresidentstock)
미국주식 카페 중 가입 인원으로 봤을 때 가장 큰 카페는 아니다. 다만 미국주식을 열심히 연구하는 진성 회원이 많다.

② 부동산 스터디(cafe.naver.com/jaegebal)

약 150만 명이 가입되어 있는 네이버 부동산 카페. 카페 매니저가 '붇옹산'이어서 '붇카페'라고 불리기도 한다. 회원 150만 명이 공유하는 정보는 실로 방대하고 다양하다. 부동산이 정부 정책과 뗄 수 없는 주제라 정부 혹은 정치 비판 글도 상당 부분 있으나 읽는 사람이 적당히 걸러서 읽는 요령이 필요하다. 각종 질문도 많이 올라오고 성의 있는 답변도 많이 올라온다. 성의 있는 답변이라도 잘못된 것도 있으니, 세금이나 정책 관련 답변은 전문가 혹은 관련 부처에 꼭 재질의를 하는 것이 좋다.

③ 아름다운 내집갖기(cafe.naver.com/rainup)

줄여서 '아름집'이라고도 불리는 네이버 카페. 바로 앞에서 말한 부동산 스터디만큼 회원 수가 많지는 않지만 청약 정보와 서울을 제외한 수도권(인천, 경기 등)의 부동산 정보가 많다.

④ 아파트포유(cafe.naver.com/aptforu)

카페 매니저 이름을 따서 '아포유'라고 줄여 말하기도 한다. 역시 위의 붇카페, 아름집과 비교했을 때 카페 규모가 작지만 잘 정리된 지역 소식 등을 접할 수 있다. 관심 지역이 분명하게 있으나 거주하지 않아 소식을 접하기가 어려울 때 참고하면 좋다.

👄 강의

우리는 부동산, 재테크 강의를 듣는 데 돈과 노력을 아끼지 않았다. 모르면 배워야 하는 게 이치라고 생각했다. 특히 부동산, 재테크 강의는 지출한 돈 이상으로 수익을 내면 된다고 생각했다. 이 부분이 투자를 실행으로 옮기는 동기가 되기도 했다. 양질의 강의는 수업료 이상으로 수익을 낼 수 있다. 아래의 강의들은 수업만 들었을 뿐 강사님들과 개인적 친분은 전혀 없다.

① 분양권: 해안선님 분양권 강의

우리 자산이 크게 성장한 것은 해안선님의 분양권 강의 덕이 컸다. 해안선님이 분양권 투자를 어떻게 해야 하는지 자세하고 꼼꼼하게 알려주셨고 강의 후에도 한동안 네이버 밴드 채팅을 통해 질문을 받아주셨다. 돌아보면 우리가 강의를 들었던 때가 분양권 투자 적기였던 것 같다. 이 시기에 해안선님 강의를 들은 것은 우연의 일치였지만 그 기회를 최대한 살려주는 강의를 들은 것이 천운이었다고 생각한다. 현재도 유튜브, 블로그, 클래스101을 통해 강의를 하고 계신다. 복잡한 청약이 고민이라면 해안선님 분양권 강의를 추천한다.

② 부동산 일반: 아기곰님 강의

아기곰님은 자타공인 최고의 부동산 칼럼니스트다. 위의 해안선님 강의가 수익과 직결되는 실전형 강의라면 아기곰님의 강의는 부동산 시장에 관한 매커니즘, 자신만의 인사이트를 키울 수 있는 내용을 담고 있다. 약간은 뜬구름 잡는 이론 이야기라고 느낄 수도 있겠지만 논리적으로 구성된 강의를 들으면 이해가 어렵지는 않다.

③ 재개발·재건축: 재아님 강의

재개발·재건축의 아이돌이라고 불리는 재아님의 강의도 도움이 되었다. 재개발·재건축은 지저분한 바닥이고 잘못 물리면 큰일 나는 것으로 생각되어 관심은 있으나 언뜻 손이 안 나가는 그런 분야였다. 투자 실행 전에 두려움을 없앨 수 있었던 것이 가장 큰 수익이 아니었나 싶다. 우리 부부의 투자 물건도 좋은 수익이 있을 것으로 생각한다.

④ 상가: 옥탑방 보보스님 강의

강의를 들을수록 상가와 주택은 접근법의 차이가 존재한다는 것을 알게 되었다. 실전 투자 위주의 강의이기에 상가 투자를 염두에 둔 사람들에게는 유용할 것으로 생각한다.

🌐 웹사이트

① 청약홈(www.applyhome.co.kr)
실제 청약을 신청할 때 이용해야 하는 홈페이지다. 청약 신청뿐만 아니라 청약 일정, 청약 자격 확인 등을 할 수 있다.

② 리얼캐스트(www.rcast.co.kr)
청약 일정을 보기가 편하다. 청약 일정뿐만 아니라 모델하우스 오픈, 당첨자 발표 등도 따로 정리되어 있어 유용하다. 분양캘린더는 금요일 오전에 차주의 내용이 업데이트된다.

③ 더 밸런스(www.thebalance.com)
'INVESTING' 카테고리의 'Retirement Planning' 목록에 조기 은퇴 및 은퇴에 관한 칼럼들이 많다. 영어로 쓰여 있지만, 파파고를 이용하면 큰 어려움 없이 읽을 수 있다.

④ 각국의 FIRE 블로거
- Mr. Money Mustache(www.mrmoneymustache.com)
- Financial Samurai(www.financialsamurai.com)
- The Poor Swiss(thepoorswiss.com)

이들의 글을 읽다 보면 나만의 투자·재테크 아이디어로 활용 가능한 부분을 발견할 수 있다. 물론 영어로 되어 있다.

⑤ 슈어디비던드닷컴(www.suredividend.com)
배당금 관련해서 배당킹, 배당귀족 뿐만 아니라 배당을 여러 각도에서 분석해 글을 게시한다. 역시 영어지만 표가 많아 몇몇 용어만 안다면 크게 어렵지 않다. 게다가 궁금한 게 있을 때 이메일로 질문을 보내면 친절하게 답이 온다.

⑥ 주택도시기금(nhuf.molit.go.kr)

국토교통부 산하 주택도시보증공사(HUG)에서 운영하는 홈페이지로, 개인을 위한 버팀목 전세자금, 내집마련 디딤돌대출뿐만 아니라 청약에 관한 내용이 보기 편하게 정리되어 있다. 청약제도에 대해 헷갈리기 쉬운 점이 청약홈보다도 정리가 잘 되어 있다.

⑦ 한국산업단지공단 홈페이지(www.kicox.or.kr/index.do)

생소한 지방 투자 시에 산업단지가 어디에 위치해 있는지 대략적으로 알 수 있다.

⑧ 한경 컨센서스(consensus.hankyung.com)

증권사 리포트를 한 곳에서 볼 수 있는 무료 사이트다. 주식 개별 종목에 대해 공부하고 싶을 때 나보다는 전문가인 애널리스트가 쓴 리포트가 모여 있어 종목 공부를 하기에 용이하다.

⑨ 네이버 금융 리서치(finance.naver.com/research)

네이버의 금융의 '리서치' 섹션에 증권사 애널리스트의 리포트들이 모아져 있다.

⑩ 디비던드그로우쓰인베스터닷컴(www.dividendgrowthinvestor.com)

역시 영어로 되어 있다는 단점이 있지만, 배당금 장기투자에 대한 좋은 글과 믿을 만한 데이터가 많이 있다.

🏈 애플리케이션 / 유튜브

① 북적북적

읽은 책 독서 기록을 재미있게 할 수 있다.

② 호갱노노

부동산 시세 안내를 시작으로 한 애플리케이션이지만 현재는 시세뿐만 아니라 분양, 경매, 재건축, 해당 단지 '이야기' 등 다양한 정보를 제공한다.

③ 국토교통부 유튜브 채널

정책 홍보 채널로 많이 쓰이지만, 연초에 발표하는 업무 계획 등은 각종 개발 계획을 미리 알 수 있어 도움이 된다.

🔋 기사

〈중앙일보(2019년 9월 14일)〉, '국민연금 고갈 '헛다리' 정부 예상보다 3년 빠르다'
〈부동산114(2020년 12월 25일)〉, '부동산114, '베스트 아파트 브랜드' 1위 힐스테이트'
〈뉴스핌(2020년 7월 21일)〉, '애플, MS, 아마존 개별 시총보다 적은 한국 증시'
〈영남일보(2020년 10월 10일)〉, '양금희 "창업기업 5년차 생존율 29.2% 그쳐"'
〈조선비즈(2019년 9월 26일)〉, '에어비앤비 "191개국 중 한국만 웃지못할 규제 있다"'
〈한국일보(2018년 8월 21일)〉, '특수고용직, 자영업자… 여전한 '국민연금 사각지대"
〈조선일보(2020년 12월 5일)〉, '애·차·개 OUT… 우리는 30대에 은퇴한다'
〈동아일보(2018년 11월 7일)〉, '27개洞 분양가상한제… 재건축 87개 단지 대상'
〈조선일보(2020년 11월 23일)〉, '8년 전 15억 손에 쥔 로또 1등 당첨자의 근황'

🔋 보고서

〈Report on the Economic Well-Being of U.S. Households in 2019(May 2020)〉,
    Board of Governors of the Federal Reserve System.
〈BKH Investor Presentation(May 2021)〉, 2020 Black Hills Corporation, p23.

〈2019~2060년 국민연금 재정전망(2019년)〉, 국회예산정책처.

〈2020 한국 부자보고서(2020년)〉, KB경영연구소, 62p.

〈2030 서울플랜(2014년)〉, 서울특별시.

〈주택임대차보호법 해설집(2020년)〉, 국토교통부·법무부.

〈월간 KB주택가격동향(2021년 8월)〉, KB국민은행.

◉ 정기간행물

〈분양형 호텔의 우려요소와 발전방향〉, 김희수, 문화·관광 인사이트 제84호, 한국문
화관광연구원, 2016년 11월 1일, 1p.

◉ 홈페이지

USA비자(usa.visa.com)

대신증권(www.daishin.com)

디비던드닷컴(www.dividend.com)

맥도날드(www.mcdonalds.com/us/en-us.html)

미래에셋증권(securities.miraeasset.com)

삼성증권(www.samsungpop.com)

서울도시계획포털(urban.seoul.go.kr)

슈어디비던드닷컴(www.suredividend.com)

인베스터플레이스(investorplace.com)

정부24(www.gov.kr)

청약홈(www.applyhome.co.kr)

키움증권(www1.kiwoom.com)

통계설명자료(meta.narastat.kr)

결혼 10년 차, 강남에 내 집이 생겼습니다

초판 1쇄 발행 2021년 12월 16일

지은이 | 쿠오오 부부
펴낸곳 | 원앤원북스
펴낸이 | 오운영
경영총괄 | 박종명
편집 | 김상화 최윤정 김형욱 이광민
디자인 | 윤지예
마케팅 | 송만석 문준영 이지은
등록번호 | 제2018-000146호(2018년 1월 23일)
주소 | 04091 서울시 마포구 토정로 222 한국출판콘텐츠센터 319호(신수동)
전화 | (02)719-7735   팩스 | (02)719-7736
이메일 | onobooks2018@naver.com   블로그 | blog.naver.com/onobooks2018
값 | 17,900원
ISBN 979-11-7043-270-8 03320

* 잘못된 책은 구입하신 곳에서 바꿔드립니다.
* 이 책은 저작권법에 따라 보호받는 저작물이므로 무단 전재와 무단 복제를 금지합니다.
* 원앤원북스는 독자 여러분의 소중한 아이디어와 원고 투고를 기다리고 있습니다.
  원고가 있으신 분은 onobooks2018@naver.com으로 간단한 기획의도와 개요, 연락처를 보내주세요.